자유로운 삶으로 이끄는

일상생활 명상

Mind Science

: Meditation Training for Practical People

by Charles T. Tart

자유로운 삶으로 이끄는

일상생활 명상

Charles T. Tart 저 | **안희영 · 백양숙** 공역

학지사

헌사

"삶에 대한 근본적인 문제와 그 질문에 대한 답의 중요성을

내면의 심리적 기능을 통해 더 잘 알게 되고

이를 통찰과 연민으로써 수련하고

우리의 눈을 가려 버린 꿈 같은 환상에서 깨어나는 것이

명상과 마음챙김이라고 생각하는 모든 분께

이 책을 바칩니다."

역자 서문

이 책은 의식 연구의 대가인 찰스 타트Charles T. Tart 박사가 1998년 4월, 애리조나 대학교의 〈의식과학을 향하여〉라는 제3회 학술대회에서 실시한 명상과 마음챙김에 관한 워크숍 과정을 담은 것이다. 이 책에는 무엇보다 서양 과학자들을 위한 강의 내용이 수록되어 있어 과학적 사고에 익숙한 독자들에게 보다 큰 도움을 줄 것으로 예상된다.

이 책의 가장 큰 특징은 생생한 현장감이다. 저자가 추상적으로 이론을 설명하지 않고 워크숍에 참석한 과학자들에게 실제로 마음챙김 명상을 가르친 내용이므로 모든 것이 생생한 느낌이다. 또한 명상에 대해서 잘 모르는 서구 과학자들에게 저자가 알기 쉽고 상세하게 마음챙김 명상의 필요성과 원리 및 방법 등을 설명해주고 있어, 명상의 신비화에 경도되어 있는 동양 사회에 시사하는 바가 크다. 특히 명상을 처음 배우려는 분들에게 좋은 안내서가 될 것이다.

크리슈나무르티, 오쇼, 라마나 마하리시, 구르지예프 같은 영적 스승들의 가르침은 제각기 방식과 색깔은 달라도 모두 깨어 있는 삶, 자유로운 삶에 대한 명징한 표현이다. 표면적인 차이는 있으나, 그 핵심 메시지는 인간은 누구나 있는 그대로 바라보는 힘을 통해서 조건화된 자기 모습으로부터 자유로워질 수 있다는 것이다. 좀 더 구체적으로 말하면, 진리에 이르는 길은 어떠한 믿음보다는 있는 그대로 보는 주시witnessing 능력의 함양을 통해 가능하다는 것이다.

이들 가르침의 공통점은 환상에서 깨어나 인생을 명료하게 살아야 함을 강조하는 것이다. 요즘 큰 관심을 끌고 있는 위빠사나 명상도 마음챙김 수행에 대해 체계적이고 친절하게 안내해 주는 지도로 볼 수 있다. 이들 전통이 동일한 것은 아닐지라도 다른 유사 수행법에 대해 안목을 넓히는 것은 모든 분야의 지식이 융합되는 이 시대의 정서에도 부합될 뿐만 아니라 자신의 수행법에 대해서도 더 잘 알게 해 주는 길이 될 것이다. 이러한 맥락에서 세계적인 의식 연구의 권위자인 타트 박사가 위빠사나 수행과 구르지예프 전통에 대한 자신의 경험을 다룬 이 책은 명상에 대한 과학적 접근에 관심 있는 독자들에게 신선한 공감을 줄 것이다.

저자는 의식적인 삶에 전념했던 구르지예프의 가르침과 마음챙김 명상을 연결하려는 시도를 하고 있다. 구르지예프는 의식 변용의 비전을 찾아 이집트와 티베트 등 수많은 나라에 구도 여정을 한 인물로서 지난 세기 서구의 의식 발전에 강한 영향을 미쳤다. 그는 깨어 있지 못한 보통 사람들을 기계에 비유하고 진정한 인간이 되려면 자기관찰self-observation과 자기기억self-remembering에 전념해야 한다고 가르쳤다. 이러한 방법들은 본질적으로 관찰을 통해 자료를 모으고 주시 능력을 계발하는 경험과학이다. 이 상향식bottom-up 과정은 현재 일어나는 현상을 있는 그대로 알아차리는 마음챙김 명상에서 가장 잘 체계화되어 전승되고 있다.

마음챙김 명상은 인간이 심리적 · 생리적으로 조건화되었으며 삶 자체가 조건화에 의해 지배당하고 있다는 사실을 통찰시켜 준다. 조건화된 습관성으로부터 깨어 있고자 의도적인 노력을 하는 것이 우리가 자유로운 삶을 위해 반드시 치러야 하는 대가다. 따라서 마음챙김 명상은 삶의 습관성에 끊임없이 끌려가지 않고 매 순간 현재로 주의를 되돌려 삶을 건강하고 자유로우며 풍성하게 안내하는 강력한 처방이다.

이 책은 과학적인 언어로 마음챙김 명상의 핵심을 알기 쉽게 잘 설명하고 있어 명상을 처음 접하는 분들은 물론 경험이 있는 수행자에게도 명상 지도에 관한 유익한 정보를 제공한다. 또한 보통 사람들이 자신의 생각과 경험에 빠져 현실과 접촉이 충분히 일어나지 않은 상태에서 습관적으로 끌려다니며 살고 있음을 자각시켜 주는 동시에 이들이 '자동 조종 상태'에서 빠져나올 수 있도록 확실하고 보편적인 길을 친절하게 안내해 준다.

마지막으로 번역 작업에 참여한 서울불교대학원대학교 심신치유교육 박사과정의 백양숙 선생과 원고 교정을 도와준 김성희

선생에게 감사의 말을 전한다. 이 책에 대한 윤문과 지지를 보내주신 붓다락키따 스님께도 깊은 감사의 말씀을 드린다. 또한 이 책이 나올 수 있도록 많은 관심을 보여 주신 김진환 사장님과 편집부 김선우 님과 직원 여러분의 노고에도 깊이 감사 드린다. 아무쪼록 이 책이 명상을 추구하는 여러분께 유용한 안내서가 되기를 기대한다.

2011년 4월

안희영

Contents

서 론

왜 과학자들이 명상과 마음챙김에 대해 저술하는가

21세기가 시작되면서 많은 사람들이 고통을 겪고 있습니다. 이러한 고통의 대부분은 자기 자신의 능력을 크게 넘어서는 어떠한 요소들로부터 옵니다. 그러나 많은 부분은 자신이 어떻게 해 볼 수 있는 불필요한 고통입니다. 특히, 과학과 종교 사이에 만연된 갈등에 기인하는 고통은 더욱 그렇습니다.

과학은 오랫동안 모든 종교와 영성이 원시시대부터 내려온 미신이고 병리적이며 비상식적인 것으로 보고 가능하면 빨리 버리는 것이 좋다고 여겼습니다. 다른 한편으로는 전통적인 종교나 우리 안의 깊은 무언가에 호소하는 뉴에이지New Age라는 새로운 정신적인 운동이 있었지만, 그것은 종종 과학적 성격과는 거리가 먼 방식이었습니다. 이는 '양자물리학은 무척 신비로우니 종교도 결국 괜찮지 않을까?' 라는 식의 빈약하면서도 애매하게 합리화하는 식이었습니다. 이 둘은 인간의 심리나 정신에 관한 실재와 현대 과학과 관련 있는 극히 과학적이고 의미 없는 생물학적 사건이라는 관점보다는, 훨씬 의미 있는 존재라는 관점을 취합니다. 그러나 과학에서 얻은 위대한 지식을 거부하거나 과학의 힘을 부정할 수 없는 것이 인간입니다.

과학은 우리에게 세상을 발전시키는 힘과 파괴할 수 있는 힘을 동시에 주었지만, 그것을 사용하는 데 필요한 도덕적인 지침을 주지는 않았습니다. 정신적 성품은 우리에게 연민, 도덕성, 연결성을 줄 수 있습니다. 19세기와 20세기의 과학은 우리에게 힘을 키워 주었지만, 명확한 도덕성이 없어서 정신적 성품을 훼손시켰습니다. 만약 이러한 경향이 계속된다면 우리는 이 새로운 천 년을 살아남을 수가 없습니다.

저는 수년간 이러한 갈등의 극과 극 사이에서 고군분투하고 있습니다. 이제야 저는 제 자신을 엄격하면서도 전혀 비상식적이지 않은 과학자이면서 또 다른 한편으로는 마음을 다스리는 자로 부르면서 정말 자랑스러워하고 편안함을 느끼는 단계에 도달하였습니다.

저는 1998년에 있었던 워크숍을 통해 해답을 얻을 수 있었습니다. 즉, 우리의 본성에 대한 믿음과 학설 대신 직접적으로, 심리적으로 마음을 경험하는 것이 명상과 마음챙김을 수련하는 방법이었습니다. 이 워크숍은 기본적으로 학자와 과학자들을 위해서 투손Tucson에서 개최된 애리조나 대학교의 제3회 〈의식과학을 향하여〉라는 주제로 열렸습니다. 기초적인 명상과 마음챙김을 청중에게 성공적으로 가르칠 수 있었던 이 방식은 과학자처럼 살든지 그렇지 않든지 간에 개개인마다 과학의 지배를 받고 있다는 전제하에 이루어졌습니다. 또한 실제로 과학에 대해 왜곡된 생각을 갖고 성장한 우리에게 이 방식은 무척이나 유용했습니다. 우리가 세상에 대해 과학적 진실을 고려하는 것은 우리가 누구이고, 무엇이 가능하고 불가능한지에 대한 영향력을 행사하기 때문입니다. 이 책은 워크숍에 기반을 두고, 워크숍의 비공식적인 스타일을 유지하면서 경험을 바탕으로 한 지혜에서 나온 표현들로 수준이 향상되었습니다. 저의 목적은 과학과 영성의 갈등을 해결하는 데 조금이라도 이바지하는 것입니다. 그래서 21세기는 이 두 가지 중요한 힘이 서로 분리되지 않고 통합될 수 있기를 바랍니다.

이 책의 일부분은 과학적인 사고를 지향하는 현대 서양 독자들에게 초점이 맞추어져 있습니다. 사실 우리 대부분이 여기에 해당됩니다. 때문에 우리는 공식적인 명상 연습과 좀 더 향상된 일상생활에서의 마음챙김이 어떠한 것인지 알고, 약간의 기초적인 방법을 연습하는 것만으로도 그것의 장점을 발견하기에 충분합니다. 보다 진보된 지침을 찾거나 연구 문헌을 알고자 하는 분들을 위한 추천서는 있지만, 이 책이 명상에 대한 학술 서적도 아니고 명상에 대한 포괄적인 과학적 연구를 바탕으로 이루어진 책도 아닙니다.

게다가 이 책은 종교에 관한 책도 아닙니다. 하지만 서양의 종교는 우리가 종교를 의식적으로 받아들이든 거부하든 간에 강한 영향력을 미쳐 왔습니다. 그러므로 종교에 대해 구체적인 이야기를 해 보겠습니다.

대부분의 사람들처럼 저도 서양의 종교적 신념과 함께 자랐습니다. 저는 미주리 루터 교회에 다녔습니다. 저는 어린 시절에 기본적으로 배웠던 것을 믿었습니다. 우주는 신에 의해 창조되었고 하나님의 뜻이 존재했다고 말입니다. 우리가 할 일은 죄를 저지르지 않고 좋은 사람이 되는 것이었습니다. 이렇게 믿으면 최소한 삶은 의미가 있었고 계율은 분명하였습니다.

저는 십 대가 될 때까지 많은 것을 읽고 생각했는데, 이 단순한 믿음과 함께 많은 의문이 일어났습니다. 저는 좋은 사람이 되고 싶었지만, 그때는 무엇이 선이고 악인지 정확히 구분해 내기가 어려웠습니다. 종교를 가졌던 많은 어른들의 행동은 종종 앞뒤가 다르고 위선적이었습니다.

이러한 사실을 깨닫게 되면서 저는 점점 과학에 매료되기 시작했고, 이와 관련된 책을 탐독하면서 과학과 종교 사이의 갈등이 매우 현실적인 문제가 되었습니다. 지금의 서양 사람들이 그렇듯이 말입니다. 과거의 과학자들은 자신들의 업적이 신의 영광을 드높이는 역할을 했다고 보았습니다. 그러나 오늘날 대부분의 과학자와 과학계에서는 신이나 신의 계획을 위한 쓰임은 전혀 없고, 모든 종교는 반드시 버려야만 하는 원시적이고 미신적이며 비상식적이고, 세상에서 광기와 고통을 증가시키는 요인이라고 계속해서 주장하고 있습니다. 제가 종교적인 교리와 수련, 사고에 공통적으로 포함된 많은 병리적인 예들을 인식하면서부터, 이는 강력한 논쟁거리가 되었습니다.

그렇다면 종교는 모두 비상식적일까요? 교리와 신학, 의식과 관습 사이에 어떠한 진실이 숨어 있지는 않을까요? 저는 십 대 때 이러한 의문들로 고심했습니다.

제 친구들이 저와 비슷한 고민을 했고 여러분도 마찬가지였을 것입니다. 성인이 되면서 뒤늦게 깨달았지만 이 문제에 대해 사람들이 찾았던 가장 흔하고 뚜렷한 해답을 저 역시 찾게 되었습니다. 한 가지 흔한 유형은 사람들이 물질주의자가 되면서 종교를 완전히 거부하고 종교를 비상식적인 것으로 여기는 것이었습니다. 이 해법의 패턴은 무신론적 물질주의자가 되어 버린 사람들 사이에서 신의 존재를 강하게 부정하는 단순한 불가지론으로부터 변형되었습니다. 이러한 종류의 열정을 가진 몇몇 친구들은 어린 시절 경험했던 종교적 수련에 대한 실망감으로 화를 냈습니다. 예를 들면, '신이 내가 원하는 방식으로 내 기도를 들어주지 않는다면 앞으론 절대로 신을 믿지 않을 거야!' 와 같이 반응하면서 증거 부족을 이유로 논리적으로 신앙을 거부하는 것을 합리화하는 것입니다.

또 다른 흔한 패턴은 심리학자의 입장에서, 경미한 분열dissociation 혹은 구획화compartmentalization라고 부를 수 있는 것이었습니다. 종교를 주말에 몇 시간 동안만 열리는 정신적인 칸막이로 구분 짓고, 그 칸막이는 나머지 요일에는 문이 닫혀 있어서 물질주의적이고 세속적인 삶으로 돌아가 간섭하지 않도록 하는 것이었습니다.

여러분은 이런 유형에 익숙한가요?

이것도 뒤늦게 알게 됐지만 저는 운 좋게도 종교를 완전히 무시하지 않았으며 반응적으로 화내지도 않았고 어떠한 종류의 분열적인 대처 전략을 사용함으로써 온전함을 깨뜨리지 않는 세 번째 길을 찾았습니다. 과학과 종교, 형이상학, 심리학, 철학, 초심리학 등 많은 분야의 책들을 읽으면서 저는 천천히 다음과 같은 세 가지 중요한 차이를 알게 되었습니다.

- 과학 ≠ 과학주의
- 영성 ≠ 종교
- 믿음 ≠ 직접적인 경험

과학 ≠ 과학주의

저는 과학이 사회적으로 매우 신망받는 가치 있는 활동이기 때문에 모든 사람이 실제적으로 과학적인 사람으로 여겨지기를 바란다는 것을 알게 되었습니다. 그래서 종교를 부정하거나 공격하면서 자신들이 과학적이라고 주장하는 사람들이 있습니다. 하지만 이러한 주장은 간혹 사람들에게 비과학적인 상황을 일으키는 단순한 인간의 믿음과 오만 그리고 선입견을 감춥니다. 완벽하게는 아닐지라도 물질세계에 대한 현재의 과학 이론들이 심리학적인 면에서 진리로 여겨지면서 사실과 믿음을 공격하는 이론적 근거로서 사용될 때, 우리는 실질적으로 현재의 과학적인 이론에 의해 만들어진 과학주의라는 독단적인 종교를 갖게 됩니다. 사회학자들이 40년대로 기원을 잡는 이러한 과학과 과학주의의 차이(Bannister, 1987; Schoek & Wiggins, 1960; Wellmuth, 1944)는 매우 중요합니다.

영성 ≠ 종교

종교에는 우리가 주요한 영적 경험primary spiritual experiences이라 부를 수 있는 것들이 있습니다. 그리고 그 경험들은 종교를 움직이는 주요 동기가 됩니다. 종교는 종교의 창시자가 경험한 중요하고 생생한 개인적인 영성 체험과 함께 시작되는 사회적 성장입니다. 하지만 그 경험의 근간이 되는 발상이나 권고들은 원래의 영적인 체험과는 너무 동떨어져 있고, 일상적으로 사회적 혹은 개인적 필요에 의해 상당히 변형되어서 매우 왜곡되고 병리적인 시스템이 되었습니다. 우리 문화에서 지나치게 자주 등장하는 '이교도를 죽여라!' 와 같은 태도는 '서로 사랑하라.' 는 예수의 권고와는 지극히 동떨어진 것입니다.

물론 과학은 과학주의와 동일하지 않고 영성은 종교와 동일하지 않다는 이 두 가지 발견이 특이하게 저에게만 일어난 것은 아닙니다. 하지만 그러한 갈등이 저에게 영향을 미쳤기 때문에 이러한 것들에 대한 개인적인 이해는 저에게 중요했습니다. 과학과 종교에 대한 고심이 오늘날 많은 이들의 고심과 유사했기 때문에 이것들의 구별은 우리 모두에게 중요합니다.

앞으로 이 책에서 다룰 내용입니다만, 제가 본질적인 과학이라고 부르기를 좋아하는 그것은 목표와 원리에 따라 실행하는 참된 과학적 정신을 말하는데, 이것은 작업 가설, 임시적인 결론에 앞서 항상 경험 데이터를 포함한 자료에 대한 더 많은 실험을 조건으로 합니다. 겸손한 자세와 영적인 성장의 본질로 판단되는 자질을 가지고 실행되는 참된 영적 탐구는 작업 가설과 임시적인 결론이 선행되며 항상 경험 데이터를 포함한 자료에 대한 더 많은 실험을 조건으로 합니다. 저는 이들 두 활동이 원리적으로 호환적이라는 것을 알았습니다. 이미 앞에서 말했듯이 저는 스스로를 엄격한 과학자 혹은 마음을 다스리는 자라고 부르는 것이 편합니다.

과학주의의 종교 대 전통적인 종교가 있는데 그것들은 항상 두려움과 화, 어린 시절의 불신과 실망에 대한 반응으로부터 발생되는 수많은 갈등을 불러올 것입니다. 임시적인 작업 가설과 신념tentative working hypotheses/beliefs의 두 가지 경우에 우리가 할 수 있는 최선은 겸손한 태도로 실험 대상이 이단으로 여겨지는 것들로부터 보호해 진리가 되게 하는 것입니다. 사람들이 심리적, 비논리적, 감정적으로 그들의 신념에 집착하였을 때 그들은 그 신념을 공유하지 않는 다른 사람들에 의해 항상 위협받습니다.

믿음 ≠ 직접적인 경험

제가 왜 명상과 마음챙김을 주제로 한 책에서 종교와 영성 그리고 과학에 대해 이토록 많이 이야기하고 있을까요? 이것은 제가 오랜 시간에 걸쳐 서서히 알게 된, 믿음은 직접적인 경험과 동격이 아니라는 세 번째 깨우침으로 이끕니다. 일반적으로 서양의 종교들은 꽤 권위적입니다. "이것이 진리다. 그것을 믿고 규율대로 살아라. 그렇지 않으면 지옥에 갈 것이다. 의심하거나 의문을 가진다면 그것은 죄다." 정말 감당하기 어려운 심리적인 모든 결과를 제외하고도 그것이 어린아이나 어른에게 강요되었을 때 이러한 태도는 과학적인 태도와는 확연히 다릅니다. 과학적인 태도로 볼 때 우리의 실재 본성은 너무도 무지하지만, 훈련된 탐구를 통해 실재의 모든 것을 점점 발견할 수 있음을 전제로 합니다. 그것이 무엇인가를 발견하기를 원하는 사람의 태도입니다.

이 책의 주제인 명상과 마음챙김 수련에서는 마음챙김이 삶에 있어서 무감각하거나 무지한 것보다는 한결 나은 결과를 가져온다는 부분을 제외하고는 교설이나 종교적인 진리는 아닙니다. 그것은 우리가 현재 있는 곳으로부터 어딘가로 움직이려고 했을 때 실제로 도움이 되는 믿음이라고 생각하면 됩니다. 결국 마음챙김이 도움이 되지 않는다고 믿는다면 우리는 시도조차 안 할 것입니다. 그렇다면 마음챙김은 우리에게 확실히 도움이 못되고 아무것도 알려 주지 못할 것입니다. 명상과 마음챙김 수련은 여러분 자신이 근본적 실재에 대한 진실을 스스로 발견하는 도구입니다. 뿐만 아니라 권위에 의해 주어진 믿음과 이론을 만족시키는 것이 아닌 직접적인 데이터를 얻기 위한 도구입니다. 다시 말해, 여러분이 받아들이거나 거부해야 하는 믿음이 아닌, 수련하면서 무엇이 일어나는지를 보아야 하는 도구입니다.

유대교나 기독교의 다소 비밀스러운 부분이었지만 서양에도 명상과 마음챙김 도구가 있었습니다. 그럼에도 불구하고, 1960년대부터 지금까지 동양 문화의 유용한 도구가 유입될 때까지 우리는 명상과 마음챙김 수련을 대부분 잃어버렸습니다. 물론 이것이 동양인들이 종교적인 신념에 고착화되지 않았다거나 눈이 멀지 않았다는 것을 말하는 것은 아닙니다. 저는 수십 년간 동양의 영적인 명상과 마음챙김 수련자로 활동해 왔습니다. 저는 스스로를 성취한 명상가나 비법 전수자로 보지 않고 여전히 과학자로 보지만 현대의 서양인들, 특히 과학적인 훈련을 받았거나 과학적 성향이 강한 사람들에게 이 기초적인 도구를 효과적인 방법으로 가르칠 수 있습니다. 그리고 현대에 전 지구상의 문화를 통틀어 과학이 스며들어 있는 것을 고려해 보면 우리가 의식적으로 알든지 모르든지 간에 우리 모두는 과학적인 성향에 치우쳐 있습니다. 그래서 이 책을 통해 사회적으로 과학자라고 구별되는 사람들뿐만 아니라 모든 이를 돕고 싶었습니다.

만약 여러분이 개인적으로 자기 자신과 세상, 삶에 대한 호기심이 있다면, 마음과 의식에 대한 과학적 이해를 더욱더 발전시키기를 원한다면, 이 책은 여러분에게 지적인 흥미뿐만 아니라 실제적으로 유용하다는 것을 깨우쳐 줄 것입니다. 어려서부터 여러분에게 영향을 미치고 있을지도 모르는 종교적 신념, 여전히 능동적으로 유지하고 있거나 거부하고 있거나 칸막이를 치고 유지하고 있을지도 모르는 종교적 신념은 잠시 내려놓으십시오. 또 그것이 무엇이든지 간에 당신의 영적인 면에 대한 어떠한 실재도 자동적으로 부정하는 과학주의적이고 물질주의적인 원칙들도 내려놓으십시오. 여기서 제시하는 기초적인 명상과 마음챙김 수련을 배우고 연습하면서 여러분 스스로 데이터를 모아 그것이 무엇에 관한 것들인지 보십시오.

앞에서도 언급했듯이 이 책은 1998년 4월, 애리조나 대학교의 제3회 〈의식과학을 향하여〉라는 학술대회에서 실시했던 명상과 마음챙김에 대한 사전 학술대회 워크숍의 결과입니다. 이 워크숍은 저에게 무척이나 흥미로운 실험이었습니다. 참가자의 대부분은 오로지 과학자로 활동하는 사람이거나 의식의 과학적 연구에 대해 많은 관심을 가지고 애리조나까지 찾아와 의식을 이해하기 위해 과학적, 학술적, 철학적으로 시도한 5일간의 학술대회에 등록한 사람들이 주를 이루었습니다.

저는 다소 풍자적인 유머 감각을 지니고 있는데, 원래는 이 워크숍의 주제를 '과학적으로 장애를 가진 사람들을 위한 명상과 마음챙김' 으로 하려고 했습니다. 이유인즉, 저는 과학이 매우 쉽게 부패하거나 건강하지 못한 과학주의의 유사-회의주의pseudo-skepticism로 변질되기 쉽다는 것을 스스로의 경험과 여러 작업을 통해 익히 알고 있었기 때문입니다. 이러한 습관을 벗어나야 하는 과학자들에게는 특히 힘든 시간이 될 수도 있습니다. 저의 아내 주디Judy의 훌륭한 조언에 따라 성찰해 보니, 이 제목이 재미있기는 했지만 좋지 않다는 것을 깨달았습니다. 그래서 '과학적으로 재능이 있으나 과학적 장애가 있는 사람들을 위한 명상과 마음챙김' 으로 절충해 보았습니다. 결국 잘 통제된 사고와 행동에 대한 훈련과 대부분의 과학자들을 애초에 이 직종에 끌어들인 타고난 호기심은 확실한 장점입니다. 마음을 연구하는 많은 사람들이 정말로 과학적인 이해를 얻는다는 것은 누군가가 자신의 마음에서 무엇이 진행되는지를 지켜보고 실제로 자신들이 일반적인 마음의 현상을 관찰했다고 생각하는 것보다 더 좋은 데이터를 얻는 것이 단순한 문제가 아님을 인식하기 시작했기 때문에, 제3차 투손 학술대회에 완벽히 들어맞는, 〈마음 관찰하기: 숙련된 도구 기초 훈련〉으로 결정했습니다. 마음을 관찰하는 것은 우리가 일상적으로 하는 방법보다 좀 더 숙련된 방법을 요구하였는데, 여기서 숙련된 도구란 명상 수련을 부르는 고전적인 표현입니다.

지도자로서의 저의 관점이나 40세 이상의 참가자들의 설문 결과로나 워크숍은 대단히 성공적이었습니다. 과학적인 경향에 치우친 사람들은 이러한 종류의 학습에 방해물이 있기도 하지만 매우 재능이 있었습니다. 많은 분들의 조언에 따라 비공식적인 워크숍 형식으로 이 책을 집필했지만 자료의 원전을 밝히고 정보를 추가했습니다.

여러분이 명상과 마음챙김을 배우는 것이 처음이라면 어렵다고 느껴도 절대 실망하지 마십시오. 어떤 사람들에게는 이 부분들이 쉽겠지만 지나치게 능동적이고 회의적인 마음을 가진 저에게는 정말 어려웠습니다. 하지만 명상과 마음챙김은 저의 삶에 있어서 매우 귀중한 부분이 되었습니다. 여러분이 기초적인 명상과 마음챙김을 배운다면 보다 나은 과학자 또는 보다 나은 사람이 될지도 모릅니다. 뿐만 아니라 어떠한 영적인 경험을 할지도 모릅니다. 설령 체험하지 못하더라도 여러분은 자신의 마음과 실제로 체험하는 것에 대한 명료한 인식을 통해서 좀 더 실제적이고 지성적이며 민감해질지도 모릅니다. 그러한 것들이 주로 저에게 일어난 일입니다만, 여러분에게도 일어날 수 있는 가능성이 있습니다. 또한 여러분의 마음과 자신에 대해 숙련된 관찰자가 됨으로써 여러분이 무엇을 배울지 누가 알겠습니까?

이는 여러분이 시도하지 않는다면 절대 모를 일이지요. 진리를 알기를 원한다면 성경을 읽고 공인된 권위자들이 말하는 것을 믿으라고 말하는 교회의 권위주의적 태도에 대한 반발로 현대 과학이 발생했습니다. 과학은 직접 가서 데이터를 살펴볼 권리를 주장했습니다. 권위자들은 물체가 무거울수록 더 빨리 떨어진다고 말했습니다. 과학은 직접 나가 실제로 떨어지는 물체를 살펴보고 가벼운 물체에서 공기의 마찰만 제외하면 모든 물체들이 같은 비율로 떨어진다는 것을 발견했습니다.

우리는 권위자들로부터 마음에 대한 진실과 의견들을 수없이 받아들였습니다. 그중 많은 것들은 우리가 어렸을 때 조건화되었고 현재에도 여전히 작동합니다. 명상과 마음챙김이라는 숙련된 도구는 우리 스스로가 누구이고, 무엇이 가능한지 발견할 수 있는 기회를 제공함으로써 평범한 사람들도 배우고 노력한다면 유용하게 쓰일 수 있습니다.

헨리 포드Henry Ford가 "할 수 있다고 생각하는 사람들과 할 수 없다고 생각하는 사람들 모두 옳다."라고 말한 것처럼 말입니다.

자아초월 심리학 대학원

캘리포니아, 팔로 알토

2000년 7월

제3차 투손 학술대회

안녕하세요.

명상과 알아차림에 대해 과학적인 접근을 원하는 분들을 위한 워크숍입니다. 다음은 오늘 우리가 할 것에 대한 공식적인 소개문입니다.

- 의식 연구 프로그램
- 애리조나 대학교 제공
- **제3차 투손 학술대회: 의식과학을 향하여 1998**
- 예비 학술대회 워크숍
- 마음 관찰하기: 타트 박사와 함께하는 숙련된 방법에 대한 기초 훈련

지난 세기 심리학자들은 내면적인 데이터를 사용해 마음과학

을 개발하려 하였으나 실패했습니다. 실패의 주요 원인으로는 일상적인 마음이 그것 자체를 관찰하는 기술을 거의 가지지 못했기 때문입니다. 합일 의식[consensus consciousness]의 정상적인 상태라고 하는 것이 마치 가상현실이 그러하듯이 문화적 조건화를 기반으로 하여 실제 경험을 만들어 내고 이따금씩 이러한 시나리오를 뒷받침하기 위해 인식을 왜곡하곤 합니다. 이 워크숍은 마음을 고요하게 하는 기법[집중 명상]과 마음에 대한 깊은 이해를 개발하는 기법[통찰 명상] 그리고 일상적인 삶에서 정신적인 과정을 더 깊게 관찰할 수 있는 기법[구르지예프의 자기 기억]을 소개합니다. 이 책은 실제적으로 이러한 기술을 익히는 데 중점을 둡니다. 이러한 기술은 우리를 더 나은 과학자로 만들고, 의식에 대한 실제적인 데이터를 얻는 능력을 향상시키며, 스트레스의 감소나 명료한 현실감각 같은 개인적인 노력에 적용할 수도 있습니다. 타트의 저서 『깨어 있기[*Waking Up*]』와 『마음챙기며 살기[*Living the Mindful Life*]』를 미리 읽는 것도 도움이 될 수 있으나 반드시 필요한 것은 아닙니다.

여러분이 벌써부터 워크숍에 잘못 왔다고 생각한다면, 여러분의 마음을 챙기지 못한 것이므로 어떠한 노력도 할 필요 없이 당신은 이 과정에서 낙제입니다.

농담입니다. 저는 몇 분 전에 연단으로 나오면서 매트에 걸려 넘어졌습니다. 그래서 이 모습을 본 모든 사람들은 저에 대한 어떠한 환상도 갖지 않게 될 것입니다.

마음챙김은 우리가 숙고해 볼 만한 훌륭한 가르침입니다. 캘리포니아 대학교에 갈 때 카풀[car pool]을 했던 기억이 납니다. 저는 마음챙김의 본성에 대한 굉장한 아이디어를 몇 가지 갖고 있었고, 제 무릎에 종이를 대고 그것을 메모했습니다. 그러고 나서 차에서 내린 뒤에 사람들에게 마음챙김에 대한 통찰을 이야기했습니다. 그런데 그만 주차장에 있는 콘크리트 장애물에 걸려 넘어지고 말았습니다. 그 순간 제가 실제로 무엇을 하고 있었는지 주의를 기울이지 못해 일어난 일입니다.

우스운 일화지만 제가 지속적으로 돌아와야 한다는 중요한 사실을 일깨워 주었습니다. 좀 더 마음챙김하는 것에 대해 생각하는 것은 실제로 좀 더 마음챙김하는 것과 동일하지 않습니다.

오늘날 우리 사회의 특징 때문에 저는 여러분 모두가 알코올중독 방지 모임Alcoholics Anonymous: AA에 가 본 적이 있거나 그것을 알고 있다고 생각합니다. 개인적으로 참석했든지 친구를 지지하기 위해 참석했든지 간에 말입니다. 저를 AA 스타일로 소개하면서 이 워크숍을 시작할 생각입니다.

안녕하세요, 제 이름은 찰리Charley입니다. 저는 생각에 중독되어 있습니다. 생각은 저를 흥분시킵니다. 저는 생각을 사랑하고 아무리 생각을 해도 만족스럽지가 않습니다. 어떠한 종류의 생각들은 추상적인 개념이나 이론보다 더 낫습니다. 오, 세상에! 이론 역시 저를 정말 흥분시킵니다.

우리는 엄청나게 많은 생각의 세계에 살고 있습니다. 그리고 그것은 많은 경우 도움이 됩니다. 우리가 지나치게 많은 시간을 생각에 끌려가는 것을 제외하면 말입니다. 이렇게 생각에 끌려가 버리는 것은 현실에 잘 접촉하지 못한다는 것을 뜻합니다. 우리는 우리 주변과 자신에게 무슨 일이 일어나고 있는지 잘 알고 있습니다. 그러나 많은 시간 동안 우리가 이런 사실을 당연하게 생각하고 있을 때, 우리는 실제로 개념과 신념, 바람과 내부 혹은 외부의 사건들에 대한 두려움 속에서 헤매고 있습니다. 결론적으로 우리는 동양에서 업karma이라고 부르는 결과를 만들어 냅니다. 직설적으로 말하면, 우리는 어리석은 일들을 하고 있습니다. 즉, 당신이 주변에서 일어나는 일들을 모른다면 당신이 취하는 행동은 왜곡된 개념을 기반으로 한 것이고 실재가 아닌 당신의 생각에 기반을 두고 문제를 발생시키게 됩니다.

보통 제가 하던 것과는 다르게 오늘의 워크숍을 설명하겠습니다. 저는 가끔씩 명상이나 일상생활에서 알아차림을 증진시키는 워크숍을 했는데, 참석하는 분들은 기본적으로 영성 계발이나 심리적인 자기 성장에 관심이 있는 사람들이었습니다. 오늘도 마찬가지겠지만 공식적으로 제3차 투손 학술대회 〈의식과학을 향하여〉라는 제목에 이끌려 참석하신 분은 의식에 대하여 학구적이며 과학적인 연구에 관심이 있는 사람들이라고 간주하겠습니다. 그래서 우리는 모두 과학자이고 학자입니다. 우리가 그저 평범한 사람들보다 더 높은higher 층의 사람들이라는 의미입니다. 맞습니까? 참석자들이 긍정적이고 유쾌하게 반응함

좋습니다. 제가 듣고자 했던 반응이네요. 이제 부분적으로 그것이 진실이고 또한 수년간의 저의 연구 결과로 훌륭한 과학자가 되는 것과 영적 · 심리적 성장을 이루는 것은 상당히 잘 어울리므로 그 가정하에 작업을 시작하겠습니다. 많은 사람들이 생각하는

것과 달리 그 둘 사이에는 상충되는 부분이 없습니다. 그것들은 정말로 서로 상승 작용할 수도 있으며 오늘 제가 하려고 하는 것의 기초가 됩니다.

먼저 왜 그러한지에 대한 배경적인 것을 설명하겠습니다. 그 후에 어떻게에 해당하는 여러 가지 유형의 기법을 함께 연습하는 데 많은 시간을 쏟을 것입니다. 기법에서 많은 것들이 강조될 것입니다. 여러분이 지적으로 이것을 흡수하는 아주 잘 증명된 이론으로 받아들이기를 원하지 않기 때문에 실제적인 연습을 원합니다. 제가 드리는 과제를 집에서 수련하셔서 여러분이 마음챙김 능력을 계발하시기를 바랍니다. 그래서 우리가 마음챙김에 대해 말할 때 무엇을 말하고 있는지에 대한 직접적인 지식을 얻을 수 있기를 바랍니다.

1 과학과 명상의 어울림

Science and Meditation Are Compatible

1 과학과 명상의 어울림

Mind Science

본질적인 과학 대 과학주의

제가 본질적인 과학이라고 부르는 것은 대부분의 사람들이 과학이라고 잘못 생각하는, 과학주의와는 구별된다는 것을 상기시키고 싶습니다.

본질적인 과학은 기본적으로 네 단계의 과정을 거칩니다. 첫 번째 단계는 어느 정도의 겸손한 태도와 함께 세상과 자신 그리고 자신이 관심 있는 특정 대상에 대한 호기심으로부터 시작합니다. 요컨대, 이는 알고 싶지만 알지 못하는 많은 것들에 대해 깨닫는 것입니다.

만약 여러분이 관심 있는 분야의 것들을 모두 안다면 굳이 무엇인가를 조사하려고 애쓰지 않을 것입니다. 오히려 다른 사람들에게 여러분의 주장이 옳다고 확신시키거나 당신의 진리를 달가워하지 않는 사람들에게 주입시키는 일에 더 관심이 있을지도 모릅니다. 그러나 겉으로는 그것이 과학인 것처럼 보일지 모르지만 그것은 진정한 과학이 아닙니다. 본질적인 과학은 호기심과 겸손에서 출발합니다.

자료 수집

학습의 인식과 동기 면에서 보면, 본질적인 과학에서 가장 우선하면서도 중요한 단계는 자료를 얻는 것입니다. 그곳으로 가서 실제로 무엇이 진행되는지 살펴보십시오. 혹시라도 그것이 바깥세상external world에 있는 분야라면, 곧바로 내부의internal 경험 밖에서 그것을 관찰하십시오. 예컨대, 여러분이 식물학 분야에 관심이 있다면 생각만 하고 있지 말고 직접 밖으로 나가서 식물을 자세히 보십시오. 또한 마음이 작용하는 방식에 관심이 있다면, 마음에 대해 생각만 하지 말고 실제로 마음이 어떻게 작동하는지를 관찰하고 개발하기 위해 노력하십시오.

이런 모든 경우에서, 여러분이 어느 정도는 겸손하기 때문에 직접 자료를 얻지만 여러분은 '내가 세계 제일의 관찰자가 아닐 수도 있다.' '내가 그것을 주의 깊게 보지 않을지도 모른다.' '내가 어떠한 것에 대해 편견을 가지고 있을지도 모른다.' 는 것을 깨닫게 됩니다. 이것은 개념으로 이해하는 것이 아니라 직접적으로 이해하는 것입니다. 예를 들면, 저의 아내는 저에게 형편없는 관찰자라고 말합니다. 바로 제 앞에 있는 물건들을 찾아 종종 헤매는 것을 보고 제가 어떻게 과학을 연구할 수 있는지 놀랍다고 말하곤 합니다. 맞습니다. 그래서 전 제 자신이 인생의 모든 분야에서 훌륭한 관찰자라고 주장하지는 않습니다. 여러분도 자신이 세계 제일의 관찰자가 아니라는 것을 알 필요가 있습니다. 그렇다면 더 나은 자료를 얻고 실제로 무엇이 진행되는지를 알아보는 능력은 어떻게 향상될 수 있을까요?

물리학에서는 보통 사물을 더 명확히 보기 위한 기구를 발명하는 작업을 통해 이 질문에 답합니다. 가령, 사람들은 확대경을 발명해서 그동안 육안으로는 볼 수 없었던 식물의 미세한 구조를 볼 수 있게 되었습니다. 심리적으로도 유사하게 적용됩니다. 술집에 있을 때의 인간의 공격적인 심리에 대해 관심이 있다면, 얼마 동안은 관찰하겠지요. 그런데 어떠한 일들은 너무 빠르고 복잡하게 일어나서 정확히 무엇이 진행되는지 관찰할 수 없음을 알게 됩니다. 그래서 관찰 팀을 만들고 훈련시켜서 각각 공격적인 행동의 한 측면만을 자세히 보도록 합니다. 그러면 관찰자들은 각자 맡은 부분만큼은 다른 행동의 방해 없이 보다 정확히 관찰할 수 있습니다. 그런 후 여러분은 관찰된 여러 사항들을 통해 무엇인가를 배울 수 있습니다.

여러분이 자신의 마음에 관심이 있다면, 마음의 자료에 정확히 접근할 수 있는 도구를 개발할 수 있습니다. 그것이 바로 우리가 함께할 작업의 중요한 부분입니다.

제가 오늘 가르칠 주요 기법들은 집중 명상concentrative meditation,

통찰/마음 열기/위빠사나 명상insight/opening up/vipassana meditation 그리고 평상시에 할 수 있는 자기기억self-remembering/자기관찰self-observation입니다. 여러분은 이 세 가지 주요 기법을 통해 각자의 마음에서 무엇이 진행되는지를 정확히 볼 수 있습니다.

이론화하기

자료를 얻을 수 있는 방법은 찾았으니 이제 여러분은 관심 있는 세계의 어떠한 부분이든지 가능하면 많이 보려고 노력합니다. 그리고 기억에 의존하기보다는 기록을 잘해서 보고 얻은 자료를 체계화합니다. 이것이 본질적인 과학의 가장 중요한 부분이지만 과학은 여기서 멈추지 않습니다. 대체로 우리가 알고 싶어 하는 것은 그 자료가 무엇인가가 아니라 그 자료의 의미이기 때문입니다. '이 식물은 왜 주변의 다른 식물들과 달리 독특한 형태로 자랄까?' '주변 사람들은 거의 낌새도 못 채고 편안한 상황에서 나는 왜 흥분할까?' '같은 상황에서도 다른 사람들은 나처럼 반응하지 않는데 왜 나만 그 상황에서 감정적으로 폭발할까?'

그래서 본질적인 과학의 두 번째 단계는 자료가 생성되는 근본적인 이유와 현상 뒤에 있는 원인을 이해하고자 이론화하는 것입니다. 기본적인 규칙은 논리적으로 이론화하려고 노력해야 한다는 것입니다아니면 어떠한 식으로 머리를 썼든지 간에 적어도 마지막에는 그 이론을 논리적으로 표현해야 합니다. 거기에 다른 많은 논리가 있어도 여러분이 하나의 논리예: 미분학만을 선택한다면, 그것을 지속적으로 사용하면서 규칙을 따르고, 여러분의 자료에 대해 논리적으로 이론화합니다. 여러분의 입에서 "아하!"라는 탄성이 나오는 순간, "아하, 그래서 그렇게 되는 거구나."라고 말할 때까지 이 과정을 계속해야 합니다.

통찰과 발견의 경험은 삶에서 굉장히 중요한 순간입니다. 여러분이 했던 방식대로 어떤 일이 왜 발생했는지를 이해한다면 그것은 살면서 가장 만족스러운 순간 중 하나가 될 것입니다. 그 때문에 제가 생각 중독자thoughtaholic가 된 것입니다. 그래서 저는 통찰의 순간을 좋아합니다.

본질적인 과학이나 진정한 심리적 · 정신적 성장 모두 이 점에서 반드시 필요한 훈련 조건이 있습니다. 이들 분야는 제가 합리화의 보편적 원리universal principle of rationalization라고 부르는 것에 대해 인정합니다. 돌아보면 여러분은 세상에서 관찰이나 사실, 경험에 대해 어떠한 틀이 있을 수 있고, 그것들이 실제로는 연결되어 있지 않아도 서로 그럴듯하게 어울려 보이는 어떠한 생각들이 떠오릅니다. 우리는 모두 세계적인 수준의 합리주의자들입니다. 그럴듯해 보이는 방식으로 사물들을 연결 짓고 그것에 만족해합니다. 하지만 당신의 훌륭한 이론이 옳지 않을 수도 있음을 인정하는 것이 원칙에 해당됩니다. 아무리 그것이 수학적이고 명쾌하며 논리적이거나 요즘 유행하는 전문용어와 혼용되었다 해도 말입니다. 이를테면, "오, 나는 형태 창조 공명 벡터의 카오스적 텐서장에서 양자 변동 때문에 그 데이터들을 관찰했지."라고 말입니다. 이는 사회적으로 수용되면서 열광적인 호응을 받는 이론이 될 수도 있지만 그것만으로는 충분하지 않습니다. 반드시 합리적일 필요가 있습니다. 다시 한번 강조하지만 여러분은 항상 어떠한 것을 명백한 상식으로 만드는 지적인 구조로 제안해야 합니다.

실험, 실험, 실험

어떠한 이론이 끊임없이 자료에 의해 판단되고 종속적이라는 것을 기억하는 것은 과학에서 중요한 훈련인데, 자주는 아니더라도 이것은 영적 · 심리적 성장을 위한 훈련에서도 중요시되어야 합니다. 훌륭한 아이디어나 이론을 대면했을 때 당신은 이렇게 말할지도 모릅니다.

"자, 여기에 굉장한 나의 이론이 있다. 모든 것을 총망라하는 나의 논리가 있다. 좋아! 논리적으로 계속 작업하면 관찰하지 못했던 것들을 예측할 수 있지. 그러면 나의 경험과 자료를 수집했던 곳으로 되돌아가서 이 예측이 진짜 맞는지 실험해 봐야겠다."

예를 들어, 제가 모든 물질이 서로 끌어당긴다는 만유인력의 법칙을 공리로 인정하고 전에는 절대 떨어뜨리지 않았던 이 특이한 카세트테이프 상자를 손에서 놓을 때, 그것이 떨어질 것을 예상합니다타트는 카세트테이프 상자를 떨어뜨리고 그 상자는 떨어진다. '아, 다시 한번 나의 이론이 작용하는군!' '나는 온종일 이 실험이 실패하기를 기다리고 있었는데! 그것은 꽤 흥미롭기는 하지만 지금까지는 그 오래된 만유인력의 법칙이 매우 믿을 만하군!'

우리는 상황에 따라 잘 작용되는 이론들을 알고 있습니다. 그 이론들은 많은 상황을 예측합니다. 앞의 예는 매우 독특하고 새로운 예측입니다. 누구도 이 독특한 카세트테이프 상자를 방에 떨어뜨린 적이 없습니다. 한편으로 그것은 매우 사소한 일이며, 이런 작용에 익숙해 있습니다. 그러나 이것은 과학에서는 본질적인 훈련입니다. 그것은 당신이 자신의 이론에 만족하든 그렇지 않든 간에 혹은 당신이 진리를 안다고 느끼든 그렇지 않든 간에, 또 그것이 정밀하든 그렇지 않든 간에, 당신이 아직 관찰하지 않았으므로 관심을 두고 아직 실험해 보지 못한 새로운 것들에 대해 예상해야 합니다. 그것이 작용하는지 보십시오. 그것을 정확하게 예측한다면 당신은 매우 만족할 것입니다. 그러나 그것이 작용하지 않는다면 당신의 이론에 문제가 있는 것입니다. 아무리 명백한 사실이라고 해도 당신의 이론이 'A이면, B다.' 라고 했을 때, A를 설정했는데 B가 발생하지 않으면 당신의 이론에 문제가 있는 것입니다.

어떤 때는 그 이론이 약간씩 수정되겠지만, 또 어떤 때는 그 이론에 수정할 것이 전혀 없을 수도 있고, 그 이론이 믿음이라는 체계 안에서는 작동하지 않을 수도 있습니다. 그러면 논리는 예상과 관찰을 조화시키기 위해 뭔가를 할 것이고, 당신은 완전히 새로운 이론을 제안해야 합니다. 이런 상황에 놓이게 되면 우선 기초 자료로 돌아가서 완전히 새롭게 생각하는 방식을 따라야 합니다.

과학의 사회적 차원: 합의적 검증

지금까지 설명한 과학의 과정은 오로지 개인이 혼자서 하는 과정입니다. 이 기본적인 관찰–이론–예측/실험의 반복은 본질적인 과학뿐만 아니라 영적인 훈련과 심리적인 성장 훈련에서도 이루어져야 합니다. 그러나 이런 사항들이 항상 지켜지는지는 정확하게 말할 수 없습니다. 다시 말해서, '아! 내가 모든 것을 이해했다.' 라고 하는 깊은 지성과 감정의 만족감이 너무 큰 나머지 그다음의 정신적 작용을 멈추게 할 수도 있습니다. 예컨대, 갑자기 빛이 번쩍하는 순간 모든 것을 이해했다고 느낀 것처럼, 이해한 것이 외부 세계나 자신의 경험의 자료에 적용되는 일련의 추론과정인지 혹은 그것이 어떠한 신비로운 체험인지, 변성 상태 경험의 결과인지 알아야 합니다. 이것은 우리가 과학자든 아니든 우리가 인간이기에 만족스러운 이해understanding가 일어나는 그 순간에 딱 멈추는 경향이 있음을 의미합니다.

그러면 우리는 감정적으로 우리의 훌륭한 통찰에 애착을 갖게 됩니다. 우리는 그것이 틀렸거나 사소한 것이 되기를 원하지 않습니다. 그래서 그 이론이 정확히 예측한 것인지에 대한 실험에 기꺼이 달려들지 않음으로써 결국 우리 삶의 발전을 저해하게 될지도 모릅니다. 우리는 우리의 이론들과 사랑에 빠집니다. 가령, 여러분이 신비한 체험을 했고 사랑이 우주에서 유일하고도 진정한 힘이라는 것을 마음 깊숙이 알았다고 합시다. 이제 여러분이 길거리에서 낯선 여자에게 다가가서 "사랑이 전부입니다."라고 열성적으로 말합니다. 그러자 그녀는 여러분의 얼굴을 찰싹 때리고 가버립니다. 그렇다면 최소한 그 이론은 약간의 수정이 필요하다고 여겨집니다. 사랑이 중요할지도 모르겠지만 약간의 조정이 필요한 것은 물론 조금 다른 요인들을 도입할 필요가 있습니다. 그 이론이 아무리 호소력 있고 명백하게 참으로 보일지라도 틀렸을지 모릅니다.

불교와 같은 영적인 전통에서는 특정한 이론과 사랑에 빠지는 것을 집착이라 말합니다. 여러분은 특정한 개념, 특정한 믿음체계, 특정한 감정에 집착하게 됩니다. 불교 심리학적 관점에서 보면, 모든 집착은 결국 문제를 일으킵니다. 그것이 훌륭한 아이디어든 형편없는 아이디어든지 간에 집착은 문제를 만들어 냅니다.

앞에서 설명한 과학처럼, 영성은 개인적인 수준에서 이루어집니다. 이는 한 사람이 할 수 있고 계속 반복되는 과정으로 이루어집니다. 여러분은 호기심은 있지만, 무지의 상태에서 출발해서 관찰하고 그 관찰을 이해하게 하는 어떠한 아이디어가 떠오르면, 그것들을 실험합니다. 그 예측 중 맞는 것이 있는 반면에 틀린 것도 있습니다. 그러면 여러분은 다시 관찰로 돌아가 좀 더 정확히 예측할 수 있는 이론들을 발견하기 위해 노력합니다. 당신이 관심 있는 것을 더 많이 관찰하면 할수록 그것들을 총괄하는 더 훌륭한 아이디어나 이론들이 발견됩니다. 이것은 개인적인 과학이거나 개인적인 성장입니다.

문제는 우리 각자가 스스로를 보는 것이 거의 불가능할 정도로 이상하고도 독특한 결점과 선입관이 있다는 것입니다. 이를 보완하기 위해 과학과 영적인 성장은 사회적 참여를 하게 될 것입니다. 자료-이론-예측의 세 단계와 더불어 네 번째 단계는 동료들과 충분히 의사소통하는 것입니다. 동료peers란 여러분의 관심사에 대해 어느 정도 아는 사람이나 여러분이 경의를 표하는 의견을 가진 사람들로 정의 내릴 수 있습니다.

여러분이 어떠한 것을 관찰했을 때 다른 사람들, 즉 동료에게 그것에 대해 정확히 말합니다. 이를 토대로 동료는 조사를 할 수 있습니다. 그러고 나서 그들은 "제가 가서 실험해 보았습니다." 혹은 "그곳으로 가서 명상 기법으로 했는데 당신이 말한 것을 전혀 발견하지 못했습니다."라고 말할지도 모릅니다. 흠……. 여러분이 관찰한 것을 다른 이들에게 적절하게 설명할 만한 어떠한 것이 필요할지도 모릅니다. 그렇지 않으면 여러분이나 다른 사람들이 관찰한 것이 흠이 있는 것이 될지도 모르니까요.

또는 "전 당신이 말한 것들을 훌륭한 새 도구로 관찰했어요. 전 당신이 관찰한 것이 무엇이었는지 정확히 말할 수 있어요."라고 말하는 사람도 있습니다. 그렇게 관찰의 과정에 소통의 과정을 추가함으로써 당신의 관찰과 경험을 확장시키고 당신이 가졌을지도 모르는 선입견을 깨뜨려 줍니다. 그러나 관찰한 것을 이론화할 때도 같은 일이 일어날 수 있습니다. 누군가는 이렇게 말할지도 모릅니다. "글쎄요. 꽤 그럴듯해 보이지만, '2 + 2 = 3' 이라는 등식을 말한 거네요. 당신은 상미분법ordinary arithmetic의 논리를 사용하고 있기 때문에 그것은 계산할 수 없어요." 혹은 또 다른 사람들은 당신이 제시한 이론의 논리에서 허점을 찾아낼지도 모릅니다. 누군가는 당신에게 "매우 훌륭하군요. 이제야 저는 이것에 카오스 이론을 접목하여 설명할 수 있겠네요."라고 말할 수도 있습니다. 이렇게 여러분의 이론은 전반적으로 새로운 차원으로 접어들게 됩니다.

영적인 성장에 있어서도 우리는 경험과 관찰에 기반을 둔 이론을 이해하게 되고, 그 이해에 바탕을 둔 예측에 대해 다른 이들의 검증을 거쳐야 하는 과학과 같은 사회적 차원의 요구를 받게 됩니다. 어떤 사람들은 그 이론의 함축적인 의미나 예측을 다른 각도에서 좀 더 확장된 방법으로 실험할 수 있고, 그것에 대해 의사소통하면서 여러분이 생각하지 못했던 다른 증거들을 발견할 수도 있습니다. 따라서 여러분 개인의 능력을 사회적으로 인정받게 되고 다른 사람들에 의해 검증받게 됩니다.

그렇게 해서 과학과 영적인 성장은 사회적 과정이 됩니다. 여러분이 혼자서 애쓰는 대신, 그동안 인식하지 못한 선입견과 왜곡 때문에 자세히 보지 못한 부분에 대해 다른 이들이 다양한 방법으로 그것을 시험해 보고, 혹시 있을지 모르는 결함을 보완하게 됩니다. 영적 성장의 경우, 여러분은 어떠한 명상 기법을 배운 후에 얼마 동안의 수련을 통해 굉장한 경험을 할지도 모릅니다. 여기서 선불교의 전통적인 가르침을 보여 주는 일화를 하나 소개하겠습니다.

한 수행자가 오롯이 호흡에 집중하는 명상 기법을 수년간 수련하고 있었습니다. 그러던 중 어느 날 갑자기 그는 천상 세계로 이동되었습니다. 신들이 나타나서 그에게 절을 했고 하늘에서는 꽃비가 내리고 향기가 났습니다. 그는 하늘로부터 축복받았고 선택받았다는 것을 알았습니다. 이 일을 경험하고 나서, 그는 스승에게 달려가 숨 가쁘게 지금까지 일어났던 일들에 대해 말했습니다. 그는 스승에게 말하는 순간에도 가슴이 벅찼지만, 스승은 그의 말을 끊고 말했습니다.

"이보게, 지금 이 순간 자네의 숨을 알아차리고 있는가? 아니라면 당장 가서 수련에 정진하시게나. 계속해서 호흡에 주의를 기울이는 것을 기억하게나."

이 일화를 소개하는 것은, 영적 체험을 황홀한 체험으로 보고 헐뜯으려는 것이 아닙니다. 다른 맥락에서 볼 때 한 개인에게 그러한 경험은 중요한 성장의 단계가 될 수도 있고, 때문에 저는 저의 웹사이트TASTE web site(www.isssc-taste.org)에서 그러한 경험들을 서로 존중하고 나누도록 독려합니다. 그러나 집중력을 배우려는 상황에서, 이러한 경험들이 아무리 굉장해도 망상일 뿐입니다.

다른 사람들이 여러분이 계속해서 집중하거나 그 방향을 따르고 있는지를 점검할 수 있습니다. 그 점검이 자유를 박탈하는 마음 통제의 방향인지 아니면 정말로 여러분의 지평을 확장시키는 방향인지는 흥미로우면서도 중요한 문제입니다. 영적인 수련에서, 선생님은 여러분이 계속 지평을 넓히도록 돕거나 부정적인 측면으로는 아주 미묘하게 혹은 아닐 수도 있지만, 당신의 경험을 좁혀 성장을 방해할 수도 있습니다. 선불교에서는 신들과 함께 나타나는 황홀한 경험을 심각한 망상에 빠져들게 하는 것이며, 수행자의 진정한 깨달음을 방해하는 것으로 여깁니다.

지금까지 우리는 본질적인 과학의 배경에 대해 이야기했습니다. 본질적인 과학은 그곳으로 가서 무엇이 일어나는지 직접 보고 관찰해서 자료를 모으고, 그것이 외부의 일이거나 당신 내면의 것이거나 다른 사람의 경험이거나 자료를 모으라고 합니다. 그리고 그것이 무엇에 대한 것인지 이론화하고 논리적으로 만들어 당신 자신이 충분히 이해가 될 때까지 이 과정을 반복합니다. 일단 이해가 되면, '아하!' 하는 깨달음에 만족하지 말고 이론의 결과를 검증합니다. 그것이 유효하지 않으면 다시 새로운 이론을 찾아내고 유효하다면 계속 작업하여 정교하게 합니다.

이처럼 과학적으로 접근하여 이해하는, 중요하고도 흥미로운 심리적 사건이 있습니다. 우리는 때로 과학에서 훌륭한 이론을 얻습니다. 새로운 이론은 그 분야에서 중요하게 여겼던 모든 것을 상식적인 것으로 만들어 버리기 때문에 사람들은 과학의 본질에서 자료와 이론이 중요하지만 항상 실험 대상이라는 것을 잊어버리곤 합니다. 그러면서 그들은 암묵적으로 진리[truth]를 알고 있다고 느끼게 됩니다.

자, 보세요. 저는 다시 카세트테이프 상자를 떨어뜨릴 것입니다. 이것이 왜 떨어질까요? 많은 이들은 카세트테이프 상자가 떨어지는 것은 중력의 법칙이 작용했기 때문이라고 생각합니다. 이때 법칙[law]이라는 단어에서는 대문자 L을 사용합니다. 위대한 이론이 나타나면, 패러다임[틀이나 체계, 1962년에 토마스 쿤이 처음 사용함]이 되고 사실과 자료, 경험이 기초가 된다는 것을 잊어버리게 되는 미묘하면서도 중요한 심리적 과정이 이루어지는데, 어떠한 면에서는 무척 오만합니다. 그러나 우리는 정말 영리하기 때문에 이러한 우주의 기본적인 법칙들을 발견했습니다!

이제 패러다임은 과학 분야에서 다양한 방식으로 이바지합니다. 매우 명백히 잘 작용하는 이론은 그 분야에서 과학자들의 노력을 집약시키기 쉬워서 과학자들은 무척 자세하게 현상을 조사할 수 있게 되고, 종종 위대한 과정을 이끌어 냅니다. 토마스 쿤Thomas Kuhn은 그 단계를 한 분야를 위해 개발된 패러다임이라고 불렀는데, 그것은 과학 활동을 정상 과학normal science이라는 패러다임이 안내하는 구조 안에서 이루어지게 합니다. 패러다임은 가시적으로나 암묵적으로 사람들이 자신의 노력을 분산시키지 않고 해당 분야의 중요한 문제에 집중할 수 있도록 했습니다.

패러다임 과학의 부정적인 측면은, 첫째 의식적이고 가시적이거나 무의식적이고 내재된 것과 상관없이 오만한 태도를 가져온다는 것입니다. 진리를 안다고 하는 태도는 '나는 현실의 중요한 모든 부분을 이해하고 있기 때문에, 누군가가 나의 패러다임 안에서 상식적이지 않은 말을 한다면 그는 무지하거나 바보다. 난 그 말을 들으면서 시간을 낭비할 필요가 없다.' 라고 의식적 혹은 무의식적으로 생각하게 합니다. 패러다임적 태도는 대부분 명쾌하지만 현실의 모든 측면을 봐야 하는 사람에게는 시각이 좁혀집니다. 때때로 패러다임을 통해 보면 비상식적인 주장을 하는 사람들은 무지하거나 바보로 낙인찍히고, 우리에게 중요한 모든 것을 벌써 알고 있고 패러다임에 어긋나는 것을 주장하는 사람은 실수하고 있거나 바보라고 생각하는 태도를 강화시키기도 합니다.

둘째, 패러다임은 너무나 성공적이어서 사람들의 인식을 좁게 만듭니다. 그것은 더 연구해야 할 중요한 것이 무엇인지, 중요하지 않은 것은 무엇인지, 무엇이 사소한 것이며 무시해도 좋은 것인지를 정의하곤 합니다. 또 패러다임 안에서 어떠한 문제에 대한 더 좋은 해결책을 얻으려는 것이 훈련의 핵심이 됩니다. 이것은 다른 것들을 사소하게 여기거나 표면상 중요하지 않은 것으로 만들어 버리고 오만한 태도의 경향성과 결부되는 것을 말하는데, 본질적으로 패러다임은 매우 좁은 관점을 의미합니다. 혹시 여러분이 망원경이나 현미경을 가지고 있다고 할 때 이들 기구로 사물을 무척 잘 보게 되지만 그 분야 밖에 존재하는 것들은 전혀 보지 않으려는 경향이 생길 수 있습니다. 사람들이 다른 분야의 것들을 언급하면 여러분은 좋은 현미경이나 망원경을 갖지 못해서 뭘 모르는 사람이라고 동정받기 쉽습니다.

우리는 모두 다양한 지식 분야의 패러다임에 지배당하고 있습니다. 뿐만 아니라 우리는 서로 맞물려 돌아가거나 아무 상관도 없는 수많은 패러다임에 빠져 있습니다. 우리가 교육받은 특정한 과학적 훈련만을 이야기하는 것이 아니고, 서양 문화의 구성원이 된 것 자체가 패러다임에 빠진 것입니다. 하지만 패러다임은 무의식적인 경향이 있기 때문에 대체로 우리는 패러다임에 빠져 있다는 사실을 알지 못합니다.

제가 고등학교와 대학교에서 물리를 배울 때, 중력의 법칙이라는 것이 실제로 있었지만 아무도 중력 이론에 대해 가르쳐 주지는 않았습니다. 질량을 가진 것은 서로 끌어당기는 힘이 있다는 생각은 하나의 이론이고 그것은 수많은 자료로부터 도출된 것이지만, 원칙적으로 그것은 이론이고 검증이 필요한 대상입니다. 그러나 아무도 나에게 이론으로서의 중력을 가르치지는 않았습니다. 대신 중력의 법칙이 있고, 그 법칙에 예외는 없다는 것을 배웠을 뿐입니다.

우리 마음은 어떠한 상황에서 일정한 방향을 향하여 자동으로 마음이 집중하는 방식, 즉 생각하는 습관의 측면에서 패러다임을 가지고 있습니다. 대체로 습관, 즉 내재된 패러다임은 자연스러운 것처럼 되어 버립니다. 우리는 이 습관들을 가지고 있다는 것조차도 모릅니다. 그것은 생각을 통해 만들어지는 자연스러운 방법이기 때문입니다.

마음과학으로서의 초기 심리학

우리가 〈의식과학을 향하여〉라는 학술대회에 참석하고 있는 것은 마음에 대한 과학을 원하고 있기 때문입니다. 지난 세기에 심리학이 새로운 분야로 시작되었을 때, 그것은 마음과학이 되려고 했고 본질적인 과학의 원칙들을 따르려고 했습니다. 마음의 기능적 측면을 관찰할 만한, 훈련된 관찰자들을 구해서 관찰한 내용을 보고하게 했고 자료를 생성했습니다. 우리는 이 자료들을 통해 설명할 만한 이론을 만들어 내고 실험하고 정교화하는 등 본질적인 과학의 과정을 밟았습니다.

그런데 어떻게 되었을까요? 그 시도는 무참히 실패했습니다. 우리의 시도는 "초콜릿의 맛은 부드럽다."라고 말하는 훈련된 내관주의자와 관찰자들을 가진 저명한 독일의 연구실과 초콜릿의 맛은 상황에 따라 분명히 달라진다는 관점을 지닌 또 다른 연구실을 가지는 것으로 끝나고 말았습니다 이것은 실제의 예는 아니고 단지 그러한 유형의 일이 일어났다는 것입니다.

사람들이 기본적인 자료를 인정하지 않으면 과학은 더 이상 발전할 수 없습니다. 무엇보다도 분명하고 안정적인 관찰로 시작하지 않으면, 그것으로부터 도출된 이론은 상식이 될 수 없습니다. 마음과학을 만들어 내고자 했던 첫 시도인 내관주의 심리학introspective psychology은 실패했고, '우리는 마음의 내부로 들어가는 모든 것을 무시하고 사람들이 어떻게 행동하는지만을 볼 것이다. 행동의 관찰은 믿을 만하다. 하지만 경험에 대한 보고는 그렇지 않아서 우리는 행동의 과학을 만들어야 한다. 그러나 내면의 관찰은 희망이 없다.'라고 표방한 급진적인 행동주의에 따라 과학은 대체되었습니다.

행동 관찰은 경험을 관찰하는 것보다 꽤 믿을 만합니다. 제가 카세트테이프 상자를 들어 올릴 것인지 아닌지 확실히 합의에 이를 수 있습니다. 그러나 그러한 행동에 의해 제가 정말 무엇을 표현하고 싶은지는 100% 확실한 합의를 이끌어 내기가 어렵습니다. 행동을 연구하는 것은 의심할 여지없이 유용한 것이지만, 행동을 연구하는 것만이 과학적이고 가치 있는 심리학이라고 말하는 것은 현명하지 못합니다. 그것은 인생의 매우 흥미로운 많은 것들을 버리는 것입니다.

초기의 내관주의자들은 어떻게 된 것일까요? 그들은 왜 서양의 의식과학의 첫 시도에서 실패했을까요? 그 행적을 추적해 보자 많은 문제점이 발견되었습니다. 그중 하나는, 그들은 훈련된 관찰자들에 의해 다양한 현상의 내면적 경험을 알 수 있다고 믿었던 것입니다. 그러나 훈련된 관찰자란 어떤 사람들일까요? 특정한 현상을 관찰하는 방법에 대해 10~20시간 정도 훈련을 받은 사람들이었습니다. 그들을 과연 훈련된 사람들이라고 말할 수 있을까요?

잠시 뒤에 우리가 이야기하고 연습하려는 기법으로 마음을 관찰할 텐데, 동양 심리 전통인 불교의 관점에서 보면 그들은 훈련된 사람들이 아닙니다. 불교 명상 수련의 경험이 많은 여러 스승으로부터 얻은 지침에 의하면, 사람은 기본적인 명상 훈련을 5,000시간 정도 한 후에야 비로소 망상에 사로잡히지 않고, 가치 있는 것을 관찰할 수 있는 상황에 이른다고 합니다. 초기 내관주의자들은 그들의 마음을 어떻게 관찰할지에 대한 분명한 아이디어가 없었습니다. 그들은 불교 기준에 의하면 정말로 미숙하다고밖에 달리 말할 수 없습니다.

동양의 또 다른 관점으로 추론해 보면, 우리의 마음속에 위대한 보물이 있지만 그것을 얻기 위해서는 한 가지 문제가 있다고 말하는 힌두교적인 관점입니다. 마음은 폭풍이 부는 호수와 같아서 호수의 수면은 계속 요동칩니다. 수면을 통해 깊은 곳에 있는 보물을 보려고 하면 볼 수가 없습니다. 순간적으로 볼 수도 있겠지만, 보통은 왜곡되어 있고 수면의 요동 때문에 얼핏 볼 수 있을 뿐입니다. 여러분이 생각하는 것이 실제로 그곳에 있지만 크기와 모양은 왜곡되어 있습니다. 깊은 곳에 있는 보물을 볼 수 있는 것은 폭풍을 가라앉히고 파도를 잠잠하게 하는 방법을 배우고 나서야 가능합니다. 일상적인 의식이지만 너무나 습관적이라서 알아차리기 어려운, 그 굉장한 요동을 잠잠하게 하는 방법을 배울 때까지는 정말로 가치 있는 것, 즉 우리 안에 있는 보물을 관찰하는 것에 대해 잊고 있을 수 있습니다.

내관주의 심리학의 주요 실패 요인이 바로 그것이었습니다. 그들은 새롭게 마음에 대해 깊은 관찰을 시작하는 사람들을 얼마나, 어떻게 훈련할지에 대한 생각이 전혀 없었습니다.

또 다른 것으로 마음의 선입견에 대한 중요한 문제가 있었습니다. 앞서 언급했듯이, 본질적인 과학처럼 깊고 정직한 의사소통을 위해 영적인 스승을 갖는 것은 매우 도움이 되는 소통 과정으로 당신의 지평을 넓혀 주는 것은 물론 자신의 마음을 발견하도록 도와줍니다. 또한 '그 경험을 잊어버려라. 교리상으로 바른 이 경험에 집중하도록 하라.' 라는 식의 사고 통제의 역할을 하기도 합니다. 초기 내관주의 심리학에도 비슷한 선입견의 문제가 있었습니다. 많은 연구가 이루어졌던 당시의 독일은 권위적인 문화였다는 것을 고려해야 합니다. 내면 관찰자들은 그들이 관찰해야만 하는 것에 대한 이론을 가지는 위대한 교수 혹은 박사들을 위해 일하는 연구실의 연구원들이었습니다. 조심스럽게 말하면 그들이 보기로 되어 있던 것에 대해 의사소통할 당시에 선입견이 영향을 미쳤을 수도 있다는 것입니다.

즉, 우리가 의식에 대한 과학을 있는 그대로 입증하려 한다면 두 가지 본질적인 요소를 고려해야만 합니다. 의식을 말로 설명하는 다른 분야가 아니라, 의식을 내면적으로 직접 관찰하는 의식과학 그 자체는 자료의 기본적인 분야입니다. 첫째로, 일상의 의식 동요를 감소시켜 호수의 수면 아래를 볼 기회를 가져야 합니다. 둘째로, 우리가 보려고 하는 것을 왜곡시키려는 선입견이 형성되지는 않았는지 혹은 이미 가지고 있는 선입견을 인식하지 못하는 것은 아닌지 주의해야 합니다.

실험적 작업이 중요하다는 것을 강조하기 위해서 이론에 대해 많은 이야기를 했습니다. 저는 지나치게 생각이 많습니다. 하지만 이곳에서 저만 그런 것은 아닐 것입니다. 과학을 지향하는 사람들이 명상과 마음챙김에 대해 다루는 것이 정당하고 이성적이라는 것을 알도록 기반을 조성하는 것이 중요합니다. 저는 때때로 개념적인 설명을 피할 수 없고, 온종일 개념 이상의 것들을 말하고자 할 것입니다. 하지만 일단은 수련을 시작하도록 하겠습니다.

2

집중 명상

Concentrative Meditation

2
집중 명상

Mind Science

여러분 대부분은 명상에 대해 비교적 초보이거나 문외한일 것입니다. 여러분이 명상에 대한 경험이 많다면 제 강연을 듣고 실망할지도 모르겠습니다.

우습게도 제3차 투손 학술대회 프로그램이 시작되었을 때, 제가 세상에서 가장 훌륭한 명상 스승 중 한 분이라고 여기는 분이 저를 부르시더니 "명상과 마음챙김에 대한 워크숍을 하신다고요?"라고 물으셨습니다. 이분은 신젠 영Shinzen Young이라는 분인데, 제가 강력히 명상 스승으로 추천할 수 있는 분입니다. 저는 '아! 진정한 명상 스승께서 내가 허세 부리는 것을 알고 계셨구나!'라고 생각하고, 그분께 "아시다시피, 스승님은 명상 지도자이시고 저는 배우는 입장이지만, 제가 보통 사람들에게는 꽤 괜찮은 명상 지도자일 수도 있겠지요."라고 말하였습니다.

실제로 저는 초보자들이 명상을 배우면서 어려움을 겪을 때 적합한 명상 지도자입니다. 왜냐하면, 그 어려움을 모두 경험했기 때문입니다. 하지만 아무도 저를 훌륭하고 재능 있는 명상가라고 인정하지는 않습니다. 저는 명상에 대한 약간의 지식을 얻기까지 오랫동안 애를 썼기 때문에 사람들이 경험하는 어려움 중에 어떤 의미가 있을지도 모르는 것에 대해서 말할 수 있습니다.

이제 다음으로 넘어가서 저는 오늘 세 가지 중요한 기법에 대해 설명할 것입니다. 그중 하나는 집중 명상입니다. 이것은 기본적으로 고요히 하기quieting와 집중하기focusing 훈련에 속합니다. 또한 요동치는 정신적 폭풍을 잠재워서 통상적인 의식의 표면 아래에 있는 것을 볼 기회를 갖도록 합니다. 과학적인 용어로 말하면, 현미경 렌즈에 낀 먼지를 보는 것이 아니라 기구를 깨끗이 닦아서 실제로 유용한 관찰을 할 수 있는 기회를 얻게 되는 것을 말합니다. 집중 명상은 여러 가지 방면에서 매우 유용하지만 오늘은 기본적으로 관찰을 잘 할 수 있게 돕는 관점으로만 말하고자 합니다.

오늘 다룰 두 번째 기법은 흔히 영어로 통찰 명상이라고 하는, 마음 열기 명상opening up meditation입니다. 일단 폭풍의 수면이 고요해지기 시작했다면, 당신은 무엇을 보게 될까요? 그 수면을 통해 당신이 볼 수 있는 그 무엇을 어떻게 볼 수 있을까요?

오늘 이 두 가지 기법을 배운다면, 당신은 인생에서 무척이나 흥미로운 두 가지 도구를 갖게 될 것입니다. 당신이 의식과학에 대해 작업을 시작하는 데는 이 둘이면 충분합니다. 제가 시작이라고 말한 이유는, 단 하루만의 워크숍 결과로 누구나 명상 전문가가 될 수는 없기 때문입니다. 그러나 오늘의 내용은 의식과학이 가야 할 방향에 대한 아이디어를 제공하고, 당신은 그것을 창조해 낼 가능성을 지니고 작업을 시작할 수 있는 도구를 갖도록 할 것입니다. 이것은 당신의 마음과 자신을 더 잘 이해하고 결과적으로 더 나은 삶을 살게 한다는 관점에서 보면 당신을 위한 것이고, 훈련된 관찰자들의 입장에서 보면 사회단체에 이바지하는 첫걸음입니다. 관찰자들은 그들의 마음을 더욱더 분명하게 보고, 관찰을 나누기 시작하며, 의식과학에 이바지하게 됩니다.

이 두 가지 명상 기법으로 명상할 때는 조용한 곳에서 혼자 하거나 사람들과 함께 고요하게 명상하는 것이 이상적입니다. 요즘 미국에서 사는 사람들의 일상적인 삶이 바쁘고 정신없다는 것을 고려할 때, 누군가에게 하루 중 몇 분 동안 가만히 앉아서 내면을 고요하게 하는 기법을 가르치는 것은 굉장한 일입니다. 그것은 여러분의 건강에도 큰 도움이 됩니다.

무엇보다도 조용한 환경이 중요합니다. 저는 수도원에서 사는 것에는 관심이 없으며, 이는 대부분의 사람들 역시 그렇습니다. 그래서 어떻게 하면 이러한 능력을 좀 더 일반적으로 적용할 수 있을까? 어떻게 마음을 고요하게 하는 방법을 배우고 보다 분명하게 사물을 보며, 일상에 적용할 수 있을까? 하는 의문이 들었습니다. 오후 과정에서는 이러한 기술들을 여러분의 일상에 어떻게 적용할 것인지에 대해 가르칠 것입니다. 이것을 가르치는 목적으로, 지금부터 저는 제가 기억할 수 있는 한 여기 서서 말하는 동안 명상의 한 기법을 수련하면서 평소처럼 생각에 빠져 길을 잃지는 않을 것입니다. 가능한 한 예전의 경험을 기반으로 설명하기 어려운 이 특별한 무언가를 여러분에게 전달하기를 바라고, 이것은 여러분이 배우는 데 도움이 될 것입니다. 즉, 저는 되도록 일상에서 마음챙김의 본보기가 될 수 있도록 최선을 다할 것입니다.

기본적인 집중 명상

기본적인 문제는 일상적인 마음에서 진행되는 습관적인 동요라는 것을 기억하십시오. 대부분 집중 명상을 배웠을 때, 조금 노력하고 나서 "이 명상을 좋아하는지 확신이 없어요. 명상은 내 마음을 달리게 하고 날뛰게 해요."라고 말합니다. 그러면 그들은 더 배워야 하거나 더 경험이 많은 사람들의 말을 듣고 이해해야 합니다. "그렇지 않습니다. 명상이 당신의 마음을 달리게 하고 날뛰게 하는 것이 아니라 당신의 마음이 항상 그렇게 하는 것입니다. 그것이 당신의 정상적인[normal] 상태이지요. 우리가 하는 것은 당신에게 일어나는 일들을 알아차리도록 자세히 살펴보고, 느리게 하려고 하는 행위입니다. 이를 알게 되면 당신은 그것에 대해 뭔가를 할 수 있게 됩니다."

그래서 집중 명상은 기본적으로 마음을 가라앉히고 고요하게 해 줍니다. 저는 고요한[still] 마음이라 말하고 싶은데, 그것은 집중 명상을 표현하기에는 절대적인 표현이라 불필요한 장벽을 만듭니다.

기초적인 지침은 간단합니다. 마음을 한 대상에 두고 계속 유지하세요. 그것뿐입니다. 실제 수련practice은 기술과 지침을 지금보다 더 요구합니다.

마음을 고요하게 하고 집중하는 것을 수련하기 위해서는 명상을 시작할 때 몸과 환경을 조용히 만들고 이완하는 것이 도움이 됩니다. 하지만 익숙해지면, 뉴욕 지하철에서도 명상을 수련할 수 있습니다. 그러나 우리 마음은 감각 자극에 끌려다니기 때문에 시끄러운 상황에서는 명상하기가 상당히 어렵습니다. 외부에서 일어나는 일들이 많다면, 마음을 고요하게 할 기회는 거의 없다고 보면 됩니다. 따라서 집중 명상을 가르치는 일반적인 지침은, 첫째로 조용한 장소에 머무는 것입니다. 즉, 전화가 울리지 않는 곳, 라디오나 텔레비전이 켜지지 않는 곳, 사람들이 다가와서 말을 걸지 않는 곳, 수련하는 동안 방해받지 않는 곳에서 하는 것입니다. 구체적으로 말하면, 이는 문을 닫으라는 의미인데 집에서 수련 중이라면 가족에게 "미안하지만 엄마, 아빠, 앞으로 20분 동안은 생명이 위협받는 위기 상황이 아니면 절대로 저를 부르지 마세요. 저는 엄마, 아빠를 사랑해요. 하지만 혼자 있는 시간이 필요해요. 괜찮죠?"라고 양해를 구하십시오. 또한 사회적으로 필요한 부분 역시 반드시 해결되어야 합니다.

환경을 조용하게 만드는 두 번째 방법은, 바쁘고 계획된 삶의 시간에 대한 압박을 줄이는 것입니다. '그래, 앉아서 내가 하고 싶은 만큼 명상을 할 거야.' 라고 여유롭게 말할 수 있는 사람은 거의 없습니다. 이를테면, 30분 후에 있을 약속을 지키기 위해 우리는 계속해서 시간을 점검해야 합니다. 당신이 꾸준히 명상을 해 왔다면 시간을 보기 위해 명상을 잠깐씩 멈추는 것은 큰 문제가 아닙니다. 그러나 명상을 배우는 초기 단계에는 시간을 보는 것 자체가 마음을 산만하게 합니다. 특히, 마음을 산만하게 하는 것 중 하나는 '얼마나 이러고 있었지? 이제 멈출 때가 되었겠지. 분명히 15분이 다 되었을 거야.' 하는 반복적인 생각입니다. 시간을 점검해야 하는 것에 신경쓰는 것은 호수 수면의 폭풍을 거세게 하는 방법이므로 오히려 마음이 더 산만해집니다.

시간에 대한 문제를 해결하는 가장 간단한 방법은 혼자 수련할 때 타이머를 이용하는 것입니다. 이 방법은 마음의 부담을 덜어 줍니다. 이때 주차 시간을 점검하는 타이머나 알람 기능이나 시간을 설정할 수 있는 디지털시계 등이 적당합니다.

생명을 위협하는 위급 상황이 아니라면 명상 시작 전에 시간을 미리 설정해 두고 그것을 지킵니다. 그렇지 않으면 '명상이 제일 잘되는 정점이 지난 것 같네. 지금 일어나서 일지를 쓰는 것이 나을 것 같아.' '이런, 휴식을 취해야 할 만큼 충분히 했어.' 하는 생각에 따라 중간에 그만둘 수도 있습니다. 다시 말해, 마음이 명상을 불편하게 할 핑계들을 만들어 합리화함으로써 명상 수련이 끊기게 됩니다. 따라서 '나는 15분을 설정했어. 어떠한 나쁜 일[혹은 좋은 일]이 일어나도 15분 동안은 명상을 유지할 거야.' 라는 훈련 지침을 만드는 것이 좋습니다.

그래서 사회적으로나 신체적으로 자신을 고립시켜 적당히 조용한 장소에서 타이머를 설정하면 그것으로 충분합니다. 한 가지 더 조언하자면, 일반적으로 뜻이 맞는 명상 그룹에서 수련하기가 더 쉽습니다. 명상을 하는 다른 사람들도 시간을 지킬 책임이 있을 뿐만 아니라, 그들에게 둘러싸여 앉아 있는 것은 많은 도움이 됩니다. 어떠한 사람들은 외부에 영향을 미치는 셸드레이크Sheldrake의 형태장 이론morphogenetic field에 대해 이론화하고 싶을지도 모르겠습니다(Sheldrake, 1988). 누군가는 사회심리학적 관점에서 말할지도 모르지만, 직접적이고 상식적이며 현실적으로 보자면 그곳에 앉아 있는 사람들이 있고, 우리는 다음처럼 되새기게 됩니다. '나는 내일 제3차 투손 학술대회에서 동시에 발표되는 37개의 논문 중에서 어떠한 것을 가장 듣고 싶은지를 생각하기 위해 여기에 있는 것이 아니야. 적어도 나는 명상을 하기 위해 여기에 있고, 명상을 배우려고 있는 거야.'

그래서 여럿이 함께 수련하는 것은 여러 가지로 도움이 됩니다. 물론 어떤 그룹이든지 참가한 그룹에 따라 매우 혼란스럽기도 하고 배움에 도움이 되거나 방해가 될 수 있는 심리사회적 역동을 일으키는 주최자가 있을 수도 있습니다. 그러한 실제적인 문제는 이제부터 다루도록 하겠습니다.

이렇게 잠깐 사람들과 대면하고자 하는 욕구를 없애거나 같이 수련하는 그룹에 참가해 조용한 환경을 만듭니다. 타이머를 설정하거나 그룹에서 누군가가 시간을 점검해 시간 문제도 해결하도록 합니다. 오늘은 제가 그 역할을 할 것입니다. 그다음 단계는 여러분의 몸을 안정시키고 고요히 하는 것입니다.

명상에서 가장 기본적인 규칙은 익숙해질 때까지 한 자세로 고정되게 앉아 있는 것입니다. 하지만 몸은 '너무 가려워서 긁지 않으면 나는 죽을 거야.' 라고 말하는데, 그건 정말 확실합니다. 마음 한구석에서는 가려움 때문에 죽은 사람이 없다는 사실을 떠올릴지도 모르지만 죽을 것만 같은 가려움에 대한 생각은 그 순간만큼은 의심할 여지없이 확실하게 보일 수 있습니다.

또는 여러분의 몸은 '나는 끔찍한 통증을 느끼고 있어. 다리는 점점 저려 오고 피가 막힌 것 같고 괴저가 시작되고 있어. 여기서 결코 일어날 수 없을 거야. 다리가 떨어져 나가겠지.' 라고 말합니다. 특히, 동양에서 명상할 때 양반 다리로 앉거나 가부좌하면 필시 다리가 저리기 마련입니다. 대부분의 전통적인 동양 명상 지도자들은 다리가 저리면 일어나는 순간 다시 피가 통하기 때문에 저린다고 해서 죽는 사람은 아무도 없었다고 말합니다. 제 개인적인 혹은 서양의 편견일 수도 있지만, 저는 이런 식의 설명보다는 좀 더 실용적이면서 상냥한[down home] 표현을 좋아합니다. "아시다시피 신은 다리 구석구석에 혈관을 넣었고 그의 의도는 혈관을 통해 피가 흐르게 하려는 것입니다. 건강에는 아무 문제가 없습니다."라고 말합니다. 저는 사람들에게 불필요하거나 혹은 고통스러움을 일으키지 않으며 인내력을 시험하지 않는 자세를 선택하라고 말합니다.

명상할 때 몸의 통증은 다루기가 매우 어렵습니다. 몸은 쉽게 통증을 없애는 즉각적인 반응을 하도록 당신을 통증으로 끌고 가고, 가만히 앉아서 마음을 집중하는 것을 불편하게 합니다. 이들 대부분의 통증은 실제로는 아주 사소한 것이지만 끔찍하게 느껴질 정도로 확대되어 즉시 뭔가를 하도록 만듭니다.

이때 최대한 한 자세로 앉아서 통증에 집중한다면 많은 집중력이 계발될 수 있습니다. 조금 더 진보한 명상 수련에서는 극심해진 통증이 명상의 대상이 되기도 합니다. 통증을 조절하는 명상에 대해서는 나중에 다루겠지만 이렇게 사소하거나 끔찍한 통증도 함께 앉아 있음으로 인해 삶에서 피할 수 없는 통증을 효과적으로 다루면서 많이 배우게 됩니다. 불행하게도 우리는 삶에서 어쩔 수 없는 통증을 겪기 마련이지요.

통증이 신체적 손상을 일으키는 신호로 여겨지면 마음을 챙기면서 자세를 수정하고 즉시 명상으로 돌아가라고 지도합니다. 일분에 한 번 이상 자세를 수정한다면 당신은 틀림없이 속는 것입니다. 가능성이 적기는 하지만 몸의 자세에 대한 위험한 신체적 왜곡에 빠질 수 있습니다. 각 과정에서 한 번 이상의 자세 수정은 너무 많을 수 있습니다. 자세를 고치는 것이 정말 필요한지 명상을 피하기 위한 습관적인 들썩거림은 아닌지 스스로 판단해야 합니다.

우리는 의자에 앉아 있으므로, 오늘은 의자에 앉는 서양의 자세를 취할 것입니다. 만약 명상 수련을 하기로 마음먹고 의자에 앉는 방법을 선택했다면, 의자에 편안하게 앉아 있고 싶을 수도 있습니다. 제 개인적인 의견으로는 대부분의 의자는 신체적인 느낌을 위해서가 아니라 시각적인 미를 강조하기 위해 만들어졌다고 봅니다. 저는 일생 동안 미관상 예쁘기만 하고 불편한 의자에 수도 없이 앉아 보았습니다.

대부분의 의자는 여러분 각각의 신체에 맞추어서 만들어지지 않았습니다. 그러한 의자에 앉게 되면 자세에도 문제가 생기기 마련입니다. 생리학자들은 진화론적으로 직립하는 자세가 아직 완전히 자리 잡은 것은 아니라고 말합니다. 부드러운 쿠션은 의자 못지않게 좋지 않습니다. 굳이 쿠션을 사용한다면, 딱딱한 쿠션이 오히려 도움이 됩니다. 부드러운 쿠션은 몸을 단단히 받쳐 주지 못할 뿐만 아니라 앉을 때 옆으로 기울어지게 되므로 항상 주의를 기울여야 합니다. 대부분의 사람에게는 나무로 된 곧은 등받이 의자나 약간의 패딩이 되어 있는 것이 좋습니다.

참가자 : 박사님과 다른 사람들이 한 자세로 고정되어 고요하게 앉아 있는 것이 중요하다고 말하는 것을 듣고 당황했어요. 세상에, 곧 명상이 시작되면 난 기침이 나올 것 같은데……. 그렇게 말씀하시는 특별한 이유라도 있나요?

업karma을 관장하는 신은 기록장에 당신의 기침에 대해 적어 놓을 것이고 당신은 남은 일생 동안 그것 때문에 벌을 받을 것입니다! 농담입니다. 진지하게 말하면 명상 시 일어나는 기침은 당신에게 가장 안 좋은 것이지요. 당신이 만약 기침을 해야 한다면, 당신은 기침을 해야 합니다. 이제 이해가 되나요? 당신은 그 기침을 더 악화시킬 수도 있는데, 여기서 어떻게 악화시키는지 예를 들어 봅시다. 당신이 기침이 나오려는 것을 느꼈을 때 당신은 기침을 제어할 수 없을 것이라는 사실에 당황합니다. 그리고 계속 참으려고 노력하고, 노력하고, 또 노력하지요. 그런데 마침내 기침이 나오면 당신은 기분이 정말 안 좋을 것입니다. 당신의 기침 소리 때문에 이 방에 있는 모든 사람의 환상적인 명상 경험이 깨져 버릴 수도 있습니다. 깨달음에 막 도달하려는 순간, 당신이 기침을 해 버렸습니다! 더 안 좋은 것은 당신이 기침을 하고 나서 시원해짐과 목의 간지러움이 줄었다고 느꼈을 때 이미 누군가의 명상은 망가뜨려졌고 당신이 스스로 만족해하는 것 때문에 죄책감이 들 수도 있습니다.

그러한 상황에서 또 다른 방법은 그냥 기침을 하고 명상으로 바로 돌아가는 것입니다. 저는 이 방법을 추천합니다. 약한 기침은 목의 감각을 명상의 대상으로 삼는 흥미로운 것이 될 수도 있습니다. 우리가 나중에 다룰 마음 열기 명상에서는 실제로 기침을 하기보다는 무엇이 일어나는지를 볼 것입니다.

워크숍을 할 때면 이따금씩 사람들에게 이런 농담을 합니다. 저를 포함해서 많은 사람들은 깨달음을 얻는 것에 관심이 있습니다. 개인적으로 저는 제가 깨달음에서 멀리 있다는 것을 알고 있으며, 깨달음이 무엇인지 모른다는 것도 알고 있습니다. 하지만 저는 깨어 있지 못한 상태[endarkenment]에 대해서는 전문가입니다. 저는 50년 이상 깨달음이 없는 상태를 전문적으로 연구하고 수련해 왔습니다. 깨어 있지 못한 상태를 어떻게 생성시키는지를 알고 나서야 그것을 줄일수록 깨달음으로 가는 방향임을 알았습니다. 만약 당신이 소음을 내지 않으면 당연히 더 조용하겠지요. 그러나 당신이 기침을 해야 한다면 하세요. 움직이고 싶다면 마음을 챙기며 움직이세요. 그러고 나서 당신이 기침을 하든지 움직이든지 무엇을 했든지 그 사실에 대해 걱정하지 말고 바로 명상으로 돌아가세요. 그러한 행동을 한 후에 수련으로 돌아가는 것 외에 추가되는 모든 것들은 주의가 산만한 것이고 깨어 있지 못한 상태입니다.

참가자 : 어떤 식으로 자신을 훈련시키려는 경향도 명상의 보다 심원한 목적에서 벗어난 것은 아닌가요?

궁극적으로 그것은 주의 산만입니다. 그러나 처음 시작하는 상태인 훈련되지 않은 마음에서는 어쩔 수 없습니다. 좀 더 뛰어난 명상 체계의 관점에서 보면 오늘 제가 가르치는 모든 것이 속박의 더 높은 형태일 것입니다. 그러나 진정한 자유와 비이원적 깨달음을 얻기 위해서는 필요한 단계입니다.

참가자 : 박사님이 그런 말씀을 하실 때 우리는 왜 박사님을 믿어야만 하지요?

왜 저를 믿어야 하느냐고요? 저는 강단에 있고 당신은 청중 속에 있기 때문이 아닐까요? 아니면 제가 권위자의 역할을 하고 있기 때문일까요? 아니면 생각 중독자로서 제가 섞은 음료를 아주 잘 서비스하고 있기 때문일까요? 그것은 정말 좋은 질문입니다.

누구도 제가 오늘 말하는 것을 믿을 필요는 없습니다. 제가 오늘 말하는 모든 것은 하나의 자극을 위한 것입니다. 제가 제시하는 이러한 아이디어에 대해 여러분 스스로가 여러 방면으로 점검하세요. 또한 이는 과학적으로 실험해 보아야 할 이론으로 여기세요. 그것들이 유용하다고요? 좋아요, 유용하지 않을 때까지 사용해 보도록 하세요. 그러나 유용하지 않다면 제가 말한 것을 한마디도 믿지 마세요. 제가 무척 착각하고 있을 수도 있으니까요. 그러나 저는 망상 속에서 제 자신을 즐깁니다.

의심할 여지없이 우리 개개인의 삶에서뿐만 아니라 여러 가지 명상 전통에서 망상은 존재합니다. 실용적인 조언을 하나 하자면, 웃을 수 없는 어떠한 명상 그룹에 속해 있다면 당장 그 그룹에서 나오십시오. 유머가 없다는 것은 몹시 나쁜 신호입니다.

자, 이제 실제로 수련을 시작하기 전에 5분 정도 휴식을 하도록 하지요. 너무 오랫동안 앉아 있으면 몸이 지치는 것은 물론 지적으로 머리가 둔해지는 경향이 있습니다. 명상 전에 약간의 운동이나 스트레칭이 마음을 환기시키는 데 도움이 될 것입니다.

3 수련: 집중 명상

Practice: Concentrative Meditation

3

수련: 집중 명상

Mind Science

지금부터 기초적인 집중 명상 수련으로 여러분을 안내할 것입니다. 일단 편안한 자세로 앉으세요. 이제 눈을 감을 텐데 안경을 쓰신 분들은 안경을 벗는 것이 좀 더 편할 테니 안경을 벗으세요.

이 책을 읽는 분들은 수련 지시문을 읽느라고 눈을 뜨고 있겠지만, 독자들도 잘 따라 할 수 있습니다. 말줄임표(……)는 지시문 사이의 긴 정지를 나타내는 것이니 읽을 때 서둘러 다음 문장으로 넘어가지 말고 그 정지 기간에 이완하도록 하세요. 마음의 여유를 가지세요. 다음 지시문으로 가기 전에 각각의 지시문에서 최소한 어느 정도 느껴 보시기 바랍니다. 이 첫 번째 수련은 10~15분 정도 걸리니 절대 서두를 필요가 없습니다.

첫 번째 수련 시작하기

눈을 감고……. 숨을 깊이 들이쉬고 내쉬며 이완합니다……. 기초적인 집중 명상은 전혀 긴장할 필요가 없습니다.

처음 앉았을 때, 몇 분 동안은 고정된 자세로 앉아 있는 것이 중요합니다. 1~2분 후쯤 약간의 조절이 필요하다는 것을 알게 되면 전체적으로 좀 더 안정시킬 수 있습니다. 즉, 1~2분은 자세를 잡는 데 사용될 수 있습니다.

집중 명상의 기본적인 방법은 주의를 고정할 하나의 대상을 찾아 그것에 주의를 두고 주의가 그 대상을 떠나 방황할 때마다 부드럽게 주의를 다시 그 대상으로 돌리는 것입니다. 이때 부드럽게 해야 한다는 점을 강조하고 싶습니다…….

우리는 집중 명상을 위한 전통적인 명상 대상인 호흡의 자연스러운 흐름을 활용할 것입니다. 특히, 우리가 주의를 돌릴 일차적인 대상은 가슴과 복부의 감각입니다.

지금까지 안내한 대로, 복부가 팽창하고 수축하는 것에 주의를 기울이십시오……. 기본적으로 해야 할 것은 열린 마음으로 복부가 팽창하고…… 수축하는…… 것에 의해 발생하는 느낌에 주의를 기울이는 것입니다…….

이제부터는 이것 외에 특별한 어떠한 것을 만들려고 노력해서는 안 됩니다. 호흡은 스스로 움직이도록 자연스럽게 내버려 두십시오. 그냥 자연스러운 호흡의 흐름으로…….

여러분의 마음이 호흡의 자연스러운 방식을 간섭하려고 한다면, 호흡의 더 좋은 혹은 적절한 방식을 찾으려고 한다면 그러한 시도 자체를 알아차리고…… 그러고 나서 이완합니다……. 그리고 복부의 자연스러운 팽창과 수축을 따라갑니다…….

그 감각이 이러저러할 것이라거나 어떠해야 한다는 것은 없습니다……. 복부의 감각을 특별하게 어떻다고 느껴야 한다거나…… 어떠한 것처럼 느끼지 말아야 한다는 것도 아닙니다……. 그것이 마땅히 어떠해야 한다거나 어떠하지 말아야 한다는 것 없이…… 매 순간마다 그 감각이 어떠한 것이든지 그저 경험하면 됩니다.

만약 마음이 방황하는 것을 알게 되면, 이미 생각하고 있거나 복부의 팽창과 수축이 아닌 다른 것에 주의를 기울이고 있음을 깨닫게 되면, '지금 이 순간 복부의 감각이 어떻게 느껴지지?'라는 질문으로 그저 부드럽게 주의를 가져오세요.

그리고 또다시 마음이 방황하면, 그때도 부드럽게 주의를 돌리세요…….

(첫 번째 집중 명상 수련 마침)

자, 이제 우리는 집단으로 함께한 이 수련을 마칩니다. 천천히 눈을 뜨고 몸을 약간 흔들어 준 뒤 평상시의 마음으로 돌아오세요. 그럼 질문을 받겠습니다. 특히, 수련하는 동안 어려운 점이 있었던 분들의 이야기를 듣고 싶습니다. 그러면 제가 조언해 줄 수 있을 것입니다.

참가자: 궁금한 것이 있습니다. 제 몸을 느낄 수 있었고 다른 것에 집중하지 않으려고 했어요. 마음이 완전히 비워진 것 같았는데 어떠한 형상을 보았어요. 그것이 사람인지, 무엇인지 잘 모르겠지만, 형상이 보였어요.

수련을 할 때 어떤 얼굴 영상이 떠올랐다는 건가요?

참가자: 예.

집중 명상을 배우는 동안 가장 중요한 것은 명상의 대상에 계속 주의를 기울이는 것입니다. 이번 수련에서는 호흡이었지요. 아마 얼굴이 나타났다가 사라질 수도 있습니다. 통증이 나타났다가 사라질 수도 있고요.

참가자: 얼굴이 참 흥미로웠어요. 제가 본 특별한 얼굴이 중요한 것은 아닌가요?

집중 명상에서는 적절히 집중하는 방법을 배우는 것이 목표입니다. 호흡에 주의를 기울이는 것 외에 발생하는 것은 어떠한 것이라도 주의가 산만해진 것일 뿐입니다. 산만함에 자발적인 에너지를 쓰지 마세요. 또 그 산만함과 싸우지도 마세요. 자신에게 '아! 이건 망상이야. 나는 이 얼굴을 쫓아 버려야 해! 난 그것에 주의를 기울이면 안 돼!' 라고 말하지 마세요. 사실 그것은 명상의 의도된 대상, 즉 호흡에 집중하는 것이 아니라 당신이 장애물로 개념화한 대상으로 집중을 전환시키는 것입니다. 얼굴이 나타나면 나타나게 하세요. 그런 다음 부드럽게 흘러가게 하세요. 신이나 여신이 나타나서 당신에게 절을 해도 계속 호흡을 따라가세요. 어떠한 것을 의식 밖으로 쫓아 버리는 것은 매우 힘든 일입니다. 그냥 계속 부드럽게 명상의 대상으로 주의를 되돌리는 것이 훨씬 더 간단합니다. 그렇게 하면 망상은 저절로 사라져 버립니다.

참가자 : 명상과 최면이 어떠한 관계인지 말씀해 주실 수 있습니까?

집중 명상과 최면을 비교하기는 쉽지 않습니다. 무엇보다도 오늘 그것을 정확하게 해 보겠지만, 실제로 사람들은 명상이라는 용어를 많은 수련들에 포함시키기 위해 무분별하게 사용하고 있습니다. 최면이라는 용어 또한 매우 많은 것을 망라하는 용어로 사용하고 있고, 자기 최면 역시 마찬가지입니다. 다양한 사람들이 다양한 시대에 이러한 용어들을 사용했다는 점에서 중복되는 부분이 많다는 것을 알 수 있습니다.

그러나 한 가지 중요한 차이점이 있습니다. 전통적으로 최면에는 당신에게 무엇이 좋은지를 아는 권위자가 있습니다. 이 권위자, 즉 최면술사는 대상자를 이완시키고 행동이나 경험을 만들거나 특별한 것을 고치기 위해 치료에 목적을 두고 암시받기 쉬운 상태로 인도합니다. 그러나 명상에서 명상 스승을 권위자라고 한다면, 권위자는 단지 여러분이 스스로 명상을 할 수 있는 방법을 가르치는 범위 안에서 권위자일 뿐입니다. 무엇이 여러분에게 좋은지에 대한 특정한 답을 가지고 있지는 않습니다. 이것은 특히 마음 열기 혹은 통찰 명상에서 더 큰 차이점을 보이게 됩니다.

최면이나 자기 최면을 유도하면서 주의를 집중시키기도 하는데 어떤 사람들은 자기 최면을 수련하는 것이 사실입니다. 그것은 마치 최면 기법이라기보다는 명상적인 절차처럼 들리기도 합니다 (Fromm & Pfeifer, 1981). 하지만 기본적으로 최면은 매우 목표 지향적인데, 이 목표들은 일상적인 삶에서 가치 있는 것으로 평가되는 것들, 예를 들면 체중 감소, 금연, 더 차분해지기 등과 같습니다. 명상은 기본적으로 일상적인 마음을 고요히 하는 것을 배우는 것입니다. 특히, 집중 명상은 당신이 깊은 차원에서 무엇이 어떻게 진행되는지를 스스로 관찰할 수 있고, 마음의 기본적인 기능에 대해 관찰할 수 있는 토대를 만드는 것이지, 마음이 어떻게 작동하는지, 무엇이 바람직한지, 어떻게 고칠지에 대한 답을 얻는 것이 아닙니다. 그래서 당신이 자기 최면에 익숙하다면 명상 수련 동안에는 그것을 하지 마세요. 그것은 당신이 매우 중요하게 사용하고 있고, 당신이 매우 자랑스러워하는 굉장한 기술이지만, 지금 우리가 하는 것과는 다릅니다.*

참가자: 수련을 하는 동안 저는 기도나 맹세에 대해 생각하고 있었고 제 목의 느낌에 주의를 기울였고, 그것에 집중하였습니

---

*최면과 명상에 대한 보다 상세한 논문은 www.paradigm-sys.com/cttart 참조

다. 목의 느낌은 점점 따뜻해졌는데 흥미로웠습니다. 그러고 나서 배가 따뜻해져서 배에 집중했고 그 느낌이 좋았습니다. 호흡보다는 배의 따뜻함에 잠깐 동안 집중하기가 더 쉬웠습니다. 이런 현상은 주의가 다른 곳으로 돌려지거나 산만해졌기 때문인가요?

네, 그렇습니다. 그것들은 모두 주의가 산만해져서 생긴 것입니다. 마음은 평상시뿐 아니라 명상을 할 때도 주의를 굉장히 산만하게 만든다는 것을 기억하세요. 마음은 쉽게 당신의 마음이 호흡과 같은 단순한 것에 주의를 집중하라는 지시에 따르기보다는 당신이 해야 할지도 모르는 더 중요한 많은 것들을 떠올릴 것입니다. 마음이 순간순간 만들어 내는 더 중요한 목표들은 끝이 없습니다. 따라서 매 순간의 잡념, 매 순간의 생각은, '이것은 당신이 지금 당장 해야만 하는 거야!' 라고 말합니다. 그것들은 잡념입니다. 그냥 복부의 호흡과 같은 느낌으로 돌아오세요.

참가자 : 마음이 왜 그러한 거죠?

마음이 왜 그러냐고요? 지난 세기를 걸쳐 모든 성인과 현인들이 그 질문을 해 왔죠!

참가자 : 제가 질문하는 이유가 바로 그것입니다.

글쎄요, 제 대답을 "그것이 원래 그런 거다."라고 말한 현인들의 말로 대신하면서 그 어려운 질문을 살짝 피해 갈까 합니다. 마음은 하나의 생각 뒤에 또 다른 생각을 만들고, 사는 동안 엄청나게 무수한 생각을 만들어 냅니다. 만약 환생을 믿는다면 전생에도 엄청나게 무수한 생각이 있었겠지요. 당신이 깨달음을 얻는 것과 같은 어떤 것을 하지 않는다면, 또 억겁의 무수한 생각이 나올 겁니다!

명상 전통에서 말하는 주요 요점은 마음이 왜 생각을 하고 그것이 무엇을 생각하는가에 대해서 안다고 해서 마음을 효과적으로 다룰 수 없다는 것입니다. 이를테면, 명상을 하면서 어떤 생각에 빠지면 사람들은 흔히, 이 특정한 생각이 왜 나의 주의를 끄는지를 해결하려고 합니다. 당신은 이때부터 끝없는 길을 걷기 시작합니다. 이유인즉, 그 생각 전에 다른 생각이 있었고, 또 그 이전에 생각이 있었으며, 무한하게 그 생각에 대한 생각이 있었습니다. 왜 그때 그 생각이 나타났는지에 대해 만족스러운 대답을 얻기 위해 할 수 있는 생각에 따라서 주의가 흐트러질 때, 혹은 그냥 하고 있었던 것을 잊고 있다가 다시 명상하기를 원했다는 것을 기억하게 될 때, 명상하기로 했던 호흡으로 주의를 다시 돌리게 되는 것은 몇 분 후이거나 30여 분이 지난 후입니다. 일상적인 생각으로 낭비했던 그 모든 시간은 명상 수련을 한 것이 아닙니다. 그저 생각이 흘러가도록 하기가 훨씬 쉽습니다.

당신이 말한 것처럼 마음은 고요해질 수 없을 만큼 무척 강하고 활동적입니다. 그 지속적인 정신적 · 감정적 요동은 우리가 일상적인 의식이라고 아는 것입니다. 불교에서는 삼사라samsara라고 하고, 힌두교에서는 마야maya라고 부르는데, 이 일반적인 마음 공간을 영적인 전통에서는 환영illusion의 상태로 봅니다. 심리학자들이 주장하는 일반적인 마음을 부인하는 것은 아닙니다. 일반적이고 바쁜 원숭이처럼 날뛰는 마음monkey-mind은 그 자체로 유용하고 방어적인 기능을 가지고 있습니다. 우리의 인생에서 심리적 혼란을쓸데없이 겪는다 하더라도 그것은 유용한 측면이 있습니다. 어쨌거나 우리는 여전히 살아 있습니다. 그런데 마음을 고요하게 하는 경험들은 우리에게 많이 알려지지 않아서 아마도 위험하지 않을까요? 그래서 우리는 습관적인 정신 활동에 자연스럽게 매달리게 됩니다. 마음은 우리가 모르는 악마라기보다는 아는 악마에 속합니다. 그래서 우리는 그것과 함께 머무르고자 하는 동기가 강합니다.

당신은 이제 심리치료와 성장심리학 그리고 우리가 지금 막 뭔가에 대해 배우기 시작한 명상 수련 사이의 연결된 분야 전체에 들어갑니다. 저는 당신이 그 길로 바로 들어가는 것을 피했으면 합니다. 그러나 당신은 결국 집중 명상을 능숙하게 하게 될 것이므로 긴 시간 동안 생각을 하지 않는 상태로 만들 수 있습니다. 그것은 일반적으로 은총이 매우 충만하다고 묘사되는 상태를 뜻합니다.

앨런 월리스Alan Wallace라는 제 친구 이야기를 하나 하겠습니다. 앨런은 여러 해 동안 티베트 불교의 수도승으로 지내다가 박사 학위를 끝내기 위해 서양으로 돌아왔습니다. 그가 한번은 나와 다른 동료에게 자신이 얼마나 집중 명상을 좋아하는지에 대해 털어놓았습니다. 그는 6개월 동안 혼자 집중 수련에 들어갔습니다. 전통적인 집중 수련에서는 작고 창문이 없어 어두운 오두막에 앉아서 밤낮으로 종일 명상을 합니다. 6개월간의 집중 수련 동안에는 빛이나 사람들의 소리로 수련이 방해되는 것을 막기 위해 집중 수련을 도와주는 사람들이 작은 차단막을 통해 음식을 밀어 넣어 줍니다. 처음 몇 주간은 명상 스승이 와서 수련이 어떻게 진행되는지를 살펴보고 지침을 주기 위해 그와 이야기를 나눕니다. 그러나 사람과의 접촉은 그것이 전부입니다.

앨런은 이 이야기를 하면서 평상시에 마음이 얼마나 어지러운지 또 마음을 통제하는 것이 얼마나 힘든지에 대해 토로했습니다. 집중 수련을 시작한 지 일주일째, 마음이 매우 요란스럽다고 느낀 그는 결국 오두막으로 나오면 안 된다는 엄격한 규칙을 어기고 말았습니다. 그는 오두막을 나와 스승에게 찾아가서 좀 더 많은 지침을 얻으려 하였습니다. 왜냐하면, 집중 명상을 시작한 지 고작 두 시간밖에 지나지 않았는데도 도무지 집중할 수가 없었고 잡다한 생각이 끼어들어서 생각으로부터 좀처럼 자유로울 수가 없었기 때문입니다.

그 이야기를 들은 우리는 바닥을 구르며 박장대소했습니다. 우리의 행동에 앨런은 적지 않게 당황했지요. "앨런, 이 가엾은 친구야, 끼어드는 생각 없이 고작 두 시간이라고? 우리는 모두 다양한 깊이로 명상을 수련해 왔는데 우리의 경험상 끼어드는 생각 없이 단 2초를 머무는 것도 쉽지 않아. 그러니 2분 정도면 놀라울 정도로 고요한 명상적인 마음이라네!" 그러나 앨런은 옆 오두막의 나이 든 수도승의 경우 6시간 정도를 생각의 방해 없이 집중 명상을 했다고 반문했습니다. 앨런은 집중 명상을 잘해서 확실히 정신적인 고요함을 얻었습니다. 한참이 지나서야 우리는 그가 우리가 속한 평범한 초보 명상가의 대열에서 벗어났다는 사실을 알게 되었습니다.

어떠한 명상 전통에서는 오랫동안 정신적으로 고요함을 얻는 것을 중요하게 여깁니다. 일반적으로 모든 명상 전통은 정신적으로 오랜 고요함은 은총의 상태를 만든다는 것을 알고 있습니다. 그러나 내가 잘 아는 전통에서는 마음을 고요하게 하는 것은 통찰을 촉진하는 도구일 뿐, 그 자체가 끝이 아니라고 말합니다. 정신적으로 고요함과 집중은 매우 유용한 자질입니다. 마음이 마치 미친 것처럼 날뛸 때마다 마음을 완전히 고요하게 할 수는 없을지라도 최소한 조금이라도 가라앉힐 수 있는 기술을 배우게 된 것은 매우 훌륭한 일입니다. 그러나 저는 집중을 통찰 명상이나 마음 열기 명상을 보다 효과적으로 수련하기 위한 준비이자 매우 유용한 기술로 봅니다.

집중은 과학자들을 위해 명상 기술을 한층 더 접근하기 쉬운 형태로 분류하는 흥미로운 것 중의 하나입니다. 과학자들은 집중을 무척 잘합니다. 당신이 만약 기초적인 자료를 배우는 것에 매우 잘 집중하거나 주의를 기울이고 훈련받는 것을 할 수 없다면 당신의 전문 분야에서 성공할 수가 없겠지요. 그러나 한 분야에 전문화된 집중은 다른 측면에서 보면 무엇이 실제이고 아닌지, 어떻게 적절하고, 합리적으로 해낼 것인지에 대해 다소 완고한 사고방식을 갖게 하는 경향이 있습니다. 이 사고방식은 탈학습unlearned이 되어야 합니다. 계속해서 일어나는 생각은 자신의 직업에서 성공을 이끌어 내는 습관이 되기도 하지만 명상을 배우는 데는 장애가 될 수도 있습니다.

참가자: 우리는 수업 전에 비공식적으로 호흡 과정 자체에 대해 이야기를 나누었는데 코로 들이쉬고 입으로 내쉬는 호흡이나 한쪽 콧구멍으로 들이쉬고 다른 쪽 콧구멍으로 내쉬는 것과 같은 호흡과는 어떤 관련이 있습니까? 이러한 호흡법들은 마치 뭔가 중요한 기법이 있는 것처럼 들리는데 그것들과는 관련이 없습니까? 아니면 박사님이 뭔가 빼놓으신 건가요?

기본적인 집중 명상을 배우는 측면에서는 그러한 호흡법과는 관련이 없습니다. 그것은 사실 다른 수련입니다. 수련과 관련해서 복잡하게 설명하자면, 열일곱을 셀 동안 숨을 들이쉬고 셋 반을 셀 동안 숨을 멈추고, 아홉을 셀 동안 숨을 내쉬고, 넷과 사분의 일을 셀 동안 숨을 멈추어야 합니다. 절대 따라 하지 마세요. 저는 그냥 예를 들기 위해 이 특별한 호흡법을 만든 것뿐입니다. 여러 가지 특별한 자세를 취하고 한쪽 콧구멍으로 들이쉬고 다른 쪽 콧구멍으로 내쉬는 것과 같은 더 복잡한 수련도 있습니다. 이러한 수련들은 특정한 효과를 만들어 내기도 합니다. 그러나 우리가 여기서 주의를 기울여야 할 것은 기본적인 집중 명상을 하는 것입니다.

우선 집중을 하는 대상으로 호흡을 사용하는 두 개의 중요한 전통이 있다는 것을 말씀 드리겠습니다. 둘 다 호흡에 집중하는 것이 매우 편리하다는 점에서는 동의합니다. 살아 있는 한 당신은 항상 숨을 쉬기 때문입니다. 따라서 명상 수련 도구를 항상 휴대할 수 있습니다. 주의를 집중하는 데 사용할 수 있는 외부의 대상은 촛불이나 종교 관련 그림, 벽의 압정, 전통적인 힌두교의 상징인 신이나 여신, 땅 위의 색깔 있는 모래로 이루어진 원 등 수도 없이 많습니다. 집중을 배우는 기본적인 요점은 명상을 대상으로 할 목표를 하나 정했으면 주의를 그곳에 머물게 하는 것입니다. 주의를 기울이기 더 좋은 대상에 대한 생각은 일반적으로 주의가 흐트러진 것입니다. '나는 숨이 들어와서 코끝과 명치끝을 따라 내려가고 나가는 과정을 잘 따라갈 수 있어. 나는 몸 전체의 팽창과 수축을 관찰할 수 있어…….' 라고 하는 것은 모두 주의가 산만해진 것입니다. 만약 스스로 '나는 이번 명상 과정에서 숨이 들어오고, 나가는 것을 내 배의 팽창과 수축을 따라 수련할 거야.' 라고 결심했다면 숨의 다른 측면으로 주의를 돌리는 것은 주의가 흐트러진 것입니다. 따라서 다음번에는 코끝의 감각으로써 호흡을 따라갈 것이라고 미리 결정할 수 있습니다. 그러면 그 수행 과정 중에는 그것을 지켜야만 합니다.

두 가지 호흡을 관찰하는 전통적인 방법으로, 한 전통은 복부의 팽창과 수축을 따라가고, 다른 전통은 숨이 들어오고 나갈 때 코끝의 따뜻한 감각과 차가운 감각을 느끼는 것입니다. 어떠한 방식이 더 좋은가에 대한 이론적인 논란이 약간 있지만, 그것에 대해 신경 쓸 필요는 없습니다. 어떠한 것이 더 좋은지는 저 역시 잘 모르기 때문입니다. 저는 한 가지 심리적인 이유 때문에 복부의 움직임에 주의를 기울이는 것을 더 좋아합니다. 현대의 서양인들은 이미 시간의 대부분을 머리로 살고 있습니다. 따라서 우리의 실제 몸으로 더 많은 주의를 기울이도록 하는 것이 더 좋은 심리적인 조치라고 생각합니다. 지금 그것에 대해 토론하지는 않겠지만, 머리로만 사는 것보다는 몸 전체로 사는 것이 더 이롭고 만족스럽다는 것을 설명하는 인간연구학과 생리학의 분야에서 제시된 많은 자료가 있습니다.

따라서 일단 주어진 수련 범위에 집중할 대상을 선택했다면 그것에만 머물러야 합니다. 신이 당신 앞에 나타나서 "오! 훌륭한 분이시여, 당신의 왼쪽 콧구멍에서 나오는 에너지 방사에 주의를 기울여야 합니다. 그것은 아주 특별한 것입니다!"라고 말할지라도, 또 잠깐 흥분을 느꼈을지라도, 숨으로 돌아가세요.

다시 한번 강조하지만 주의가 산만해지는 것과 싸우지 마십시오. 그것은 엄청난 시간 낭비입니다. 나 역시 이 단순한 지시를 따르기보다는 어떻게 하면 나의 명상을 향상시킬 수 있을까 하는 잡념과 싸우느라 엄청난 시간을 낭비해 왔다는 것을 압니다.

참가자: 제가 하는 것에 대해 생각하는 것과 생각이라는 흥미로운 열차에서 내릴 때, 저는 마음을 챙기는 것인가요? 산만한 것인가요?

일상적으로, 마음챙기는mindful이란 용어의 의미는 생각과 함께 하는 것이라는 뜻을 내포하고 있습니다. 당신의 생각이 무엇에 대한 것이든지 그 내용을 따라가면 그것은 지금 우리가 사용하는 의미가 아닙니다. 저는 그 용어를 알아차린 것, 그저 생각이 아니라 현상에 폭넓게 주의를 기울이는 것이라는 의미로 사용합니다. 마침내 한 분이 제가 개인적으로 어렵다고 여기는 명상의 한 종류인, 생각에 대해 마음챙김하는 것을 배우게 되었습니다. 이것에 대해서는 다른 명상 수련의 형식과 일상생활 중의 마음챙김에 대해 설명할 때 더 자세하게 살펴보겠습니다. 지금은 집중 명상에 대해서만 초점을 맞추어 설명하겠습니다.

어찌 되었든지 간에 무념 상태에 머무는 것을 배울 수 없으며, 오늘 성취할 수 없는 절대적인 목표라면 설정하지 마세요. 소위 당신이 말하는, 한 시간에 오천 가지 생각을 하는 등의 일반적인 기준으로 말해 봅시다. 당신이 집중 명상을 수련해서 그 비율을 10% 정도 떨어뜨리기만 해도 당신은 벌써 상당한 진전이 있는 것입니다. 아마 충분히 집중하는 방법을 더 수련해서 그 비율을 20% 정도 떨어뜨리면 당신이 보통 하는 생각의 80%만 하게 됩니다.

결국, 당신은 생각이 왔다가 가는 것을 깨닫게 될 것입니다. 하지만 당신은 여전히 명상 대상인 복부에 주의를 유지하고 있을 수 있습니다. 당신은 집중 명상이 '나는 지금 이 복부의 감각을 붙잡고 있고 다른 어떠한 알아차림도 그것이 어떠한 것이건 간에 결코 나에게 다가올 수 없어!' 와 같은 문제가 아니라는 것을 이해할 수 있습니다. 그러한 생각은 명상하는 동안 긴장을 가져오고, 나중에 마음 열기 명상을 할 때 역효과를 낼 수 있는 정신적 습관을 일으킵니다. '생각! 오 세상에! 거기 있었네, 없애 버려야지!' 하는 것은 우리가 추구하고자 하는 것이 아닙니다. 그것은 근본적으로 당신의 목적이 외부의 것으로 끌려가는 것입니다. 생각은 떠오를 것이고 각각의 모든 생각과 싸워야 한다면, 당신은 기나긴 격투를 앞뒀다고 볼 수 있습니다.

자, 이제 다른 방법으로 집중 명상 수련에서 기본적으로 우리가 하는 것을 설명하겠습니다. 우리는 목적을 어떻게 설정하고, 실제로 그것을 어떻게 실행해 나갈 것인지에 대해 배우고 있습니다. 아주 간단한 기본적인 목적[나는 나의 숨에 주의를 기울이고 이완하면서 계속 숨과 접촉을 유지하는 것으로 시작하고 있습니다]을 달성했다면 지금보다 복잡한 목적을 가질 수도 있습니다. 그러면 당신은 한층 더 진보된 명상 수련을 배울 수 있을 것입니다. 예를 들면, '내가 좀 어리석은 말을 해서 상사가 나를 몰아세울 때 나는 지금-여기에서 몸의 감각에 머물러 있다는 것을 기억할 것이다.' 와 같은 것을 말합니다. 이것은 호흡에 지속적으로 집중하는 것을 배우는 것보다 훨씬 더 어렵습니다.

우리는 보다 진보된 과정을 위한 토대를 제공하고 다른 분야에서 큰 이익을 가져오는, 기본적인 집중 명상으로 시작하고 있습니다.

우리가 수련을 더 하기 전에 잠깐 벗어나는 이야기를 하자면, 저는 1969년에 『변성 의식[*Altered States of Consciousness: ASC*]』이라는 책을 발간했습니다. 서문에 명상에 대해 썼는데 조금 과장하면 저는 명상에 대해서 영어로 된 과학 문헌의 3분의 2를 재출판했습니다. 저는 명상에 대한 전체 서양 과학 문헌들에서 발견할 수 있는 글들 3개 중 2개를 써 냈습니다. 꽤 훌륭하게 들리지요? 그런데 사실 그리 많은 것은 아닙니다. 그 당시 과학에서 명상 연구는 별로 우선순위가 높지 않았으니까요.

그러고 나서 세계적으로 가장 권위 있는 과학 잡지인, 『사이언스Science』 지에 실린 글에서 명상 수련은 생리학과 상호 연관성이 있다고 발표되었습니다(Wallace, 1970). 그전에는 보통 서양의 과학적 태도의 관점에서 명상은 빈곤한 나라에서 작은 키와 갈색 피부색을 한 사람들이 현실을 도피하기 위한 정신분열적인 과정처럼 여겨졌고, 언젠가는 발전하여 이 병리적인 행동이 치료되기를 바라는 것으로 생각하였습니다(이것은 명상을 언급하기에는 '정치적으로 올바른' 표현이 아닙니다. 그 밑에 깔린 많은 문화적 편견과 인종차별적인 태도를 매우 여실히 나타낸 것입니다). 그 당시에는 명상이 과학적으로 주목할 만한 가치가 없는, 완전히 정신 나간 짓으로 여겨진 것이지요. 그런데 갑자기 생리학적인 것이 되었습니다. 하룻밤 사이에 명상은 실재real가 되었고 명상에 대한 연구는 합법적인 것이 되었습니다. 특히, 당신이 명상의 실재 생리학적인 효과만을 조사한다면 말입니다.

이렇게 명상 연구의 합법화로 말미암아 그것이 승인된(혹은 많은 과학자들이 '진실'이라고 인정하는) 생리학이라는 설명 가능한 체계로 논의되기 시작하면서 그때부터 명상 연구가 이루어졌습니다. 많은 연구가 생리학적인 측정을 포함하지는 않았지만 그전에 실행될 수 있었더라면 좋았을 만큼 명백하게 생리학적이었습니다. 그러나 명상은 그전에는 실재가 아니었지요. 제가 아주 정확하게 조사하지는 않았지만 대략 1,500편 이상에 해당되는 명상에 관한 과학적 논문들이 있습니다. 명상에 대한 과학적인 연구는 영적인 전통 안에서의 명상 문헌에 대한 것이 아닌, 매우 우수하고 합리적이며 과학적인 연구입니다. 이 연구들의 대다수는 명상이 스트레스 감소에 직접적으로 긍정적인 영향을 미친다는 연구들입니다. 당신이 무엇을 측정하는지는 그렇게 중요하지 않습니다. 만약 명상이 스트레스와 관련이 있다면, 사람들이 집중 명상이나 초월 명상 같은 명상을 배우고 좋아질 것입니다. 머피와 테일러(Murphy & Taylor, 1996)의 저서와 웨스트(West, 1987)의 저서에서 이 연구에 대한 개관을 엿볼 수 있습니다.

하루 20분씩 명상하는 것이 운동하거나 낮잠을 자는 등의 활동보다 더 좋다고 주장하는 이 연구들은 그 결과가 명확한 나머지 결코 시대에 뒤떨어지는 내용이 아닙니다. 지금까지 이 연구들이 내린 유용하면서도 일반적인 결론은 평상시 우리가 스트레스에 지쳐 있고, 항상 바쁘고 계속해서 서두르기 때문에 하루 20분 동안 가만히 앉아서 몸과 마음을 이완시켜 주는 것이 우리에게 도움이 된다는 것입니다. 불행하게도 스트레스는 현대인의 정상적인[normal] 삶의 일부분이 되어 버렸지만, 명상은 스스로 강화시키는 스트레스의 고리를 끊어 버립니다. 명상의 아주 깊은 연구들은 이 기본적이면서도 일반적인 결론을 뛰어넘는 것들이 거의 없습니다. 명상 수련이 스트레스의 대처에 도움을 주는 것 외에 심오한 측면에서 어떠한 것을 하는지에 관한 연구는 명상 연구의 다음 단계가 될 것입니다. 따라서 스트레스의 대처는 명상의 작은 측면에 속할 뿐입니다.

자, 이제 수련할 준비가 되셨나요? 실제 수련에서 나오는 질문들을 토의하기 위해서 몇 가지 간단한 연습을 하려고 합니다.

다시 눈을 감아 주세요. 아, 잠깐! 때때로 일어나는 일입니다만 눈을 감았을 때 너무 졸리면 앞쪽의 한 점에 눈을 부드럽게 고정하셔도 됩니다. 힌두교 전통에서는 당신의 앞쪽에 바닥의 쟁기 길이만큼 떨어진 곳에 시선을 두라고 합니다. 만약 보통 쟁기 길이를 모른다면 대략 6피트[약 1m 83cm]로 잡으시면 됩니다. 지금과 같이 한 줄로 의자에 앉아 있을 때는 당신 앞에 놓인 의자 꼭대기의 가장자리 정도가 될 것입니다.

혹시 눈을 뜨고 싶다면 시선을 그곳에 두세요. 너무 많은 자극이 들어오더라도 시선을 이리저리 돌리지 말고 그곳에 시선을 머무르세요. 그렇다고 너무 강하게 응시하지는 마세요. 이 방법은 영적으로 진보했다고 생각하게 하는 멋진 시각적 현상이 많이 나타날지는 모르지만, 눈을 피로하게 하지는 않습니다. 기본적으로 눈을 반쯤 감은 채 그곳에 시선을 둡니다. 아주 졸립지 않다면 눈을 계속 감는 것이 좋습니다. 제가 말하려는 것은, 다른 명상가들 역시 알고 있는 사실이지만 명상 시 지나치게 정신적으로 혼란스러우면 눈을 감는 것입니다. 왜냐하면, 그것은 동요를 줄이기 때문입니다. 너무 졸릴 경우, 눈을 뜨고 어딘가에 시선을 머무르십시오. 왜냐하면, 이런 행동들이 활력을 높여 주기 때문입니다. 따라서 이번 시간에 눈을 어떻게 할 것인지는 여러분의 선택에 달려 있습니다.

(독자들에게: 이 연습은 10~15분 정도 걸릴 것입니다.)

자, 다시 시작합시다. 자세를 잡고……. 주의를 복부의 감각으로 옮기세요……. 호흡에 따라 팽창하고 수축하고……. 지금 바로 이 순간 감각이 어떻습니까? 굳이 단어를 붙일 필요는 없습니다. 그저 느낌이 어떤지만 느껴 보세요…….

마음이 다른 곳으로 떠내려간다면 지금 이 순간 부드럽게 복부에서 일어나는 감각으로 돌아오세요……. 저는 여러분이 복부의 감각에 계속 주의를 기울이도록 자주 되새기게 할 것입니다……. 그것은 명상 수련을 쉽게 만드는 경향이 있습니다……. 그리고 여러분은 명상 수련이 성공적이었다고 생각하게 될 것입니다……. 그러나 제가 여러분을 되새기게 하는 것과 같은 외부의 도움 없이도 주의를 유지하게 하는 수련을 할 필요가 있습니다……. 그래서 5분에서 10분간 침묵하도록 하겠습니다……. (5~10분간 침묵)

여러분의 경험을 온전히 복부의 호흡 감각으로 돌려 집중하게 한 것을 기억하세요……. 그 느낌이 순간순간 어떠했는지 그냥 느끼세요. 가능하면 지속적으로 이완하면서……. 혹시라도 여러분이 호흡의 감각으로부터 주의를 빼앗겼다면, 그냥 마음을 부드럽게 되돌리면 됩니다……. 여러분이 뭔가를 생각하기 시작했다면 그저 부드럽게 이완하면서 호흡으로 돌아오세요……. 아마 여러분은 '우아! 이건 정말 훌륭하고 대단한, 반드시 애써서 해야만 하는, 인생에서 단 하나뿐인 생각이야!' 라고 생각할지도 모릅니다……. 인생에서 생각이 부족해서 고생하지는 않을 것입니다…….

가끔 방 밖에서 들려오는 소리가 있습니다……. 또는 사람들이 기침하거나 움직이는 소리도 있습니다……. 호흡에 계속 집중하기 위해서 주위를 완전히 조용하게 할 필요는 없습니다. 나는 이곳에서 조금씩 돌아다닐 것입니다. 여러분은 듣지 못하는 분들이 아니지요. 제가 내는 소리가 들립니다. 하지만 그것에 특별히 주의를 기울이지 마시고 막을 필요도 없습니다. 그저 호흡의 감각으로 계속 주의를 돌리세요…….

좋습니다……. 집중 상태를 평상시로 돌리고……. 눈을 감았다면 뜨세요……. 어떻게 진행되었는지 봅시다…….

참가자: 저는 이번 과정이 이전 수련보다 더 잘되었어요. 마음은 더 가라앉았고 상태는 좋았습니다. 그것이 기쁨인지 은총인지 그냥 평정이라고 해야 할지 뭐라고 불러야 할지 모르겠어요. 명상 전통에서는 더없는 행복과 같은 것보다 더 차원 높은 기쁨에 대해서는 언급하지 않나요?

저는 전통적인 의미의 기쁨joy과 더없는 행복bliss의 차이점에 대해 늘 궁금해했는데 아직도 그 의미를 정확히 모르겠습니다. 고요한 상태에서는 본연의 만족감이 있습니다. 고요한 상태에서 만족감을 느끼신 분이 얼마나 되지요많은 이들이 손을 들었다?

재미있네요. 보통 우리가 기쁨을 말할 때, 흥미진진한 특정한 종류의 행복을 떠올립니다. 그러나 마음이 고요해지면, 아무것도 일어나지 않았지만 '어, 이거 정말 좋네?'라고 말할 수 있는 실제적인 감각이 생깁니다. 특히, 일상적인 의식의 성질과 비교해서는 더욱 그렇습니다. 당신이 힌두 요가나 불교의 명상을 깊이 수련하고 성취한다면 은총과 기쁨을 구별할 수 있을 것입니다. 또한 수련은 당신이 경험한 더없는 행복, 기쁨, 평정과 같은 높은 차원의 명상 상태와 은총과 기쁨은 있지만 평정은 아닌, 낮은 상태의 것을 구별할 것입니다. 지금 이것을 이해하는 행운이 여러분에게 있기를 바랍니다.

참가자: 저는 좀 달랐어요. 이번이 마음의 집중을 유지하는 것이 더 어려웠고 무엇보다 산만해진 주의를 복부로 되돌리는 것이 훨씬 힘들었어요. 처음 과정에서는 마음이 가라앉고 집중이 잘되어서 기분이 좋았는데, 이번에는 그때에 비해 잘 안 되니까 죄책감이 느껴져요.

죄책감이라고요?

참가자: 평온의 순간을 이루지 못했다는 죄책감 말이에요.

자세히 이야기해 보세요. 당신의 마음이 잠깐 동안 고요해지지 않은 것 때문에 왜 죄책감을 느낀 것입니까?

참가자: 오만일 수도 있지만 저는 제 마음을 세상의 모든 문제를 해결하는 작은 보물로 보고 제가 그 보물에 대해 책임을 져야 한다고 생각합니다. 대신에 저는 무엇을 하든지 상관없이 생각의 기차를 타고 계속 끌려가고 있었습니다. 저는 생각을 내려놓을 수가 없었거든요.

우리는 생각에 정신을 빼앗기곤 합니다. 이번에 수련하는 동안 제가 여러분을 안내하면서 말씀 드린 예를 기억하십니까? 생각이 고요히 앉아 있으려고 하는 저의 시도를 방해할 때, 그것들은 보통 그것의 속성과 함께 스스로를 드러냅니다. '이건 그냥 평범한 생각이 아니야. 이건 정말 훌륭한 통찰이고, 나에게 주의를 기울이지 않으면 중요한 모든 것을 이해할 수 있는 일생일대의 단 한 번뿐인 기회를 놓치는 거야!'

제가 그러한 생각을 다루며 거론하고자 하는 이유는 기본적으로 생각은 이러한 측면에서 거짓말쟁이라는 것을 기억하게 하기 위해서입니다. 모든 사소한 생각들은 스스로 중요하다는 생각을 하게 합니다. 명상을 하는 잠깐 동안 정말 중요한 생각이 떠올랐습니다. 이 문제에 대해 저의 명상 스승 중 한 분인, 소걀 린포체 Sogyal Rinpoche께서는 엄격한 전통을 따지지 않고 그 생각이 훌륭한 생각이라고 판단되면 옆에 공책을 두고 적어라. 그리고 바로 잊어버리고 수련으로 돌아가라고 충고하셨습니다. 이것은 정말 좋은 충고라고 생각합니다. 그분의 충고는 저에게 많은 도움이 되었습니다.

참가자: 저는 흥미로운 경험을 했습니다. 마음에서 방황하고 있었는데 갑자기 몸에서 찌르는 듯한 느낌이 있었습니다. 그래서 잠시 그 느낌 외에는 어떠한 것에도 주의를 기울일 수가 없었습니다. 그러나 재미있게도 호흡에 집중하는 것보다 그 통증에 집중이 더 잘되었습니다.

육체적인 것이 생각의 산만함보다 주의를 더욱더 잘 기울이게 합니다. 집중 명상 형식 중 어떠한 것들은 당신의 주의를 강하게 집중시키기 위해 강렬한 육체적 활동을 포함합니다. 당신이 몸의 감각에 집중하기를 원해서 크고 우람한 사내를 고용해서 당신을 쫓아다니며 때리게 한다면 신체감각이 잘 느껴지면서 놀라울 정도로 집중하게 됩니다. 강한 신체감각은 훨씬 더 구체적이어서 호흡과 같은 평범한 감각이나 높은 정신적 과정보다 집중하기가 쉽습니다. 정신적 과정이 통제가 안 될 때는 우리에게 더 많은 문제가 발생되는데도 말입니다. 어쨌든 찌르는 듯한 느낌은 당신에게 도움이 되었습니다.

이처럼 신체감각은 명상을 배우는 데 많은 도움이 됩니다. 불교 전통에서는 존재의 여섯 가지 다른 영역에 대해서 말합니다. 그중에는 신이나 반신반인의 영역과 같이 체험되지 않는 영역도 있습니다. 이러한 영역의 경우 궁극적인 실재 혹은 현실성 여부와는 상관없이 단지 심리적인 상태로만 그것을 받아들이세요. 서양인들에게 신의 영역과 반신반인의 영역과 같은 말은 솔깃하게 들립니다. 특히, 이런 부분은 숙명적으로 죽어야만 하는 인간이 성취하고 싶은 것일지도 모릅니다. 그러나 불교 전통에서 보면 그러한 비현실적인 영역은 인간의 영역에서 깨달음을 얻는 데 별로 도움이 되지 않습니다. 몸을 가졌다는 것은 잠재적으로 무한히 떠도는 마음으로부터 돌아오도록 하며, 당신이 집중하는 데 도움을 주는 어떠한 굳건함을 주는 것이니까요. 간단히 말해서, 우리는 앉아서 명상하는 것이 앉아서 자는 것보다 더 어렵습니다. 왜냐하면, 1단계의 EEG뇌

전도가 작동하기 시작하고 근육이 풀리면서 머리가 떨어지기 시작하면 불수의 시스템이 바로 우리를 깨우기 때문입니다. 어떤 요가 수행자들은 명상하는 동안 잠들고 싶지 않아서 머리 위에 찬물을 한 컵 올려 둔다고 들었습니다. 정신이 깨어 있으면 머리를 바로 세우고 신경이 안 쓰이겠지만, 머리가 흔들리는 순간 무릎에 쏟아지는 찬물은 매우 자극적이겠지요. 정말로 졸고 싶지 않은 사람들은 양다리를 모두 꼬는 결가부좌를 한다고 들었습니다. 그러면 많은 자극이 그들을 깨어 있게 만들지요……. 그러나 저는 그렇게까지 극단적으로는 하지 않습니다.

참가자 : 이런 식의 명상이 꽤 흥미롭다는 사실을 이제야 알았습니다. 내 몸 안에서 많든지 적든지 간에 통합되는 어떠한 리듬이 있었습니다. 내가 평소에 경험한 것보다 몸과 마음이 훨씬 더 통합되었습니다.

훌륭하군요! 당신의 몸이 조율된다는 것은 즐거운 일입니다. 이 방에 있는 모든 사람이 최소한 대학 졸업자나 그 이상으로 생각되는데요, 여러분의 몸이 좀 더 깨어 있음으로써 얼마나 많은 것을 얻었습니까?

우리의 교육 시스템은 말하는 능력을 보상하는 시스템입니다. 더 빨리 말하고 더 명쾌하게 말할수록 더 높은 학위를 받기도 합니다. 그것은 어떤 측면에서는 맞을 수도 있습니다. 많은 유용한 지식들이 말을 통해 전달되니까요. 그러나 우리는 육체를 가진 동물입니다. 그래서 때때로 그것을 잊어버리는 경향이 있습니다. 특히, 우리가 생각하고 있을 때는[본질적으로 항상] 더욱 그렇습니다. 그러나 머리 아래에도 뭔가가 있습니다. 당신의 몸의 부분과 접촉하는 것은, 존재 안에서 본질적인 기쁨과 접촉하는 것입니다. 사실 우리는 여러 가지 방식으로 단어, 추상의 세계에 살고 있고, 그것은 삶의 기쁨을 감소시켰다고 확실히 말할 수 있습니다.

동양에서는 우리가 환영 속에 살고 있다는 개념이 있습니다. 불교 용어로는 삼사라, 힌두 요가 용어로는 마야가 일맥상통합니다. 이 용어들은 보통 서양인들에게는 사실상 존재론적으로 세상이 환영이고 실재가 아니라는 의미로 번역됩니다. 하지만 그것이 요점은 아닙니다. 불교와 힌두교 안에도 많은 철학 전통이 있습니다. 어떤 전통은 감각으로는 물질 세상이 환영이고 비실재적이라고 생각합니다. 그러나 그것은 마야나 삼사라의 주요 요점이 아닙니다. 그것의 실질적이며 심리학적인 요점은 우리가 습관적으로, 일상적으로, 너무나 많은 추상 속에, 개념 속에, 이론 속에, 신념 속에 살고 있어서 우리 주변의 정확하고 실재적인 세상에 주의를 기울이지 못한다는 뜻입니다. 이처럼 우리는 세상에 대한 우리의 이론을 세상의 실제적인 자료로 착각합니다. 이것이 바로 환영 속에서 사는 것입니다. 우리가 살고 있는 이처럼 수많은 추상은 현실을 왜곡시키는 대표적인 것입니다. 거기에는 두 가지 결과가 있습니다. 첫 번째는 업[karma]을 만들어 내는 것입니다. 업은 우리 삶이 실제로 어떻게 흘러가는지에 대한 인식을 흐리게 하여 우리를 어리석게 만듭니다. 그리고 업은 곧바로 혹은 나중에라도 우리에게 영향을 미치는 많은 결과를 만들어 냅니다. 업은 기본적으로 원인과 결과를 의미합니다. 모든 것은 원인과 결과를 갖습니다. 그것이 비록 즉각적이거나 명백하지 않더라도 말입니다. 두 번째는 당신이 지적했던 것과 바로 연결되는 것으로 삶의 본질적인 기쁨과 단절되는 것입니다.

바닐라 아이스크림에는 바닐라의 화학적 공식을 안다고 해서 가질 수 없는 고유의 기쁨이 있습니다. 몸 안에는 당신이 몸에 주의를 기울일 때 경험할 수 있는 고유의 생명력, 즉 기쁨이 있습니다. 그러나 당신이 머리와 언어로만 산다면, 당신은 그것을 알아차리지 못합니다.

저는 수년 전에 데이비스에 있는 캘리포니아 대학을 퇴직하고, 라스베이거스에 있는 네바다 대학교에서 의식연구회의 회장으로 있었던 일 년을 제외하고는 팔로 알토[Palo Alto]에 있는 자아초월심리학 대학원[Institute of Transpersonal Psychology: ITP]에서 참가자들을 가르치고 있습니다. 이 기관은 교육 분야에서 그 아이디어가 매우 좋았기 때문에 25년 전, 설립 초기부터 제가 관리하고 지원했습니다. ITP는 인가받은 자아초월심리학 박사 학위를 수여합니다. 그러나 실제적으로 모든 대학원이 그렇듯이 현학적인 말로 참가자들을 가르치기보다는 프로그램 시작부터 몸과 감정에 대해 교육합니다. 그것은 매우 독특한 교육이었습니다. 그리고 점점 영성과 참가자들의 사회성과 창의성 측면에 관한 교육으로 확대되었습니다. 이는 감정과 몸은 지성적일 수 있다는 아이디어에 의해 고안되었습니다. 그것은 매우 중요합니다.

왜 이처럼 광범위한 교육이 중요한지에 대한 예를 하나 들어 보겠습니다. 몇 년 전 일본 무술인 합기도 시범을 보고 마음이 끌렸습니다. 특히, 자기를 방어하는 측면이 인상적이었습니다. 무엇보다도 그 이면에 깔린 철학이 진심으로 와 닿았습니다. 동작을 하면서 명상을 한다는 사실이 매우 흥미로웠고 그 실제적인 가치에 감명을 받았습니다. 그래서 합기도 검은 띠 지도자인 앨런 그로 Alan Grow에게 등록을 하고 일주일에 이틀 정도 캘리포니아 대학에 가서 수업을 받았습니다. 앨런은 정말 환상적이었습니다. 그가 했던 것은 매우 우아하고 효과적이며 힘이 있었습니다. 그렇게 2주일이 지나고서 저는 앨런보다 합기도에 대해 더 잘 설명할 수 있었습니다.

저는 그것을 심리학적인 발달과 다른 세계의 신앙, 여러 가지 철학 등과 연관시킬 수 있었습니다. 열 살 이후로 저는 말에 대해서는 검은 띠였습니다. 그러나 제가 계속 주목했던 것은 말로는 그를 이길 수 있었지만, 그가 작은 손가락을 움직여 저를 방의 반대편으로 던져 버릴 때는 아무것도 할 수가 없다는 것이었습니다. 그래서 제가 입으로 말하는 지식과 방의 반대편으로 던져질 때의 실제 지식 간의 격차를 주목했습니다. 그것은 저로 하여금 뭔가를 주목하게 한 매우 강렬한 경험이었습니다.

또한 합기도에 대해 많은 말들을 수집했던 것이 정말로 잘못된 것임을 깨닫게 하는 수년간의 연구와 수련이었습니다. 천천히 저는 무엇이 어떻게 되어 가는지 몸의 수준에 주의를 기울이는 방법을 배우기 시작했습니다 이러한 종류의 지성은 말로 표현할 수가 없습니다. 결국 저는 합기도에 대해 떠드는 것에 능숙해지는 것이 아닌 진짜 합기도를 배웠습니다. 이것이 지성적이지 않은 종류의 지식에 대한 첫 번째 중요한 입문이었으며, 머리가 아닌 다른 부분을 교육하는 것이 얼마나 중요한지를 보여 주는 첫걸음이었습니다.

우리가 참석하는, 정말 생각이 넘쳐 나는 파티인 제3차 투손 학술대회에 대해 생각해 보세요. 우리에게 던져지는 것들은 열광적이고 들뜨게 만드는 흥미진진한 것들입니다. 하지만 이번 주가 끝나기 전에 제 머리는 폭발할지도 모릅니다. 제가 주의를 기울이지 않으면 저는 아마도 몇 가지 과정을 빠뜨릴지도 모르기 때문입니다. 현명한 생각 중독자가 적절하게 음료를 마시려고 합니다. 그러나 여전히 제 머리는 폭발하려고 합니다. 저는 지성적인 음료를 가지고 있습니다. 학술대회에 대한 제 과거 경험에 비추어 볼 때 저는 제 몸을 어디선가 잊어버렸다는 것을 집에 가서야 깨닫게 됩니다. 이곳에 오기 위해 비행기를 탔을 때는 몸을 기억하고 있었는데, 어디선가 몸을 잊어버렸고 그것을 회복하기 위해서 약간의 시간이 걸릴 것입니다.

집중 명상에서 해야 할 여러 가지 것 중 하나는 우리를 우리의 몸으로 데려오는 것입니다. 특히, 호흡처럼 몸의 기능을 명상의 대상으로 할 때 더욱 그렇습니다. 몸은 본연의 기쁨이 있습니다. 또한 몸은 여러분이 그것에 주의를 기울이지 않는다면 결코 얻을 수 없는 어떠한 지혜를 가지고 있습니다. 그래서 호흡에 집중하는 것은 당신을 기쁨과 지혜에 접촉하게 할 뿐만 아니라 몸의 불쾌한 감각을 좀 더 명확하고 정확하게 인식하게 합니다.

참가자: 전혀 기대하지 않았는데, 함께 명상하는 동안 사람들과 더 연결되는 느낌이었습니다. 우리 각자는 전혀 모르는 사이인데도 말입니다.

당신이 명상을 하면서 고립감을 덜 느꼈다면 그건 무척 훌륭합니다! 물론 우리 대부분은 일상적인 의미로는 서로 모르는 낯선 사람들일 뿐이지만 명상 전통에서는 명상에 능숙해지면 서로를 통해 자신을 발견할 수 있고, 서로 친밀하게 연결되어 있으며, 우리가 생각하는 것만큼 서로가 멀리 떨어져 있지 않다고 말합니다. 저의 스승들은 이 방에 있는 모든 사람들이 붓다의 본성을 가지고 있다고 말씀하셨습니다. 붓다의 본성에 대한 우리의 인식은 매우 낮고, 이 빛나는 본성은 우리의 생각과 감정, 선입견으로 가려져 있으나 그것은 실제로 거기에 있습니다. 하지만 그 사실은 저에게는 아직 이론적인 지식일 뿐입니다. 아쉽게도 저는 아직 직접 경험하지 못했습니다. 그러나 그것은 격려할 만한 의견입니다. 저는 우리의 기본적인 본성이 원죄라고 말하는 것보다는 불성이라고 말하는 것이 더 좋습니다. 몸을 기반으로 하는 것과 단순히 호흡의 실재로 돌아오는 것은 필요 이상으로 불안하고 이상한 속성을 만들어 내는 습관적인 정신적 과정에 에너지 공급을 차단시킴으로써 환상을 줄일 수 있습니다.

참가자: 호흡 이외의 것들에도 명상할 수 있습니까?

물론입니다. 다른 것들, 다른 대상에도 집중 명상을 할 수 있습니다. 예를 들면, 당신이 집중할 외부의 대상을 가지고 있다면 집중하는 기술을 배울 수 있을 것입니다. 그러나 그것은 당신을 당신의 몸으로 데려오지는 못합니다. 사람들은 진리[truth]나 정의[justice] 혹은 자비[mercy]와 같은 대상에 집중 명상을 할 수도 있습니다. 저는 이미 너무 추상적인 사람이라 그러한 수련은 피합니다. 제 경우에는 그러한 수련은 마지막으로 해야 할 수련입니다. 저는 계속해서 몸의 감각, 현실에 주의를 기울이는 것이 필요하고 오늘 여기에 모인 엄청나게 많은 분들 역시 대부분 저와 같다고 생각합니다.

우리는 여기서 지나치게 이성적인 것을 주의해야 합니다. 지금 우리가 하는 것은 저처럼 생각이 넘쳐 나는 사람들에게는 확실히 유혹적인 것이니까요.

점심시간 전에 다른 종류의 명상을 소개할 것입니다. 명상을 시작하기 전에 지금까지 제가 소개한 이 기법에 대해서 이해가 안 되거나 특별한 질문이 있습니까? 특히, 명상 방법 면에서 말입니다.

참가자 : 수련할 때 졸렸어요. 어떻게 해야 하죠?

명상 수련 중에 졸음은 아주 흔한 문제입니다. 졸립다면 다양한 것들을 할 수 있습니다. 이미 말씀 드렸듯이 도움이 된다면, 눈을 뜨고 명상을 할 수가 있습니다. 눈을 감고 시작했다면 졸릴 때는 눈을 뜨고 한곳을 응시했다가 졸음이 가시면, 다시 눈을 감습니다. 그러나 너무 졸리면 눈을 뜨든지 감든지 간에 여전히 졸릴 것입니다.

저는 졸릴 때 잠으로 빠져드는 감각을 살짝 깨우기 위해 때때로 혀를 살짝 깨물곤 하는데 이 방법이 항상 도움이 되는 것은 아닙니다.

당신은 잠을 끔찍한 적으로 간주하고 정말 애를 써서 더 집중하여 집중의 대상으로 돌아가려고 할 수도 있습니다. 그것은 당신에게 훌륭한 기술을 개발시킬지도 모르지만 추천하고 싶지는 않습니다. 그것은 명상을 너무 가혹한 것으로 만들 수 있기 때문입니다. 수련할 때 제가 안내하는 동안 이렇게 말했지요. 주의가 방황할 때 부드럽게 주의를 돌리라고 하는 것도 마찬가지 이유입니다. 사람들은 '나는 무엇이 어찌 되든지 간에 이것에 집중할 거야!' 라며 무척 노력하는 집중 명상 스타일로 빠질 수 있는데, 이것은 많은 긴장을 만들어 낼 뿐만 아니라 부작용을 일으킬 수도 있습니다. 소걀 린포체께서는 "명상 중의 졸음은 주의가 산만해졌기 때문에 생긴 것이지만, 때로는 누워서 몇 분 동안 낮잠을 자고 명상을 하는 것이 더 낫다."라고 말씀하셨습니다. 우리는 여기서 합리성을 엿볼 수 있습니다.

혹시 여러분의 두 번째 수련 경험이 좋지 않았다는 것에 대해 합리적으로 대답해 본다면, 이는 그다지 큰 문제가 아니라는 것입니다. 여러분은 이제 막 수련을 시작했습니다. 하나의 명상과 그다음 명상 사이에는 엄청난 변수들이 있을 수 있습니다. 여러분의 마음이 그것 자체를 관찰하는 데 더 명료해진다면 그것은 매우 보상적인 경험을 줄 것입니다. 그러나 여전히 한 과정 안에서도 많은 변수가 있을 것입니다. 이를테면, 마음이 몇 초 안에 수정처럼 깨끗해질 수 있는 시간을 가질 수도 있습니다. 그러고 나서 '아, 나는 지금 꽤 잘하고 있고 이번에는 정말 잘될 거야!' 라고 생각하지요. 그리고 30분 후에 앞의 생각에 이어서 나무 집을 확장할 디자인을 생각하거나 쓰고 싶었던 기사를 생각하면서 명상에 대해서는 까맣게 잊어버렸다는 것을 깨닫게 될 것입니다.

참가자 : 저는 호흡의 감각을 가지고 명상을 하는 데 문제가 좀 있습니다. 천식이 있기 때문에 호흡은 저에게 대단히 중요합니다. 그래서 숨이 정확히 어떻게 진행되는지 매우 신경이 쓰입니다. 호흡 상태가 변하면 자동적으로 그것이 다가올 공황을 의미하지는 않는지 분석하게 됩니다. 명상을 하든지 다른 것을 하든지 간에 말입니다. 어떻게 해야 할까요?

당신은 매우 특별한 문제를 가지고 있네요. 당신은 호흡에 대해 지나치게 교육되어 있습니다. 이는 단순히 지적인 감각이 아닌 몸의 감각에 의해 교육되어 있음을 의미합니다. 당신의 경우는 외부 대상으로 집중 명상을 하는 것이 더 나을 수도 있습니다. 벽의 압정 같은 간단하고 작은 것들 말입니다. 만약 외부 대상을 사용한다면 부드럽게 응시하고 시각적으로 안구에 힘을 주고 집중하는 식으로 응시하지 마세요. 그것은 눈에 긴장을 주어 오히려 눈을 피로하게 합니다. 눈의 피로는 흥미로운 어떠한 것을 보게 하고, 당신이 위대한 영적 경험을 했다고 착각하게 할지도 모릅니다. 그러나 그것은 그냥 눈의 피로감입니다. 어떠한 명상 전통에서는 이러한 시각적인 효과를 사람들을 독려하는 방법으로 사용하는데, 저는 속임수라고 생각합니다. "우아! 모양과 크기가 바뀌었습니까? 도달하셨습니다. 영적인 각성입니다." 이렇게 말입니다. 그러한 현상은 당신이 십자가상 같은 성스러운 상징이든지 그냥 압정이든지, 뭔가를 고정해서 바라보면 일어납니다. 이러한 효과는 사람들을 고무시키는 데 사용하기 좋은 심리학일 수도 있고 아닐 수도 있습니다. 어쨌든 당신에게는 외부 대상이 더 나을 것 같습니다.

참가자: 성스러운 단어나 그 비슷한 소리를 대상으로 집중 명상하는 것은 어떻습니까?

요가나 불교에서 집중하는 대상으로 단어나 소리를 사용하는 것을 만트라mantra 명상이라고 합니다. 어떤 면에서는 그러한 소리를 내는 데 능동적인 노력이 필요하기 때문에 호흡보다 조금 더 쉬울 수도 있습니다. 제가 항상 소개하고 싶은 단어인, 시각화visualizing와 비슷한 의미로 청각화audiolizing하는 것처럼 마음속에 청각 이미지를 만드는 것이 아니라 소리를 낸다면 더욱 쉽습니다. 전통적으로 집중하는 대상으로 사용하는 소리나 단어는 특별하며, 만트라는 신성한 소리입니다(Blofeld, 1977). 만트라는 영적인 과정을 반영하고 그것과 같이 공명하는, 어떠한 우주적인 의미로 여겨지는 소리입니다. 그것이 사실인지 아닌지는 모릅니다. 당신이 그것이 사실이라고 생각하는 문화권에서 자랐다면, 만트라는 당신에게 특별한 의미를 줄 수도 있습니다. 하지만 그러한 문화권에서 자라지 않았다면, 그것은 그냥 집중의 대상일 뿐입니다. 만트라 명상은 특히 집단으로 할 때 적절하고 멋지고 즐겁습니다.

초월 명상은 만트라 명상의 한 형태입니다. 초월 명상은 비틀스Beatles의 스승으로 알려진 마하리시 마헤쉬Maharishi Mahesh 요기가 서양에 소개한 명상입니다. 처음 초월 명상을 소개하고 입문할 때, 성과 나이에 따라 특별한 만트라를 주면서 소리를 내지 말고 마음속으로 계속 반복하게 합니다. 저는 초월 명상을 일 년 반 정도 수련했고, 그 유용함을 깨달았습니다(Tart, 1972). 초월 명상은 순수한 집중 명상과 마음 열기/통찰 명상과의 흥미로운 혼합이지만, 그것을 이론적으로 다룰 만한 시간이 없으므로 다음으로 넘어가겠습니다.

4 마음 열기 명상, 위빠사나

Opening Up Meditation, Vipassana

4

마음 열기 명상, 위빠사나

Mind Science

두 번째로 말씀 드릴 중요한 명상은 흔히 **통찰 명상**이라고 불립니다. **통찰**이라는 용어는 서양인들이 잘못 이해하고 있는데, 우리는 흔히 **통찰**을 심리학적인 특성으로 구분합니다. 예를 들면, 통찰은 '아, 나의 풀리지 않은 갈등 때문에 어릴 적에 동생을 그렇게 대했구나!' 와 같은 식으로 여기는 것을 말합니다. 그러나 여기서의 통찰은 그 순간에 실제적으로 무슨 일이 일어났는지를 아는 평범한 인식보다 훨씬 더 명확하고 보편적인 의미로 사용됩니다. 통찰 명상을 표현하는 또 다른 용어는 **마음 열기 명상**opening up meditation인데, 이 용어는 통찰처럼 지나치게 심리적인 암시를 가지고 있지는 않습니다.

저는 조금 전에 우리가 추상과 개념, 감정 속에 살고자 하며, 정신적 · 감정적 반응에 다시 정신적 · 감정적 반응을 무한히 반복하며 살고 있다고 말했습니다. 이렇게 사는 방식에 대해 좀 더 생각해 보면 우리의 주의력이 제한되어 있기 때문에 매 순간 현실에 명료한 주의를 기울이지 못하고, 그 무엇에도 마음이 열려 있지 않습니다. 우리는 생각하는 것이 중요하다고 여기는 매우 전문화되고 특별한 사람들입니다. 저는 이것에 대해 구체적으로 예증할 만한 의식에 대한 모의실험 모델을 가지고 현대 심리학적 용어로 설명할 수 있습니다(Tart, 1987, 1991, 1993). 그러나 지금은 우리 모두를 위해 이 중독적인 생각의 유혹에서 벗어나야만 합니다. 우리는 생각하기보다는 마음 열기 명상 혹은 통찰 명상과 같은 실제적인 수련을 해야 하기 때문입니다.

마음 열기 명상 혹은 통찰 명상은 현재의 경험을 우리가 생각하는 상태로 만들려거나 생각을 막지 않고, 있는 그대로 주의를 기울이는 것을 배우는 것입니다. 테라와다 불교에서 이것은 위빠사나 vipassana로 불립니다. 통찰은 오해를 일으킬 수 있고, 마음 열기는 그 의미 전달이 조금 어렵기 때문에 이 명상의 특별한 측면을 강조하지 않을 때는 지금부터 위빠사나라는 용어를 사용하겠습니다.

순수한 형태의 위빠사나 지도법은 매우 단순합니다. 다시 조용히 앉아 보세요. 움직이지 말고, 평정심을 유지하고, 무엇이 일어나든지 집착하거나 회피하지 말고, 조작하지 말고 열린 마음으로 단순하게 주의를 기울이세요.

순수한 형태의 지도법은 매우 단순하지만 그 방식을 배우기는 어렵습니다. 여러분의 마음이 쇼핑 목록을 준비하면서 여행을 하기 위한 출발 상태에 있다고 생각해 보세요. 그것은 그 순간에 있는 것입니다. 그렇지요? 그러나 우리의 마음은 생각의 기차에 올라타는 것에 매우 익숙해져 있어서 쇼핑 목록 외에도 많은 것들이 떠오를 것입니다. 집중 명상과 마찬가지로 위빠사나 명상에서도 생각을 다루는 것은 쉽지 않습니다.

위빠사나가 주로 가르치는 방식은 집중 명상과 순수한 위빠사나 명상의 절충입니다. 한 자세로 앉아서 일어나는 어떠한 것도 통제하지 말고 열린 마음으로 주의를 기울이라고 하기보다는 몇 가지 제한을 둡니다. 일반적인 제한으로 몸의 감각에서 일어나는 모든 것에 일단 주의를 기울이십시오. 몸의 감각은 본질적으로 범위가 매우 넓어서 주의를 확장시키는 위빠사나를 수련할 수도 있습니다. 하지만 앞에서 말했듯이 쇼핑 목록을 준비하는 것처럼 몸의 감각에 주의를 기울이는 것은 마음이 위빠사나를 하지 않고 일상적인 정신 기능으로 방황할 때 쉽게 알아차릴 만큼 차이가 확실합니다.

우리는 이처럼 전형적인 방식으로 수련할 것입니다. 다시 한 번 앉아 보시고 불필요하게 움직이지 마세요. 눈을 감거나 반쯤 떠서 시선을 이완한 채 한곳에 머무르게 합니다. 그러고 나서 그 순간에 두드러지게 발생하는 몸의 감각에 주의를 기울이기 시작합니다. 여러 감각이 두드러지면, 그중 가장 두드러진 것에 주의를 기울이세요.

세 개의 감각이 있어도 그들 중 어느 것에 주의를 기울여야 할지를 생각하는 것에 매달리지 마세요. 그것은 오히려 당신의 마음을 어지럽힙니다. 그저 그 순간 강하게 일어나는 몸의 감각에 주의를 기울이세요.

위빠사나에서는 좋은 감각도 없고 나쁜 감각도 없습니다. 경험해야 할 특별한 감각도, 경험하지 말아야 할 특별한 감각도 없습니다. 제가 위빠사나 명상을 할 때 빠지는 함정 중 하나는 이들 지침을 잊어버리고 집착하거나 회피하는 자동적인 힘의 희생양이 되는 것입니다. 저는 때로 오래 앉아 있을 때 엉덩이의 통증을 알아차리기도 합니다. 그러면 '그것은 매우 영적인 감각이 아니야. 확실히 내가 집중해야만 할 좀 더 영적인 감각이 올라오겠지?' 하는 의식적인 생각이 아니라 무의식적인 생각을 합니다. 답은 '아니올시다' 입니다. 그 생각은 그저 산만함일 뿐이고, 특별한 경험에 대한 갈망일 뿐이며, 불쾌한 느낌에 대한 회피입니다. 그렇게 갈망과 회피가 자동으로 일어나는 것이 불교의 관점에서는 바로 불행의 근원입니다.

그 순간의 강한 감각이 무엇이든지 간에 주의를 기울여야 합니다. 그 순간의 감각이 그 자체로 일어날 때, 그것은 오고, 일어납니다. 즉, 특별한 감각을 만들지 말라는 의미입니다. 그것이 더 강해지면 강해지도록 두고, 약해지면 약해지도록 둡니다. 변하면 변하도록 두고, 사라지면 사라지도록 둡니다. 그것에 매달리지 마세요. '흠, 내 가슴의 이 진동이 정말 좋구나. 나는 명상적인 진보를 했음에 틀림없어…… 이제는 그것이 사라지네. 안 돼! 좀 더 집중해서 유지해야지.' 라고 생각하지 마세요. 오면 오도록, 가면 가도록 하세요. 어떠한 것도 집착하거나 거절하지 마세요.

설령 통증이 와도, '오 세상에, 통증이네. 난 이제 죽었다. 통증이랑 싸워야 해!' 라고 생각하지 말고 그냥 있는 그대로 주의를 기울이세요. 그것은 꽤 흥미로운 일이 될 것입니다. 당신이 결코 통증에 대해 몰랐던, 재미있고 흥미로운 통증이 되거나 새로운 뭔가가 될 것입니다.

무엇이 올라오든지 주의를 기울이고 그것이 없어지고 다른 것으로 대체되어도 괜찮습니다. 만약 매우 분명한 감각, 예를 들면 마음이 방황하지 못할 정도로 갑작스러운 발의 가려움도 괜찮습니다. 그것이 어떻게 느껴지든지 정확하게 주의를 기울이세요.

제가 "주의를 기울여라." 혹은 "명료한 주의를 기울여라."라고 말할 때 이것이 정확히 무엇을 의미하는지 설명하기 위해서 사용하는 비유가 있습니다. 훌륭한 요리사인 친구가 있다고 가정해 보세요. 그는 정말 보기 좋고 맛이 좋은 요리, 미묘한 향기가 나는 맛있는 요리를 만듭니다. 만약 여러분이 친구 집에 들렀는데 그가 "너무나도 맛있는 새로운 요리를 만들었는데 네가 한번 맛보고 어떤지 이야기 좀 해 줘."라고 한다면 여러분은 어떻게 할까요?

분명히 여러분은 그날 사무실에서 일어난 일이나 연구실에서 진행된 일에 대한 생각을 멈추고 몸이나 입, 맛과 냄새에 관련된 감각에 주의를 기울이면서 그 새로운 음식을 맛보았을 때 실제로 어떠한 느낌인지 알기 위해 몸의 감각을 열려고 할 것입니다. 그것이 여러분이 음식에 대해 자신을 여는 방법입니다. 그때 여러분이 다른 것을 생각했다면 맛있거나 미묘한 것을 진정으로 평가할 수 없을 것입니다. 단지 전체적으로 강한 향미에만 주의가 끌릴 것입니다. 그런데 여러분이 '이것은 신맛일 거야. 혹은 쓴맛일 거야.'

와 같은 선입견을 품는다면 음식의 평가에 방해가 됩니다. 또 '나는 새로운 음식은 싫어. 맛보고 싶지 않아.' 라는 성향이 있다면 음식 자체를 있는 그대로 평가하지 못합니다.

따라서 여러분이 어떠한 감각이라도 열린 마음으로 명료한 주의를 기울이는 것은 친구가 당신에게 정말 맛있고 미묘한 맛의 음료를 제공했고, 당신으로 하여금 그 음식이 실제로 어떤 맛인지 알기를 원하는 태도를 취하게 합니다. 그것을 깨물었을 때 어떻게 느껴지는지, 어떤 냄새가 나는지, 그것에 대한 몸의 반응이 어떠한지에 대해 주의를 기울이세요.

불행하게도 저는 여러분께 제공할 요리가 없습니다. 그러나 우리는 위빠사나로 우리 자신의 몸으로부터 나오는 감각을 사용할 것입니다. 자, 이제부터 이것을 해 보고 어떻게 진행되는지 살펴보도록 합시다.

5 수련: 위빠사나

Practice: Vipassana

5

수련: 위빠사나

Mind Science

(다음 수련은 5~15분 정도 걸릴 것입니다.)

이제 다시 편안하게 앉아, 눈을 감거나 한곳을 응시합니다……. 필요하다면 잠깐 동안 몸을 움직여서 자세를 좀 더 편하게 하세요……. 이제 주의를 몸에다 둡니다……. 우선 일 초 동안 몸 전체를 느껴 보세요……. 그러고 나서 특별히 강한 느낌이 있는지 주시해 보고 그곳으로 주의를 돌리세요. 지금 이 순간 무엇이 느껴집니까? 만약 그것이 지속되면 그것의 속성에 주의를 유지하세요……. 그것이 사라지거나 변하거나 다른 것이 나타나더라도 괜찮습니다……. 나타나는 감각에 주의를 기울이세요…….

호흡은 물론 몸의 감각입니다. 때로는 두드러진 감각일 수 있습니다……. 그러나 다른 것을 제외하고 오로지 호흡에만 머물 필요는 없습니다……. 그것이 두드러져도 괜찮고……. 다른 것이 나타나도 괜찮습니다…….

다시, 가능한 한 많이, 한 자세로 앉아 두드러진 몸의 감각이 무엇이든지 그냥 알아차리세요……. 감각은 빠르게 왔다가 갈 수도 있고…… 느리게 왔다가 갈 수도 있습니다……. 자연스럽게 일어나는 것은 무엇이든지 괜찮습니다……. 그것에 주파수를 맞추세요.

만약 실제적으로 감각에 주의를 기울이지 않고 생각에 빠져 방황하고 있다는 것을 알아챘다면 몸의 감각으로 돌아오세요……. 이때 부드럽게 돌아오세요……. 졸음이 오더라도 괜찮습니다. 그것에 명료한 주의를 기울이세요……. 졸음의 신체적인 측면은 무엇입니까? 당신은 신체감각의 속성에 주의를 기울일 수 있습니까?

이제, 주의를 일상적인 상태로 되돌리세요. 수련하는 방법에 대한 질문이나 어려움, 좋은 점 등이 있었는지 들어 보고 지도 방법을 조율하도록 합시다.

참가자: 저는 제 자신이 이러한 것들에 명칭을 붙이고 싶어 하는 것을 알았어요. 제 마음은 강박적으로 이 감각을 단어로 분석하고 명칭을 붙여요. 그것을 극복할 수 있는 방법이 있나요?

당신은 모든 것에 명칭을 붙이기를 원한다는 것을 아셨군요. 그렇게 하는 것을 보니 꽤 독특하시군요모두 웃음! 저는 이것으로 인해 당신이 정상이라고 선언합니다!

물론 극복할 수 있는 방법이 있습니다. 첫째, 명칭 붙이기와 싸우지 마세요. 혹시라도 당신이 그 과정과 싸운다면, 그것은 더 강해지고 더 많은 긴장과 잡념이 생길 것입니다. 당신 마음의 한 부분이 감각에 명칭을 붙이고 있다는 사실을 받아들이고 매 순간 감각의 속성으로 돌아가세요.

여러분은 친구가 준비한 이 요리를 먹으려고 하고, 여러분의 마음은 말하기 시작합니다. 이를테면, '오, 약간의 바질 향!' 이라고 말이죠. 이제 언어적 분석이 줄어들고, 주의력의 작은 부분을 사용하면 실제로 있는 그대로를 꽤 많이 맛볼 수 있습니다. 그러나 전부는 아니더라도, 대부분은 '약간의 바질 향'과 같은 식으로 언어적 명칭을 붙이는 경향성이 있습니다. 이러한 경향성은 계속해서 미묘하게 변하는 풍미를 알아차리지 못하게 하고 바질 향에 대한 생각에 끌려가게 되는, 지적이면서도 가짜-감각적인 모의실험 과정에 완전히 빠져 버리게 합니다. 이미 말씀 드렸듯이 이러한 언어적 분석과 싸우지 마세요. 전혀 도움이 되지 않습니다. 그 잡념, 언어적 활동에서 주의를 멀리 떨어뜨리려 애쓰지 말고, 실제적으로 지금-여기에서의 순간순간의 감각의 실제적인 맛에 더 주의를 기울여, 언어적 활동에 주의를 덜 기울이려고 하세요.

위빠사나 명상에서 자주 사용되는 의도적인 관찰noting 기법이 있습니다. 여러분은 마음이 경험 그 자체를 분석하고 명칭을 붙이려 하는 것 혹은 명칭을 붙이는 데 정신을 빼앗겨 버리는 것을 인식해서 위빠사나에서는 보통 관찰이라고 언급되는 다른 종류의 의도적이면서도 의식적인 명칭 붙이기를 사용합니다. 이처럼 의도적이며 의식적인 관찰은 이 언어적 활동을 덜 중독적이고 덜 산만하게 합니다.

기본적인 관찰 절차의 방식 중 하나는 생각에 끌려간 것을 알아차릴 때마다 생각하는 것을, 그저 마음속으로 명칭 붙이기, 자동적인 명칭 붙이기, 생각 등과 같이 의식적으로 관찰하는 것입니다. 이 의식적인 관찰은 당신이 생각이나 분석에 주의를 두는 것을 멈추도록 합니다. 당신의 생각을 적극적으로 억누르는 것이 아닙니다. 알아차린 것에 명칭을 붙이고 생각과 그 의식적인 명칭을 내려놓는 것입니다. 그러고 나서 그 순간에 두드러진 감각으로 명료한 주의를 되돌립니다. 아마 경험적인 흐름은 다음과 같을 것입니다.

> 감각 → 다음 감각 → 다음 감각 → 생각 시작 → 잠깐 생각 진행 → 명칭 붙이기 또는 분석에 대한 의식적인 관찰 → 다음 감각 → 다음 감각 → 생각 시작 → 명칭 붙이기 또는 분석에 대한 의식적인 관찰 → 다음 감각……

의식적인 관찰은 약간 혹은 강렬하게 자동화된 생각의 이끌림을 쫓아 버리기 쉽습니다. '부록 1' 의 명상 수련에 대한 몇 개의 참고문헌들이 이 관찰 기법을 좀 더 자세히 다룹니다.

우리는 스스로의 생각에 너무 많이 집착하고 있음을 분명히 알아야 합니다. 우리는 자신의 생각이 매우 중요하다고 여깁니다. 예를 들면, 저는 다음과 같이 생각하곤 합니다. '나에게 좋은 아이디어가 떠올랐을 때 그것을 빨리 적고 그와 관계된 모든 것을 생각해야 한다.' 좋은 아이디어의 수는 한계가 있고 더 이상 떠오르지 않을지도 모르니까요. 웃기지요? 이제 저는 생각이란 실제로는 귀하지도 않고 끝도 없다는 것을 알게 되었습니다. 그러나 생각하는 과정과의 싸움에 사로잡히기는 정말 쉽습니다. 특히, 명상적인 고요함과 생생함을 더 잘 경험하고, 우리를 실제적인 감각이 아닌 추상 속에 계속 살게 하는 생각들과 앞에 있는 음식을 맛보지 않고 그 요리법에 대해 읽고 생각하게 하는 것들이 우리 삶의 풍요로움을 얼마나 많이 빼앗는지를 깨닫게 되면 더욱 그렇습니다.

그러나 생각을 제거하려는 싸움이나 그것들을 적극적으로 억누르려는 시도는 잘못된 것입니다. 여러분의 주의를 중요한 대상으로 옮기는 것이 더 낫습니다. 명상을 하는 동안 나타났다가 사라지는 많은 생각이 있습니다. 그러나 경우에 따라서는 생각이 발생하는 시간과 지점에 도달했을 때조차 최소한의 주의를 명상 대상에 유지할 수 있습니다. 제가 반복했던 것처럼 몇 초, 몇 분, 몇 시간 동안을 생각 속에서 완전히 길을 잃지 않을 수 있습니다. 제가 처음 명상을 배우기 시작했을 때, 하나의 생각을 일으키는 생각이 일어나고, 또 하나의 생각이 일어나고, 또 하나의 생각이 일어나면서 꼬리에 꼬리를 물고 생각이 무한히 이어졌습니다. 제가 15분 안에 명상 대상으로 주의를 되돌릴 수 있을 때는 운이 매우 좋은 경우였습니다. 지금은 대부분 생각-고리chain-of-thought의 산만함에 대해 알아차리고 명상 대상으로 돌아가기까지 거의 몇 초 이상 걸리지 않습니다. 요컨대, 여러분이나 저 같은 생각 중독자들도 향상될 수 있습니다.

오늘 처음 수련한 여러분이 이 과정이 어렵게 느껴지더라도 실망하지 마세요. 어렵게 느껴지는 것은 당연한 일이니까요. 제가 말씀 드렸던 예를 기억하십시오. '나는 이 명상이 내 마음을 달리게 하기 때문에 싫어.' 아니요, 여러분의 마음이 삶 전체를 달리게 하고 있습니다. 여러분은 그것과 함께 살 수 있습니다. 그러나 속도를 늦추고 실제적인 감각에 좀 더 가까워지면 지금보다 훨씬 좋다는 것을 알 수 있을 것입니다.

참가자 : 좀 이해가 되지 않는 서로 모순되는 문제가 있습니다. 제가 이해한 바로는 우리가 하는 것은 무엇이 진행되는지 알아차리고 실제로 진행되고 있는 것에 주의를 기울이는 연습입니다. 그리고 그것은 실제 진행 상황을 지켜보고 명칭을 붙일 필요가 있음을 의미합니다. 그럼에도 명칭을 붙이지 말라고 합니다. 제가 알게 된 것은, 예를 들어 제 왼쪽 무릎에 감각이 있음을 알게 된 것이 바로 발생한 일이라는 것입니다. 저는 앞서 들었던 생각에 대해서는 생각하지 않고 감각에 주의를 기울이면 자동적으로 감각에 대해 생각한다는 것을 알게 되었습니다. '가려움' 혹은 '따뜻함'과 같이 말입니다. 결국 이 명칭 붙이기에 사로잡혀 있다는 것을 깨달았지만, 무릎으로 되돌아오면 이 모든 과정을 만들어 낸 그 감각은 종종 사라지곤 합니다. 저는 여전히 명칭 붙이기에 대해 명확하게 이해가 가지 않습니다.

감각은 간혹 매우 빨리 사라집니다. 당신이 명칭 붙이기에 빠진다면 마음은 자동으로 그렇게 할 것이고, 당신은 맛보기, 음미하기 등의 과정이 사라지면서 그 과정을 놓치게 됩니다. 감각은 이처럼 천천히 혹은 빠르게 변하거나 사라지는 것이 당연한 과정입니다. 그러니까 괜찮습니다.

우리는 생각 속에서 헤매는 경향이 큽니다. 그렇다면 그것과 직면하세요. 현재의 우리는 생각에 중독된 사람들에게 상을 주고 선별하고 선택했던 교육 시스템의 지속적인 선별 및 선택의 결과물입니다. 그러한 교육은 생각을 실재라고 생각합니다. 그래서 제가 감각에 주의를 기울이라고 했을 때 깨달은 대로, 당신의 마음이 즉시 감각에 명칭을 붙이고 꼬리에 꼬리를 무는 생각 속으로 빠지게 됩니다. 그러한 분석은 당신의 현재 수준을 말해 줍니다.

자, 마음의 역할에 대해 제가 작업한 이론의 관점에서 이것을 면밀히 살펴봅시다. 이것이 진실인지는 잘 모릅니다. 그러나 마음에 대한 많은 것들은 지적인 상식으로 만든 모형이라고 할 수 있습니다. 다른 모형들과 마찬가지로, 제 모형은 우리가 상대적으로 사용 가능한 주의의 양이 고정되어 있고 제한적이어서 당신이 그 주의를 약간 기울이면, 거기에 기울인 주의가 자동으로 줄어들게 됩니다(Tart, 1987, 1991, 1972, 1975). 뿐만 아니라 감각이 일어나고 지적으로 명칭 붙이기-분석-생각의 고리 과정이 자동으로 일어날 때, 문자 그대로 그것들은 많은 주의를 사용하는 것이고, 실제 감각의 알아차림은 줄어듭니다. 많은 경우 실제로 모든 주의는 지적인 과정으로 채워지고 당신은 매 순간 실제와 감각의 풍부함을 잃어버릴지도 모릅니다. 머리로 삶을 사는 우리에게 어찌 보면 몸은 중요하지 않은 부속물로 여겨질 수 있으며, 극한 상황이 아니면 접촉하지 않기도 합니다. 우리가 오늘 하는 것은 주의가 자동으로 지적인 추상으로 전환되지 않도록 제어할 수 있는 유연함을 배우는 특별 훈련입니다. 무슨 말인지 이해가 되십니까?

참가자: 박사님은 왼쪽 뇌보다 오른쪽 뇌의 기능을 사용하는 것을 우리에게 가르치는 것입니까? 그것이 명상입니까?

아니요, 저는 명상을 좌우 뇌에 비유하지 않습니다. 좌우 뇌의 구별은 대중에게 무척 빨리 신화처럼 받아들여졌습니다. 그러나 저는 그 이론을 절대적으로 신봉하지 않습니다. 저는 명상에 관련된 뇌에 대해서 이론화하고 싶지 않습니다. 다시 말하지만, 우리는 항상 머리로 분석하는 습관이 있습니다. 지적으로 분석한다는 것은 인간이 가진 위대한 재능입니다. 그러나 선택할 여지없이 지적인 상태가 되어 버리면 삶의 풍요로움을 잊어버릴 뿐만 아니라 다른 모든 종류의 능력과의 접촉도 잃어버립니다. 처음에 비유했듯이, 우리는 수면 아래 숨겨진 보물을 찾을 수 있기를 바랍니다. 위빠사나 명상, 마음 열기 명상 혹은 통찰 명상은 당신이 하나의 감각을 가지고, 그에 따른 수십, 수백 개의 생각과 감정, 또 하나의 부수적인 감각과 그에 따르는 갖가지 생각과 감정으로 삶을 사는 대신에 진행 중인 순간의 감각의 흐름으로 계속 돌아가는 특별 훈련을 하는 것입니다. 위빠사나는 지금의 즉각적인 현실로 계속해서 돌아오는 것을 배우는 것입니다. 물론 그것은 쉽지 않습니다. 머릿속의 지적인 것들로부터 되돌아오는 것이 익숙하지는 않지만, 위빠사나는 그것에 대한 훈련법이고 이를 지속하다 보면 점점 익숙해질 것입니다.

다시 말하지만, 제가 처음 위빠사나를 배울 때는 물론이고 계속해서 배울 때조차도 정말 어려웠습니다. 생각은 중요했기 때문에 쉽게 내려놓을 수가 없었습니다. 재미있는 이야기를 하나 하겠습니다. 제가 점점 더 현재 순간으로 돌아오는 것이 나아졌고 여러 해 동안 비지적非知的으로 되기를 연습했지만, 이런 부분들이 저를 바보로 만들지는 않았습니다. 놀랍게도 저는 여전히 지적인 면을 유지했습니다. 오히려 저의 지적 수준의 질이 예전보다 나아졌습니다. 이유인즉, 이전에 했던 것보다 사실에 입각한 현실에 기반을 두었기 때문입니다. 그래서 저는 여러분을 독려하고 있지만 이 역시 쉽지는 않군요.

참가자 : 저는 다른 참가자와 유사한 경험을 했습니다. 늑골 아래에 날카로운 통증을 느꼈고 조심스레 그것에 주의를 기울인 결과 그것은 '통증'이 아니라 흥미로운 것이 되었습니다. 그리고 10초 후에는 통증이 사라졌다는 것을 알아차렸습니다.

매우 흥미로운 경험이네요. 당신에게 갑자기 통증이 왔고, 그래서 주의를 기울였더니 통증이 다른 것으로 변했다가 사라져 버렸습니다. 생각 중독 동료로서 당신의 중독을 강화시킬지도 모르지만, 여기서 당신에게 중요한 원리를 알려 주고 싶네요. 이것은 앞서 언급한, 신젠 영Shinzen Young에게서 배운 것인데요, 그는 스스로 경험한 경험의 깊이는 물론 전통적인 불교와 다른 동양적인 발상을 서양의 용어에 적용한 저명한 명상 스승 중 한 명입니다. 그는 불교를 신속하게 서양으로 전파하는 데 도움이 될 만한 아이디어를 얻기 위해 불교가 중국이나 일본 같은 복잡한 문화권에 전파되었을 때 어떻게 적용되는지 깊이 생각하였습니다. 그 결과 많은 불교의 개념들이 심리학과 수학적 언어로 설명되었고, 서양에서 불교의 접근이 매우 쉬워졌습니다.

신젠이 공식화한 한 가지는 통증과 고통, 저항에 관한 것입니다. 그가 개발한 다음의 등식을 곰곰이 생각해 보십시오.

$$S = P \times R$$

S는 고통, P는 통증실제적인 신경 감각 용어로서의 통증 그리고 R은 심리적 저항입니다. 고통은 심리적 · 경험적 개념인데, 우리는 모두 고통이 무엇인지 알고 있으며 많이 경험하고 있지요? 이는 통증의 경우, 생리학적 변수로 인해 얼마나 자주 신경이 통증으로 발현되는지, 또 화학약품이 신경 말단의 염증이 일어나는 것을 감소시키는지 등에 관한 것입니다. 통증은 실제적인 신체의 통증입니다. 저항은 이미 우리가 아는 것입니다. 우리는 저항하는 데 꽤 능숙하지요! 저항 또한 심리적 변수입니다.

자, 이제 이 세 가지 변수를 쉽게 정량화할 수 있습니다. 그 친구와 다른 이들의 명상 경험에 따르면, 신젠은 앞의 등식의 관계를 공식화했습니다. 간략히 설명하자면 이렇습니다. 여러분이 1단위의 통증이 있는데 '어머나, 통증이 있네.' 라고 통증을 느끼자마자 흥분되어서 10단위의 저항을 하게 된다면 실제 통증은 1단위임에도 불구하고 10단위의 고통을 느끼게 됩니다. 이를테면, 상황이 더 나빠지는 것이지요. 그런데 콩팥에 결석 같은 것을 지니고 있어서 강한 통증이 있다면, 실제로 10단위의 통증을 느낄 것이고 여러분은 완전히 자제력을 잃게 됩니다. 여러분이 그것에 10단위의 저항을 한다면 고통은 100단위가 됩니다.

다른 한편으로 보면 다리가 부러지는 경우와 같은 10단위의 꽤 심한 통증이 있지만, 명상 훈련에 의한 것이든 다른 것에 의한 것이든 간에 그 사실을 있는 그대로 받아들이면, 통증은 여러분을 아프게 하지만 100단위가 아닌, 10단위의 고통을 받게 됩니다.

또한 여러분이 명상을 무척 잘하고 있고, 통증의 속성에 대해 배워서 저항이 0에 가깝다면, 매우 강렬한 통증이라 할지라도 고통이 거의 없거나 전혀 없게 됩니다.

자, 이제 그 실제적인 결과는 이렇습니다. 신젠은 그것이 좋은 이론이라는 것을 알았습니다. 그러나 이 이론은 검증을 거쳐야 합니다. 그는 지금 의학으로 도울 수 없는 만성 통증 환자와 함께 연구하면서 특별히 통증에 대하여 강조된 위빠사나를 그들에게 가르쳤습니다.

의사들도 뾰족한 효과를 내지 못했던 만성 통증 문제를 살펴봅시다. 신젠은 환자들에게 위빠사나에 대해 다방면의 주의를 기울이는 것을 가르칠 것입니다. 예를 들면, "좋아요, 당신이 명상한 대로 정확히 저에게 말씀해 보세요. 통증은 지금 어디에 있지요?"라고 말이죠. 환자들은 "목 아래부터 시작해서 등 가운데쯤까지 있어요."라고 말할지도 모르지요. 그러면 신젠은 "통증의 정확한 위치를 순간순간 명상의 대상으로 삼으세요. 그 위치에서 일어나는 변화를 주의 깊게 관찰하세요."라고 말할 것입니다. 몇 분 후에 신젠은 다음과 같이 말할 것입니다. "자, 이제 그 통증은 어떻게 되었나요? 같은 위치에 있나요? 자리가 옮겨졌나요?" 그러면 "글쎄요, 등 조금 아래로 내려갔는데요."라는 대답을 들을지도 모릅니다. 이제 고통이 다소 경감된 환자들에게 더 주의를 기울이게 하면서 신젠은 "좋아요, 등에서 얼마나 내려갔나요?"라고 물을 것입니다. 그는 그 답을 정확히 알고 있고, 환자들이 매 순간마다 통증의 정확한 위치를 계속 따라갈 수 있게 상기시킵니다.

이런 식으로 통증을 연구하면 환자들에게 재미있는 일이 일어납니다. 얼마간 이렇게 지시한 대로 관찰하면서 통증이 지금 어디에 있는지 정확히 다가가다 보면 저항은 어느새 줄어듭니다. 신기하게도 통증은 여전히 있지만, 사람들은 그다지 고통스러워하지 않습니다.

통증이 몸의 위치를 옮겨 다니는 속성 외에 또 다른 속성을 사용할 수도 있습니다. 신젠은 통증의 다른 속성에 대해서도 질문할 것입니다. 한 예로, 누군가 찌르는 듯한 속성에 대해 말한다면, "얼마나 찌르나요? 그 찌르는 정도를 7점 척도로 점수를 매긴다면, 지금은 몇 점 정도 되나요?"라고 물을 수 있습니다. 명상 중인 환자가 5점을 준다면 조금 뒤에 "자, 지금도 여전히 같은 강도의 통증인가요? 아니면 아까보다 강해졌나요? 좀 덜한가요? 몇 점 정도 되나요?"라고 물을 수 있습니다. 환자가 "세상에, 이놈의 통증, 참을 수가 없어. 도대체 왜 나에게 이런 일이 일어나는 거야? 세상은 불공평해. 도저히 견딜 수 없어."라고 계속해서 말하는 대신에 순간순간의 통증의 강도를 추적하는 과정으로 주의를 돌리는 것입니다. 여러분 모두 스스로 그러한 것들을 어떻게 작업하는지 아실 것입니다. 이렇듯 의식적인 명상은 어떠한 것들을 변화시킵니다.

신젠은 열린 태도로 명상하면서, 통증의 속성에 대해 주의를 기울이는 것을 대상으로 삼는 위빠사나를 수련함으로써 저항과 고통이 감소하는 것을 알게 되었습니다. 그는 계속해서 진통제로 치료할 수 없는 만성 통증 환자들을 연구하고 있습니다. 이러한 명상 절차를 가르치고 그들의 통증은 여전히 그대로이지만, 그들은 다시 삶을 살아 나갈 수 있게 되었고 고통의 강도는 줄어들었습니다.

지금까지 신젠의 연구를 제가 이해한 그대로 전달한 것을 양해 바랍니다. 저항은 이미지, 혼잣말 혹은 이것들에 대한 반응 등과 관련된 다차원적인 개념입니다. 그는 아직 많은 부분을 정립하지는 않았지만, 그의 웹사이트[www.shinzen.org]에 곧 자료들이 올라올 것입니다.

자, 통증이 있었나요? 통증이 있었는데 사라져 버린 이유는 우리가 습관적으로 '가 버려!' 라고 저항했기 때문이 아니라, 통증을 향해 마음을 활짝 열었기 때문입니다. 그것이 차이를 만든 것입니다.

참가자 : 저는 수학적으로 의문이 있습니다. 만약 저항이 0으로 떨어지면…….

당신의 머리가 너무 많은 일을 하고 있군요, 그렇죠[청중 웃음]?

참가자 : 만약 저항이 0으로 떨어지고 통증을 바라보면, 그것은 무한대로 증가하나요?

아니요, 그렇지 않습니다. 변수들을 너무 섞지 말고 있는 그대로 등식을 보세요. 통증은 등식에 정의된 대로 실제적이고 생리학적인 과정입니다. 또한 어딘가의 손상에 의해 발현된 실제적인 신경의 비율입니다. 여기서 통증은 심리학적인 변수가 아닙니다. 고통이 심리학적입니다.

참가자 : 저는 수련하는 동안 통증, 좋은 느낌, 에너지, 둔감함 등 몸에서 경험된 많은 것들에 놀랐습니다. 전에는 그러한 것들이 제 몸 안에 있다는 것을 결코 알지 못했습니다. 제 몸은 그러한 감각들을 전혀 가지고 있지 않았거든요.

당신의 몸에서 그러한 모든 것을 경험했다니 훌륭하군요. 사실 몸에서는 많은 것들이 진행되고 있습니다. 그런데 우리가 문을 닫아 버린 것이지요. 우리 몸에서는 많은 것들이 진행 중이고, 많은 것들이 기본적으로 생생하게 존재하는 기쁨을 구성하고 있습니다. 그것은 마치 모터에 시동이 걸리는 것과 같아요. 우리가 몸에 대해 알아차림을 하지 않고, 추상적으로 살 때조차도 항상 체액과 생명 에너지가 흐르고 있지요. 우리가 다시 친구의 집에 가서 친구가 만든 놀라운 음료를 맛보는 비유로 돌아가서 생각해 보면, 평상시에 했던 것처럼 우리는 "요리법을 줘. 맛볼 필요 없어."라고 말하는 것과 같지요. 우리는 삶이라는 레스토랑에 가서 음식을 실제로 맛보고 씹는 것이 아니라, 대부분 메뉴를 자세히 읽고 끝내 버립니다. 그렇게 하면 풍부한 영양분을 섭취할 리가 없습니다.

참가자: 제 경험은 호흡 명상과 같이 하나의 대상에 집중하는 것에 비해 몸의 전체적인 감각을 따라가는 것은 이완되거나 즐겁지 않았습니다.

맞습니다. 제가 말씀 드린 것에는 내재된 가정이 있습니다. 그것은 그 명상이 이완이나 자신을 즐기기 위한 목적이 아니라는 것입니다. 우리는 좋은 기분을 느끼기 위해 명상을 합니다. 그러나 단지 그것뿐이 아닙니다. 우리는 명상을 통해 가치 있고, 유쾌한 것을 얻는 것에 집착합니다. 그것은 이해할 만합니다.

인생에서 목표를 가지고 무엇인가를 원하는 것, 무엇으로부터 대단한 것을 얻고자 하는 것은 잘못된 일이 아닙니다. 그것은 매우 정상적이며 당연합니다. 그러나 대부분의 명상 전통에서는 불행하게도 이 당연한 욕망을 감당하지 못하고, 이 욕망이 우리를 미치게 한다고 말합니다. 우리는 긍정적인 것에 지나치게 집착하고 부정적인 것은 지나치게 회피합니다. 그리고 그 결과는 환영, 삼사라samsara 속에 사는 것입니다.

집중 명상 수련에서는 집중하는 것을 더 잘 배우려는 명백한 목표가 있지만, 그 목표 자체는 명상 전통에서는 더 높은 목적을 위한 것에 불과합니다. 그래서 명상 수련의 목표는 그것을 즐기는 것 이상의 그 무엇입니다. 성공적인 집중 명상으로부터 체험되는 감각은 즐거울 수 있습니다. 그러나 이것이 요점은 아닙니다. 사실 당신이 즐겁기 위해서 집중 명상을 열심히 한다면 다시는 집중하지 못할지도 모릅니다. 당신은 특정한 명상 과정이 지정한 집중 대상이 아닌, 그 즐거움을 붙잡고 집중하고 있습니다. 이는 당신이 기본적인 집중 능력을 계발하려고 노력하지 않고 쾌감에 빠져 버릴 수도 있다는 뜻입니다.

오늘 제가 가르친 대로 집중 명상의 요점은 당신이 A라는 것에 99% 주의를 집중하겠다고 결심했다면, 어떠한 일이 일어나든지 가능한 한 그렇게 하도록 마음을 훈련하는 것입니다. 그것이 즐겁건 고통스럽건 간에 말이지요. 당신이 선택했다면 강렬한 불쾌감이라도 집중할 수 있어야 합니다. 적정한 집중 명상의 능력은 위빠사나의 성공의 기초를 다지는 것입니다.

위빠사나 명상, 즉 마음 열기 명상의 요점은 하나의 대상에 집중하지 않고, 경험하는 것을 충분히 명료하게 관찰하는 것입니다. 우리의 경험을 조작하는 대신에, 간섭 없이 개념이나 조작적인 스크린 뒤에 숨기지도 않고, 진정하게 있는 그대로 보기를 원합니다. 이것을 처음에 이야기했던 본질적인 과학의 용어로 설명하면, 우리는 중요한 방식으로 우리를 잘못 이끄는 이론들 속에서 길을 잃고 헤매고 있음을 어렴풋이나마 알아차리게 됩니다. 이는 우리의 눈을 멀게 하는 이론과 우리의 인식을 왜곡시키는 자동화된 신념이 아니라 실제 자료와 현실을 더 명료하게 인식하고 이해하려는 방법을 개발하려고 노력하는 것입니다. 또한 이것은 지금 배우는 기법들로 인해서 더욱더 명료해집니다.

우리는 마이크로[100만 분의 1] 초 단위로 경험의 흐름을 철저히 조사하면서, 싫어하는 것들은 제거하고 좋아하는 것들은 더 많이 만들어 내려고 하는 철저한 조작자들입니다.

적당한 정도까지 그렇게 하기를 원하는 것은 전혀 잘못된 것이 아니지만, 그것이 강박적이고 자동화되었을 때 그것을 통제하지 못하고 스스로 무슨 일이 일어나고 있는지 인지하지 못할 때, 삶의 전체적인 스펙트럼 중 제한적인 부분만을 살게 됩니다. 그래서 위빠사나 명상 수련이 진정으로 목표로 하는 것은 우리를 그 순간에 실제로 일어나는 인식에 대해 열린 마음으로 다가가게 하는 것입니다.

명상을 얼마나 잘했는가의 측면에서 보자면, 오랫동안 불쾌한 감각과 접촉하면서 주의가 흐트러지지 않았다면, 그것은 무엇이 진행되는지도 모르면서 좋고 유쾌한 느낌에 점점 빠져든 것보다 훨씬 더 위빠사나 명상을 잘한 것입니다. 여러분의 목표가 자연스러운 흐름에 주의를 기울이는 것이라는 사실을 기억하세요. 만약 자연스러운 흐름은 아니지만, 부분적으로 생겨난 유쾌한 것에 빨려 들어가게 된다면, 그렇게 하지 마십시오. 또한 처음 시작했을 때나 매우 익숙해졌을 때조차도 무수한 변수가 있다는 것을 다시 한번 기억하세요.

사람들이 명상 수련에 몰입하게 되는 방법 중 하나는 그들이 명상 과정 중에 유익한 경험을 했을 때이고, '아, 이제야 해냈다!' 라고 생각할 때입니다. 그러고 나서 그들은 의식적으로 명상 수련에 대한 실제적인 지침을 잊어버리고 그저 이전에 유익했던 경험만을 다시 체험하려고 노력합니다. 이 부분에 대해 앞에서 다루었지요. 그것에 대해 사람들을 비난할 수는 없습니다. 저 자신도 항상 그러니까요. 그러나 제가 원하면 언제 어디서나 집중할 수 있기를 바라고, 또 제가 배운 모든 것이 제가 좋아하는 것에 집중하기 위한 것이라면, 그것 역시 그다지 바람직하지는 못합니다. 제가 좋아하는 것은, 좀 더 정확하게 표현하자면 덜 능동적으로도 쉽게 집중하고 주의를 기울이는 것입니다.

참가자: 박사님은 'C' 용어, 즉 통제어를 사용하시네요?

C, 통제어. 그 표현이 마음에 드네요. 지금 통제가 편파적이고 부적절한 표현이라는 말씀인가요^웃음^?

참가자: 아니요, 적절해요. 그래서 신젠 영은 사람들에게 그 통증을 관찰하도록 한 것입니다. 때로 그들은 통증이 강해지고 약해지는 것과 고통이 증가하고 줄어드는 것을 관찰합니다. 사람들은 이제 그것을 통제할 수 있다는 것을 알게 됩니다. 최

면 치료사인 밀턴 에릭슨(Milton Erickson)은 사람들에게 고통을 증가시키라고 말하기도 합니다. 사람들에게 그들이 통제력이 있음을 설명하려는 것이지요. 그러한 통제 과정에 대한 당신의 관점은 어떠한 것입니까? 서양적인 관점이라고 생각됩니다만, 이러한 통제가 좋은 것인가요?

맞습니다, 그것은 대단히 서양적인 관점입니다. 하지만 서양적인 관점도 괜찮습니다. 우리는 서양인이니까요!

통제에 관한 위빠사나 명상에서의 공식적인 지침은 매 순간 나타나는 감각이 무엇이든지 간에 그 감각이 무엇이다, 혹은 무엇이 되어야 한다는 등의 통제를 하려고 시도하지 말고, 열린 마음으로 완전히 경험하라는 것입니다. 좋은 것은 증가시키려 하거나 나쁜 것은 막아 버리려 하지 말라는 의미입니다. 이 말은 통제하지 말라는 권고처럼 들리지만, 계속해서 주의를 유지하여 보통 욕망이나 회피의 습관적인 패턴에 끌려가거나 주의나 경험을 조작하지 말고, 당신의 주의를 통제하라는 권고가 포함되어 있습니다. 그래서 여기에는 균형이 있습니다. 이해가 되십니까? 명상 전통이 무엇이든지 통제하지 않으려고 애쓴다는 것을 말하는 것이 아닙니다. 아주 높은 수준에서는 그러한 것들을 얻을 수도 있습니다. 그러나 어쨌든 당신은 앉아서 명상 수련을 하겠다고 굳게 결심해야 합니다. 당신은 명상 수련을 위한 목표를 가질 것입니다. 만약 만성 통증을 다룬다면, 어떠한 의미에서는 고통의 한 측면에 명확히 주의를 기울이기 위해서 일상적인 통제 기제를 멈추려고 노력하는 것일 수도 있습니다. 하지만 그 배경에는 이 경험의 본성을 통제하고자 하는 욕망이 내재되어 있습니다.

참가자: 우리가 했던 두 가지 종류의 명상이 저에게는 크게 다르게 다가왔습니다. 저는 집중 명상이 더 좋았습니다. 정말 멋진 평화와 같은 것에 안주했지요. 그런데 일어나는 감각 전체에 주의를 기울이는, 또 다른 명상과 비교해 보면 집중 명상에서의 느낌은 좀 둔감한 어떤 느낌이었습니다. 제가 그것에 대해 어떻게 통제해야 했는지 궁금합니다. 또한 명상을 통제하는 것이 자연스러운 것인지도 궁금합니다.

당신의 말을 요약하면, 집중 명상은 당신을 평화롭게 하고 위빠사나는 좀 더 흥미로웠다는 것인가요? 그 통제에 대한 논쟁은 지금은 별로 의미가 없다고 생각됩니다. 왜냐하면, 어떤 종류의 통제가 이미 우리를 얼룩지게 했는지 정확히 모르기 때문입니다. 통제가 없던 곳에 통제를 하려는 것이 아닙니다. 우리가 항상 연습하려 했던 여러 가지 종류의 통제에 대한 관점을 바꾸고 통제 과정을 보다 의식적으로 만들려는 것입니다. 모든 명상의 전통이 당신이 생각의 진행 방식에 영향을 미치는 백만 개의 요소에 의해 통제당하고 있을 뿐만 아니라, 이제 당신은 계속 경험을 통제하려고 시도해야 한다고 말할 것입니다.

자, 약간의 의도적인 통제를 해 보고 통제를 보다 의식적인 차원으로 끌어와서 이것으로부터 무엇을 배울 수 있을지 살펴봅시다. 우리가 얼마나 의식적으로 통제할 수 없는지에 대해서도 알게 될 것입니다. 이 예를 통해 다시 한번 생각해 보세요. 집중 명상을 하려고 하는 많은 사람들이 "이것은 정말 끔찍해. 마치 내 생각이 미친 듯이 날뛰게 만들어."라고 말합니다. 그것은 당연하고 우리의 생각은 항상 질주하고 있다고 말씀 드렸습니다.

지금 지나치게 머리를 많이 썼네요. 너무 많은 개념 속으로 빠지기 전에 10여 분 동안 위빠사나를 하면 좋겠습니다. 만약 여러분이 제가 통제하기 위해 C 단어를 은연중에 사용하는 것을 양해해 주신다면, 여러분은 정말 대단한 생각 중독자들입니다. 저 역시 몇 분 이상은 개념적인 음료를 더 마시지 않도록 스스로 훈련해야 합니다.

자, 이제 10분 동안 위빠사나, 마음 열기 명상을 합시다. 제가 다시 여러분 사이를 걸어 다니겠습니다.

(다음 연습은 약 10분간 이루어질 것입니다. 여러분이 편하다고 느끼면 그 이상이 될 수도 있습니다.)

편안한 자세로 앉으세요……. 두 눈을 감거나…… 편안하게 앞쪽을 바라보세요…….

몸의 감각으로 주의를 가져옵니다……. 그리고 주의를 기울이는 것에 마음을 열어서 열린 마음의 주의를 그 순간 가장 강한 몸의 감각에 기울이세요……. 마음을 열어 그것을 경험하세요……. 마치 전에는 한 번도 경험해 보지 못한 것처럼…….

그것이 무엇인가요? 호기심에 의해 생각나는 단어는 중요하지 않습니다……. 바로 이 순간 감각의 속성이 무엇인지 알아차립니다…….

바로 지금 이 순간…….

바로 지금 이 순간…….

당신의 마음이 그것에 명칭을 붙이는 것을 알아차리고 명칭에 주의를 기울이지 마세요……. 왜냐하면 명칭은 영원하다는 의미를 내포하고 있고, 여러분이 이 모든 감각을 알고 있고, 더는 주의를 기울일 필요가 없다는 것을 의미하지만 현실은 계속 변하고 있습니다…….

자, 지금 이 순간의 감각은 무엇입니까? 당신의 마음이 생각 속으로 떠내려갔다면, 부드럽게 그 순간 가장 강한 감각으로 되돌아오세요……. 지금 어떠한 것을 느끼고 있습니까?

그 감각에 자동으로 명칭이 붙는다면 그것은 부수적인 것으로 여기고…… 계속해서 감각의 실제적인 속성에 주의를 돌립니다…….

우리의 마음은 구분하려는 경향이 있고, 결과적으로 '난 예전에 이것을 본 적이 있어. 더 이상은 주의를 기울일 대상이 아니야.' 라고 말합니다. 계속해서 매 순간 감각의 실제적인 속성으로 돌아오세요……. 아마 같을 수도 있고, 다를 수도 있습니다…….

이제 일 분 후에 이 수련을 마칠 것입니다……. 이제 몸의 내부적인 감각에 주의를 기울이지 말고, 듣는 것에 주의를 기울여 보세요…….

방에서 들리는 소리, 어떠한 소리라도 그 속성에 주목해 보세요……. 이제 주의를 나누어서 몸의 감각에 일반적인 알아차림을 가지면서 방에서 나는 소리의 속성을 계속 알아차려 보세요……. 귀에 닿는 어떠한 소리든지…… 경험해야 하거나 경험하지 말아야 하는 것은 없습니다……. 몸도 알아차리고 들리는 소리도 알아차리면서 그 순간 경험에서 무엇이 진행되는지 알아차려 보세요…….

자, 이제 감았던 눈을 뜨고 마음 상태를 평정 상태로 되돌립니다(여러 사람이 질문하고자 손을 들었다). 여러분은 정말 저를 유혹합니다. 홍미로운 아이디어와 질문들이 너무나 많고 정말 제 안의 생각 중독증을 발동시켜 많은 토론을 하게 합니다. 그러나 저는 이 수련을 어떻게 하는 것인지 본보기를 보여 여러분이 알게 하는 훈련을 하고 있습니다. 훌륭한 명상 지도자는 이렇게 흔들리는 손에 의해 유혹당할 때 다시 수련을 시작할 것입니다.

그러나 점심시간까지는 아직 몇 분이 남아 있고, 많은 홍미로운 질문들과 아이디어들로 가득 차 있으니, 필사적으로 알고 싶어 하는 여러분의 마음의 일부를 탐닉해 보도록 하겠습니다. 가능하면 경험에 가깝게 질문해 보세요. 다소 지적인 자극을 받지 못해도 걱정하지 마세요. 이 학술대회가 진행되고 있는 내내 우리는 지적인 파티를 벌일 것이라는 것을 기억하세요.

참가자: 경험을 하나 했는데요, 박사님이 감각에 주의를 기울이는 것의 대안이 생각에 주의를 기울이는 것이라고 말한 것으로 이해했습니다. 그것은 저에게 효과가 더 좋은 듯합니다.

그것에 대해 말씀해 주시겠어요?

생각에 주의를 기울인 것이 당신에게 더 효과가 있었다고요?

참가자: 예, 저는 여기 오기 전에 해야 했을 어떤 것을 잊어버린 것에 대해 주목했습니다. 저는 또 이곳을 떠날 때 해야 할 것들을 생각했고, 박사님께서 좀 전에 말했던 것들을 생각했고, 제가 좀 전에 박사님께 말하고 싶어 했던 것들을 생각했습니다.

그것은 일반적인 의식처럼 들리는데요?

참가자: 글쎄, 전 이러한 종류의 생각을 평상시에는 주목하지 않았습니다.

당신은 운 좋게도 명상 수련에서 상대적으로 생각을 빨리 관찰했을지도 모릅니다. 전에도 말했지만, 생각을 관찰하는 것은 명상을 시작하는 대부분의 사람에게는 매우 어려운 방법입니다. 사고 과정이 우리의 모든 주의를 흡수하고 거의 끝없는 고리 위를 달리는 경향이 있기 때문에 자신의 사고 과정을 관찰하는 것은 무척이나 까다롭고 어렵습니다. 그래서 주의를 나누어, 신체감각으로 무엇이 진행되는지 관찰을 유지하는 것이 더 쉽습니다. 당신의 질문으로 돌아가서, 당신이 생각하기 시작했을 때 당신의 몸에 대해서는 질문을 하고 있었나요?

참가자: 그것은 무시되었지요.

몸은 무시되었다……. 제가 발견한 그 유용한 작동 모형을 다시 생각해 보세요. 우리는 사용 가능한 많은 주의를 기울이고 있는데 그 주의라는 지성을 생각에 모두 잡아먹히지요. 당신도 아시다시피 감각에 남아 있는 것은 없었습니다. 소방차처럼 강렬한 어떠한 것이 다가오면 일어나는 다른 일에는 거의 주목하지 못합니다. 그것이 정상이지요. 그런데 그것은 삶의 기쁨을 대부분 빼앗아 버립니다.

많은 삶이 이렇습니다. 장미 덤불을 지나치면서도 전혀 그것을 알지 못합니다. 때로는 멈추어 서서 장미 향기를 맡았다는 것을 기억하고 잠깐이라도 멈춰 서서 마음속으로 스스로에게 말합니다. '향기 좋네, 좋은 장미군.' 이라고 말이지요. 그러나 여러분이 정말로 맡은 향기는 대부분 장미에 대한 여러분의 생각이고, 여러분이 본 것은 장미에 대한 여러분의 개념입니다. 이것은 특히 머리로는 전달하기가 매우 어렵습니다. 저를 믿으세요. 만약 여러분이 멈추어 서서 여러분의 감각으로 돌아오는 것을 배운다면 여러분의 삶은 훌륭하고 풍요로워질 것입니다. 오후에는 이 부분에 대해 집중해서 설명하겠습니다. 정말로 즐거운 것입니다. 그러나 그것은 우리가 생각에 빠지는 것을 멈출 때만 일어납니다. 지식은 훌륭한 도구이지만 때론 끔찍한 스승이지요.

참가자 : 저는 귓속에 울리는 것이 몸의 감각인지 아닌지 알고 싶습니다.

귓속의 울림이 몸의 감각이냐고요? 우리 대부분은 그것을 소리라고 말합니다. 거기에 다른 특이한 몸의 구성 요소가 없었거나, 당신이 그것에 대해 감촉할 수 있는 속성을 느꼈다면, 그것은 확실히 소리입니다.

여러분은 명상 수련을 정확히, 올바르게 하는 데 지나치게 사로잡힐 수 있습니다. 이것이 정말 몸의 감각일까? 제가 많은 시간을 명상하는 방법을 배우기 위해 애쓰면서 시간을 소비한 것은 정확한 명상을 하기를 원했기 때문입니다. 한번은 일상생활에서의 알아차림을 가르치는 지도자에게서 배운 적이 있는데, 우리의 기준을 낮추는 것을 가르치는 것이 그가 참가자들과 주로 하는 작업이라고 말했습니다. 그 충고를 신중하게 받아들이자 제 명상 수련이 좀 나아졌습니다. 그렇지만 수련 도중 두드러진 감각이 올라오면, 그것이 거기에 있음을 알아차리세요. 또한 그것이 진짜 몸의 감각인지 아닌지에 대한 논쟁으로 빠지지 마세요.

참가자 : 감각 중 하나에 상응하는 감각의 순간이 있는 것 같아요. 촉감처럼요. 박사님께서 우리에게 하라고 한 것들 대부분이 알아차림 같아요. 그리고 저는 호흡에 집중하는 동안 호흡과 관련된 소리를 없앨 수 없다는 것을 알았어요. 그것은 실제 소리는 아니었지만, 숨이 들어오고 나가는 것에 주위를 기울

이는 동안 소리의 속성을 느꼈어요. 그것이 박사님께서 말하는 알아차림의 감각 형태 중 하나인가요? 이와 관련이 있나요?

가령, 당신이 마음 열기 명상에 매우 능숙해져서 경험의 전체적인 흐름이 열리면, 동시에 일어나는 감각의 스펙트럼 전부에 주의를 기울이기 시작하게 됩니다. 평소의 개념적 수준과는 완전히 다른 경험적 수준에 관련된 모든 종류의 것이 드러납니다. 이를테면, 제가 위빠사나를 하고 있을 때 알아챈 것 중 하나는 다가오는 모든 소리가 제 몸 안의 어느 곳에 특정한 영향을 미친다는 사실입니다. 또한 각 소리는 몸 안의 특정한 위치에서 매우 특이한 감각을 만들어 냅니다. 그것을 관찰하기 시작했을 때는 무척 놀라웠지요. 그동안은 청각이 귀에서만 일어난다고 생각했으니까요.

여러분이 지식을 채우는 유익한 시간을 보내는 대신에 마음의 여유를 살짝 더 갖고 싶다면 점심시간이 끝나고 여러분이 할 수 있는 연습을 하나 해 보세요. 먼저 여러분 발에서 나는 소리를 들어 보세요. 청각이 귀에서 일어난다는 선입견을 버리고 발로 들어 보세요. 사람들이 말하는 것들, 들리는 여러 가지 소리 등을 발의 감각을 통해 느껴 보세요. 미친 소리 같다고요? 맞습니다, 여러분의 머리는 여전히 미친 소리라고 말할 것입니다. 자신은 그렇게 할 수 없다고 말이지요. 그러나 시도해 보십시오.

좋습니다. 점심시간을 위해서 여기서 마칩니다. 1시 15분에 다시 시작하겠습니다.

6 연결, 확장, 개념

Links, Expansions, Concepts

6
연결, 확장, 개념

Mind Science

점심시간 이후에는 바로 집중하기가 어렵습니다. 그래서 마음챙김을 우리 삶에 적용하는 방법에 대해서 이야기하기 전에 지금까지 배운 것에 대해 몇 분간 토론합시다. 늦게 들어오는 분들도 있으니 말입니다.

참가자: 점심을 먹고 나서 사람들과 이야기를 나누었는데, 어떤 사람들은 집중 명상 수련이 더 쉬우면서 좋았고, 또 어떤 사람들은 위빠사나가 그렇다고 합니다. 왜 이런 차이가 나는 겁니까?

명상을 배우기 시작했을 때 무엇이 이런 차이를 만드는지는 전혀 모르겠지만 그러한 일은 일어납니다. 지금 제가 볼 수 있는 기존의 심리학 책에는 그러한 내용이 없습니다. '집중 명상을 좋아하는 사람은 이러이러한 사람이다.' 라고 말하는 그러한 책 말입니다. 아마 고전적인 불교 서적에는 이런 부분에 대해 언급하고 있을 것입니다. 불교에는 명상뿐만 아니라 많은 학문적인 글들이 있지만 전 불교학자는 아닙니다. 자료와 관찰하는 과학적 단계의 수준에서 보면 사람들이 명상에 반응하는 방법에는 개인적인 변수가 많습니다. 제가 명상을 소개하는 데 모든 이들에게 도움이 되도록 일반적인 말로 하려고 했습니다만, 명상에 대한 서양의 지식 수준에서는 각각에게 맞고 진실한 것이 다른 사람에게는 전혀 진실한 것이 아니거나 별로 도움이 안 될 수도 있습니다.

저 같은 과학자는 명상 같은 이국적인 기법을 가르칠 때 어떻게 할까요? 제가 좀 더 구체적인 분야의 연구에 매진하지 않고 명상 기법을 가르친 이유는 현재 서양에서 명상을 아는 것은 사람들을 돕는 데 여러 방면으로 매우 유용하지만, 그 기본적인 원리를 우리 문화에서 이해될 수 있는 형식으로 만들 필요가 있기 때문입니다. 간혹 사람들은 고대의 기법에 대해 전해 듣습니다. 그것은 존경할 만한 가치가 있지만, 과연 오늘날에도 그 효과가 나타날까요? 당신이 13세기 페르시아인이라면 고대 페르시아 명상 기법은 대부분의 13세기 페르시아인들을 위한 것이지만, 그 단어는 더 이상 같은 암시를 하고 있지 않습니다. 20세기에 사는 우리에게 그 기법은 그때와 같은 효과를 내지 않기 때문입니다. 명상을 가르치면서 저는 그 효과에 대해 좀 더 배우며 실험하는 동시에 그것을 어떠한 형식으로 표현하는 것이 보다 유용하면서 교육적인 효과를 낼 수 있는지 살펴보고 있습니다.

따라서 일반적인 명상 기법의 효과에 대해 말씀 드릴까 합니다. 제가 변성 의식altered states of consciousness: ASCS을 설명하려 하고, 특별한 변성 의식을 일으키는 유발 기법induction techniques에 대해 이야기할 때 주로 강조하는 예가 있습니다(Tart, 1975). 유발 기법을 자세히 조사할 수는 있겠지만, 당신이 유발 기법의 맥락, 즉 유발 기법이 실행되는 개인적 혹은 사회적으로 기대되는 맥락을 모른다면 그것을 적용한 대가로 어떤 일이 발생할지는 전혀 모를 것입니다. 이것을 증명하기 위해서 저는 종종 사람들에게 세상에서 가장 강력하게 변성 의식을 유발하는 기법을 보여 줍니다. 자, 보세요. 분필 하나를 가지고 원을 그립니다. 계속해서 둥글게, 둥글게, 둥글게 원을 그립니다. 필요하다면 몇 시간 동안 계속해서 그리기도 합니다. 만약 당신이 에스키모 무당이라면 영혼과 말하는 경험을 할 수 있는 변성 의식 상태에 처해 있는 것이 가장 강력한 방법인 셈입니다. 그러한 기대조차 없다면 지루할 뿐이지요.

명상에서도 이와 같은 원리가 적용됩니다. 제가 기본적으로 두 가지 중요한 기법의 정수를 말씀 드렸지만, 이 기법들은 항상 맥락 안에서 사용됩니다. 명상이 어떤 상황에서 사용되는가는 그것들이 정확히 어떻게 사용되고, 어떠한 결과를 가져올지에 대해 큰 차이를 만듭니다. 우리가 불교 문화권에 속해 어려서부터 불교 안에서 자랐다면, 불교를 깨달음을 얻기 위해 고안된 것이나 해로운 갈망을 극복시키는 것으로 말하지 않을 것입니다. 그 모든 것은 암묵적으로 전해지고 이해되며 사용될 것입니다.

하지만 오늘날 우리는 지역적 문화local culture에 맞추려고 합니다. 의식의 과학적인 연구에 대한 학술대회에 오신 분들의 문화는 분별의 중요한 측면에서 볼 때 과학적인 문화입니다. 물론 저는 여기에 오신 여러분 대부분이 인간이기 때문에 영적인 추구자에 가까운 분들이라고 여기지만, 이 특별한 학술대회 동안은 과학자 역할을 하고 있습니다. 저 역시 우리의 문화에 적응되어 있기 때문에 의식과학을 발전시키려고 하는 제3차 투손 학술대회에서 명상은 많은 분별을 만듭니다. 그래서 제가 하는 발표 중에 여러분이 저에게 영향을 미치고, 제가 여러분에게 영향을 미치는, 보이지 않는 많은 가정이 있다고 생각합니다. 이를테면, 저에게는 여기에 온 사람들은 마음이 작동하는 방법에 대해 궁금해한다는 가정이 있습니다. 또 사람들은 삶의 질이 조금 더 향상되기를 원한다는 것과 여기 있는 분들은 다른 사람들로부터 뭔가를 배울 수 있다는 가정이 있습니다. 또 문명은 진보되었고, 우리는 옛날 사람들보다 더 많이 배울 수 있다는 가정이 있습니다. 그러한 가정들이 제가 말하는 것과 행하는 것의 영향력과 우리가 행하는 것을 여러분이 어떻게 듣고, 인식하고, 해석하는지에 대한 영향력 안에서 작동하는 지역적 문화의 측면이 있습니다.

참가자: 명상은 일반적으로 변성 의식의 구조에서 어느 위치에 있습니까? 만약 변성 의식 상태가 이만큼 높고 일상적인 의식이 이 정도로 낮다면 변성 의식 상태 중에 명상은 어디쯤인가요?

먼저 저는 반드시 변성 의식을 일상적인 의식보다 위인 이 높이에 놓지 않습니다. 저는 변성 의식에 대한 과학적 접근법에서 변성 의식이라는 용어를 단지 서술적이며 객관적인 용어로 조심스럽게 사용합니다(Tart, 1975). 변성 의식은 일반적으로 정신 기능의 근본적인 다른 양식을 묘사하는 것인데, 여기에는 많은 변성 의식이 있습니다. 일상적인 의식이나 다른 변성 의식과 비교해서 특정한 변성 의식이 어떠한 것보다 더 좋거나 더 나쁘거나 할 수도 있습니다. 그러나 제가 변성 의식을 설명할 때는 그 수준이 더 높다거나 더 낮다는 암시를 하지 않습니다. 그것은 상당히 다릅니다. 특정 변성 의식이 더 좋다거나 더 나쁘다는 것은 경험적으로 발견한 것이지 우선순위를 판단하는 것은 아닙니다.

때로는 명상 수련이 변성 의식을 만들 수도 있습니다. 특히, 그것을 기대했던 상황이라면 더욱 그렇습니다. 또는 여러분이 변성 의식 상황에 완전히 빠질 수 있고, 명상 훈련이 기본적으로 여러분의 일상적인 의식 상태를 정화하고 있다고도 말할 수 있습니다. 신들의 경배를 받은 선을 배우던 수행자의 예를 기억하십니까? 그것이 변성 의식의 경험인 것처럼 들리지만, 그의 스승은 그것을 주의산만이라고 여겼고 계속 호흡에 머물라고 했습니다.

일상적인 의식 상태에 대해 특징지어 본다면 우리는 한 시간 동안에도 무수히 많은 생각과 관련된 감정을 갖고, 주로 습관과 여러분 자신을 구성하는 성격이라는 초기 사회적 조건화에 지배받고 있습니다. 일상적인 의식에 진정한 자유란 거의 없습니다. 우리가 진정으로 자유롭다면, 누군가가 "저기 저 그림 좀 보세요. 그림의 세부적인 것들을 자세히 보세요. 그리고 한 시간 동안 그 외의것은 생각하지 마세요."라고 말했을 때 그렇게 할 수 있을 것입니다. 실제적이며 진정한 자유는 우리가 마음을 어떻게 사용할 것인지는 완벽하지 않아도 강력한 통제력을 가집니다. 그러나 우리는 그렇게 할 수가 없습니다. 우리의 마음은 주로 통제 불능이고, 마음속에는 통제되지 않는 생각과 감정의 패턴이 주로 조건화되어 있습니다. 자유는 거의 없습니다. 그리고 우리는 그것을 정상normal이라고 부릅니다.

만약 저의 주장을 정당화하기 위해 문화를 인격화하여 설명한다면, 문화는 우리가 얼마나 자유롭지 못한지를 아는 것을 원하지 않습니다. 왜냐하면, 조건화된 특정한 방법에서 볼 때 우리는 더 많은 것을 갈망하면서 구매할 것이고, 이론적으로 우리 모두를 더 행복하게 해 주는 국민총생산GNP이 증가할 것입니다. 보다 많은 국민총생산은 우리를 진정으로 행복하게 해 줄 것처럼 느껴집니다. 그래서 저는 변성 의식을 유발하기 위한 방법이 아닌 일상적인 의식을 정화하는 차원에서 명상과 조금 뒤에 할 마음챙김 훈련을 가르칩니다. 이것이 저의 전제이므로 여러분이 이 부분을 아셨으면 합니다.

제가 명상할 때 은총이 충만한 변성 의식에 빠지는 그런 사람이었다면 아마도 저는 명상을 변성 의식의 방법으로 생각했을 것입니다. 확실히 어떤 명상 지도자들은 그렇게 생각합니다. 하지만 저는 아닙니다. 제가 비록 변성 의식과 같은 실험적인 것에 관심이 있다 할지라도 저는 매우 형이하학적이고 실제적인 사람입니다.

그래서 제가 여러분에게 설명하는 명상과 마음챙김은 원하는 대상에 집중하는 것을 배우고 통찰하기 위해 여러분의 기본적인 경험을 훨씬 더 개방하는, 일상적인 의식의 정화에 기반을 둔 것입니다. 저는 통찰이라는 용어를 통해 우리가 진정 누구인지, 우리의 본성이 무엇인지에 대한 심도 있으면서도 심리학적인 맥락을 주로 사용합니다. 제 경험에 의하면, 그러한 개방성과 통찰을 얻는 것은 서서히 일상적인 의식의 진보적인 변형을 가져올 것입니다.

제가 가르치는 기본적인 위빠사나 명상은 몸의 감각의 흐름에 주의를 기울이는 것으로 낮게 평가해서는 안 됩니다. 고타마 싯다르타Gotama Siddhartha가 이 방법으로 깨달음을 얻어 붓다Buddha가 되었다고 들었습니다붓다는 사람의 이름이 아니라 높은 수준의 깨달음을 얻은 사람을 일컫는 전문 용어입니다. 그래서 그 수련은 꽤 좋은 유래가 있습니다. 그분은 몇 가지 다른 수련을 했습니다만, 위빠사나 명상이 충분히 높은 수준에 도달하였을 때 엄청난 변형을 이루는 것으로 여겨졌습니다.

때때로 저는 깨달음의 전문가가 아니라 깨닫지 못함의 전문가라고 주장합니다. 저는 스스로가 깨달음으로부터 무척 멀리 있다고 생각합니다. 그래서 위빠사나의 과정이 여러분을 어디까지 데리고 갈지 모릅니다. 그러나 제 경험상, 몸과 현재 진행 중인 실재를 더 명료한 주의와 함께 조율하는 것을 배우고, 실제적이고 즉각적인 경험과 추상, 이론, 현실에 대한 반응을 분별하는 것을 배움으로써 점차 중요한 변화가 일어날 것이라는 것을 압니다. 그렇게 되면 보통 여러분은 생각에 묶이지 않고 좀 더 지성적이고 예민한 통찰을 갖는 사람이 되며, 삶은 더 만족스러워집니다. 당신의 질문에 보다 직접적으로 대답하면 명상 수련은 특정한 변성 의식을 경험하기보다는 있는 그대로 의식의 모든 측면을 정화해 가고 훈련하는 것이 훨씬 더 중요합니다. 불교에서는 명상 수련으로 도달할 수 있는 변형의 상태에 대해 전문적으로 분류해 두었지만, 그것들은 대부분 저의 이해를 넘어섰기에 그것들에 대해서는 깊이 생각하지 않을 것입니다.

참가자: 명상을 하는 동안, 잔다거나 조는 것 혹은 꿈꾸는 것과 같은 꿈의 결과를 알고 계십니까? 저는 여기서 매우 생생한 경험을 했습니다.

무슨 뜻인지 자세히 이야기해 보세요. 꿈은 매우 광범위한 의미가 있습니다.

참가자: 우리가 여기서 명상 수련을 하고 있을 때, 제가 가끔 꿈에 빠지는 것을 알았습니다.

꿈을 꾸면서 그 경험의 내부 세계에서 무엇인가를 보거나 하고 있었다는 의미인가요? 이야기의 전개가 있었습니까?

참가자: 예.

그것이 악몽처럼 생생했나요?

참가자: 예.

당신은 아마도 꿈과 같은 활동을 진행하는 최면 상태에 빠졌을지도 모릅니다. 그것은 꽤 일반적입니다. 전통적으로 말하면, 그것은 정확히 명상 수련을 하는 동안 일어나는 또 다른 망상입니다.

저는 언제나 망상의 속도에 놀랍니다. 수년간의 명상 수련 후에야 저는 가끔 그것도 잠깐 동안 진정한 명료함을 얻었고 현재에 존재할 수 있었습니다. 제가 변성 의식과 같은 상태에 있을 때 그것이 바로 존재하고 있음을 선명하게 느끼는 방법이었습니다.

저는 지금 최소한 부분적으로라도 깨어 있습니다. 그리고 이 명료함과 현존과 깨어 있음은 삶을 사는 데 있어 훨씬 더 만족스럽고 의식적입니다. 그리고 심리학적 시간으로 여겨지는 일 초의 몇 분의 일 정도, 눈 깜짝할 사이에 완전히 다른 존재의 영역에 있었음에 매우 놀랐습니다. 이들 다른 세상 중 하나는 저의 염려와 계획, 바람, 두려움, 추측과 이론이 함께 있는 통상 의식이라고 불리는 것입니다. 저는 또 다른 세상인 최면 상태로 빨려 들어갔습니다. 그것의 광경과 소리, 행동, 이야기가 있는 세상 전체가 존재하게 됩니다. 쾅! 이렇게 말이지요.

이러한 종류의 이동은 많은 사람들에게 항상 일어납니다. 당신의 말에 의하면, 당신은 아마도 최면 상태에 빠졌다가 나온 것일 겁니다. 사람들로부터 많은 종류의 망상에 대해 들어도, 그것들로부터 자신을 너무 몰아세우지 마세요. 그러한 일들은 있을 수 있습니다. 그러나 그 일이 일어났다고 깨달았을 때, 호흡이 대상이었다면 부드럽게 호흡으로 돌아오세요. 만약 몸의 감각의 흐름을 따라가려 한다면 부드럽게 몸의 감각의 흐름으로 돌아오세요. 가장 두드러진 몸의 감각을 지켜보려 한다면 부드럽게 가장 두드러진 몸의 감각으로 돌아오세요.

티베트에는 망상과 같은 낯선 경험들에 대처하는 훌륭한 방식이 있습니다. 그들은 "명상 수련이 잠시 당신을 이상한 경험(티베트에서는 냠nyams, 선에서는 마장makyo으로 불림)으로 이끌더라도 괜찮다. 그러면 바로 명상 수련으로 돌아오라."라고 말합니다. 경험은 경험일 뿐입니다. 그것에 끌려가지도 중요하게 생각하지도 마세요. 그것 역시 다른 모든 것들처럼 변합니다. 그것은 영원하지 않습니다.

마지막으로 개념적인 설명입니다. 어떤 분이 쉬는 시간에 저에게 질문한 것입니다. 그분은 제게 "이러한 수련을 전후 상황 없이 가르치는 것은 위험한 것 아닙니까? 훈련하기 전에 당신이 절이나 수도원에 들어가야 하는 것 아닙니까?"라고 하셨습니다.

명상은 어떠한 면에서는 위험한 것입니다. 여러분이 정신이 불안정한 환자에게 명상을 가르친다면, 상황이 나빠질 수도 있습니다. 그러나 저는 지금-여기에 있는 그 누구도 그러한 상태가 아닌, 정상적이라고 가정하고 있습니다. 여러분은 모두 편안하게 돌아다닐 수 있고, 저는 여러분 모두가 이것을 좋아하고 그 결과가 좋다면 이 기법을 시도할 정도로 지성적이라고 생각하고 있습니다. 만약 이 기법들이 혼란을 발생시킨다면, 여러분은 여기서 수련을 멈추고 이미 존재하는 심리적인 문제가 명상 때문에 더 악화되었는지 알아보거나, 자격을 갖춘 명상 스승에게 혼란 없이 성장하도록 수련하는 방법에 대해 도움을 받을 수 있습니다.

그러나 명상을 가르치는 것이 위험한 것인지 아닌지에 대한 질문에 대해 좀 더 깊이 생각해 보면, 그 문제를 분리시켜 우리가 현대의 삶의 상황에서 생각했을 때 명상을 수련하는 것이 위험한 것인가 하는 질문은 적절한 질문이 아닙니다. 삶 자체가 이미 위험하지요! 우리는 항상 이렇게 문제를 분리해서 봅니다. 이 약은 위험한가요? 이 절차는 위험한가요? 최면은 위험한가요? 우리가 일반적으로 안전하고 이 안전한 삶에 뭔가를 더한다고 생각한다면, 그것은 위험할지도 모릅니다. 그러나 우리는 기본적으로 전혀 안전하지 않습니다. 정상적인 삶에서도 스스로 선택한 명백한 자살이든지, 아니면 다른 사람들 때문에 스스로를 죽음으로 몰고 가든지 간에 자살이 많이 일어납니다. 우리는 정말 잔인하지요. 세상이 슬픈 상태에 있다는 것은 두말할 필요도 없습니다. 우리는 시작부터가 정말 나쁜 상태에 있습니다.

이와 관련된 질문으로 "오늘날 세상 사람들의 주어진 상황에 비추어 볼 때, 명상 수련을 시작하면 상대적으로 이득이 되는 점과 해로운 점은 무엇이며, 얻는 것과 잃는 것은 무엇입니까?"라고 물을 수 있습니다. 어떤 정신질환자에게는 증상이 악화되는 등 해로운 점이 이로운 점보다 클지도 모릅니다. 그러나 저 같은 사람들에게는 명상이나 마음챙김 수련을 시작하지 않고, 지금 이대로 살아가는 것이 오히려 더 위험할지도 모릅니다. 우리는 수많은 이익과 손해의 가능성을 예측하는 믿을 만한 방법을 갖기를 바라지만, 가지고 있지 않습니다. 우리는 이 부분에 대해 충분히 아는 바가 없습니다.

7 일상생활에서의 자기관찰과 자기기억

Self-Observation & Self-Remembering in Everyday Life

7
일상생활에서의 자기관찰과 자기기억

Mind Science

여러분이 오늘 아침에 제시한 두 가지 명상 기법을 숙련된 명상 스승의 지도를 받으면서 규칙적으로 수련한다면, 여러분의 삶에서 몇 가지 중대한 변화가 생길 것입니다. 전통적으로는 통찰 명상을 하지 않고 집중 명상만을 오랫동안 수련하기도 합니다. 그러려면 꽤 오랫동안 대상에 마음을 집중시킬 수 있는 수준인 근접 삼매access concentration라고 불리는 능숙한 단계에 도달할 때까지 집중 명상을 해야 합니다. 그러나 요즘에는 주로 두 가지 명상을 함께 배웁니다. 정확히 표현하자면 위빠사나 명상은 집중을 포함하고 있습니다. 이미 진행되고 있는 감각의 특정 범위에 지속적으로 마음을 집중시켜 무엇이 진행되는지를 지켜보아야 합니다. 이 두 가지를 수련하면 몸이 편안하게 이완되고 마음은 평소보다 훨씬 고요해지면서 그날의 스트레스를 상당 부분 풀 수 있도록 15~20분 정도 앉아 있게 되는 규칙적인 일과를 쉽게 개발할 수 있습니다. 쉽다는 의미는 대부분의 사람이 몇 달 안에, 어떤 사람들은 곧바로 그러한 일과를 개발한다는 것을 의미합니다.

이러한 변화는 마음 열기 명상, 위빠사나 명상 기법 중 하나인 몸의 감각에 주의를 기울일 때, 그전의 무의식적인 긴장이 쉽게 의식적인 알아차림으로 다가오기 때문에 일어납니다. 수련 지침에서는 긴장이 감각으로 다가올 때, 그것을 거부하거나 싸우지 말고 그것에 다가가서 마음을 열고 주의를 기울이면서 있는 그대로 느끼라고 합니다. 이렇게 하면, 대부분의 긴장은 자동으로 이완되기도 합니다. 그것은 마치 여러분이 매우 강하게 어깨를 올린 채 걸어 다니는 것을 알았을 때 그러한 식으로 걷는 것은 매우 어리석다는 것을 알고, 당연히 어깨에 힘을 풀려고 하는 것과 마찬가지입니다. 만약 여러분이 몸과 조금도 접촉하지 않는다면, 종일 그러한 긴장을 만들고 유지하고 있을 것입니다. 그러면 천천히 긴장이 쌓이게 되고 그것은 결국 건강을 해치게 됩니다. 그래서 위빠사나 명상이나 집중 명상 혹은 두 명상의 조합이 하루에 몇 분씩 한두 번 행해질 수 있는 일과가 반복되면 여러분은 몸과 마음을 이완시키고 더 나아가 통찰을 얻게 됩니다.

저는 통찰이란 단어의 사용에 신중합니다. 왜냐하면, 그것이 심리적인 맥락으로 이해되기를 원치 않기 때문입니다. 여러분이 무엇을 하고 있는지, 어떤 사람인지, 여러분의 습관적 패턴이 어떻게 작용하는지 등에 대해 더 정확하게 인식한다면, 단순히 그러한 통찰이 여러분을 변화시킬 수도 있습니다. 여러분이 어리석은 것들을 해 왔다는 사실을 깨닫기만 해도 그걸로 충분합니다. 하지만 어떤 경우에는 여러분이 전혀 좋아하지 않는 것들을 명료하게 인식하고, 거기에 매달려야 합니다.

제가 일상생활에서 마음챙김 수련을 시작했을 때, 고속도로에서 제 뒤에 바짝 붙어서 운전하는 사람을 향한 저의 태도를 알아차리게 되었습니다. 제 생명을 위협하는 그 망할 녀석을 죽이고 싶었고, 그러한 사람들은 죽어도 된다고 여겼습니다. 저는 이 강렬한 감정에 놀랐습니다. 저는 스스로를 부드럽고 예의 바른 좋은 교수라고 여겼지만, 그러한 사람들이 어리석은 행동으로 저를 위협한 것을 그만두게 할 만큼의 마땅한 벌을 받기를 원했습니다.

저는 앞으로 이야기할 일상생활 속에서 중요한 마음챙김 수련을 시작했고, 제가 매달리는 것을 아주 명확하고 충분히 바라보는 것에 몰두했습니다. 나를^{me} 평가하기 좋아하는 제 마음의 일부분은 누군가를 죽이고자 하는 강한 열망을 보고 싶어 하지 않았으나 그 열망이 몇 번 떠오르는 것을 알고서 그것을 계속 지켜보았으며, 통찰을 얻었고, 그것은 곧 사라져 버렸습니다.

그러나 저는 거의 매일 떠오르는 그 죽이고 싶은 열망을 3년간 바라보았습니다. 물론 현실에서 제 생명은 안전거리를 적당히 유지하지 않는 어리석은 사람들에 의해 여전히 위협받고 있고, 저는 이 현실이 그 감정을 여전히 강하게 만든다고 여기지만, 그들의 행동에 대해 제가 할 수 있는 것은 전혀 없었습니다. 누군가가 제 곁에 바짝 붙어서 운전할 때, 제동장치를 급히 밟는 것도 위험하기는 마찬가지였고 그것이 상대방 운전자에게 운전을 잘하도록 교훈을 주는 것 같지도 않았습니다. 저는 통찰과 마음챙김을 통해서 제 마음을 비로소 통제할 수 있었습니다. 이 반응은 명료함과 평정을 가지고 반복적으로 관찰한 끝에 사라졌습니다. 그러나 저는 여전히 현실에서 이러한 운전자들을 좋아하지 않습니다.

저는 오늘 단순하게 토론하고 수련했습니다만, 이 명상적 기법을 여러분의 삶으로 얼마나 가지고 갈 것인지, 얼마나 스스로 수련하기를 원하는지 혹은 여러분이 사는 지역에서 수련을 도와줄 명상 지도자로부터 전문적인 조언을 받으면서 향상시킬 것인지에 대한 선택은 여러분에게 달렸습니다. 그러나 이러한 수련들은 여러분의 삶에서 중요한 차이를 만들 가능성이 있을 뿐만 아니라 의식과학을 위한 기술을 제공합니다.

동양의 영적 전통이 환영illusion, 마야maya, 삼사라samsara에 산다고 말할 때, 환영 속에 산다는 것은 소위 일상적인 기준에서 정상normal을 말합니다. 슬프게도 제게 그것은 틀린 말이 아닙니다. 우스운 것은 '환영 속에 산다.'는 그 발상이 서양인들에게는 매우 낯설게 들린다는 것입니다. 우리에게는 이러한 개념이 없습니다. 여러분이 심리학과 정신의학을 살펴보면, 동양에서 말하듯이 우리가 생각했던 것보다 실제로 환영 속에서 사는 기계적인 삶에 대해 훨씬 더 많이 알고 있다는 것을 발견할 것입니다. 우리는 여러분이 자신의 현실에 대한 인식을 왜곡시킬 수 있는 수많은 방법을 알고 있고, 모든 종류의 광적인 방어기제와 인식과 판단의 왜곡, 신경증 등을 가지고 있다는 것을 알고 있습니다. 우리는 우리 자신이 얼마나 환영 속에서 사는지 알지 못합니다. 왜냐하면, 우리는 자신을 정상으로 여기기 때문에, 그 지식을 자신에게 적용하지 않는 것입니다.

이제, 명상적인 주의 집중을 일상생활로 가져오는 것에 대해서 이야기하겠습니다. 저는 여기에 있는 여러분 중 누구도 현재의 삶으로부터 떨어져 하루에 8시간 이상씩 방석에 앉아 그저 명상만 하기를 원하지는 않습니다. 우리 대부분은 일상적인 삶을 계속하기를 원합니다. 일상의 삶은 무거운 짐일 수도 있지만, 삶은 즐거움과 도전이 많을 수 있습니다. 그러나 여러분이 여러분의 감정의 버튼을 누르는 동료와 이야기를 나누고 있다고 할 때, 여러분은 점점 내부의 생각과 감정의 고리에 빠져들게 됩니다. 그러면 여러분은 그 무례함을 상상하면서 속이 부글부글 끓게 되고 다시는 동료가 말하는 것이 들리지 않게 됩니다. 여러분의 인식이 왜곡되고 동료의 말 속에서 감정을 악화시키는 것들을 찾으려고 하면서 듣게 되고, 그럼으로써 내부의 올가미에 사로잡혀 상황이 더 악화될 수 있습니다. 동료는 상처를 입히려는 의도가 없었겠지만, 여러분이 위협으로 인식해 왜곡이 있을 수도 있습니다.

일상적인 삶에서는 이러한 경우가 훨씬 더 많지요. 여러분이 그때 이 마음챙김 같은 것을 한다면 좋지 않을까요? 여러분이 짜증내며 불평하는 대신에 동료의 목소리를 실제로 듣는다면 심리적인 방어기제가 바뀌지 않을까요? 계속해서 일어나는 이러한 반응들이 쌓여서 단어의 원래 의미를 퇴색시키기 전에 동료가 말하는 정확한 단어를 들어 보세요. 우리가 감정과 계속 일어나는 반응에 빠지지 않고 현실에 접촉하고 있다면 보다 적응적이고 지성적이며 자애롭게 행동하고 반응할 기회가 있지 않을까요?

오늘 오후 저는 이러한 기법에 초점을 맞추려고 합니다. 이 기법은 때로는 자기관찰self-observation, 때로는 자기기억self-remembering으로 불리며그것들은 차이점이 있지만, 오늘 우리에게는 별로 중요하지 않습니다, 일상에서 마음챙김을 훨씬 더 크게 계발하고 수련하는 기법입니다.

저는 이것을 기본적으로 영성 계발의 동양적 아이디어를 현대 서양인들에게 효과적이며 이해할 수 있는 형식으로 수정한 초기의 선구자 중의 한 사람인 구르지에프Gurdjieff의 가르침을 통해 배웠습니다. 그는 '이것은 1,600년 전 아프가니스탄에서 수피들이 수련한 성스럽고 귀중한 것입니다. 똑같은 방식으로 수련하기 바랍니다.' 라고 하지 않고, 현대 서양인들이 할 수 있는 방식으로 가르쳤습니다. 저는 구르지에프의 방법과 아이디어를 현대적인 심리학과 연결해 여러 방식으로 수정하였습니다. 어떤 사람들은 이 논제를 다룰 때 저에게 너무 많은 권위를 부여하는 실수를 저지르는 경우가 있는데, 저는 조직화된 구르지에프 전통이나 지도자들을 대표하거나 공식적인 회원도 아니라는 것을 아셨으면 합니다. 저는 확실히 이러한 공식적인 전통에 의해 가르쳐도 괜찮다고 인증된 사람이 아니므로, 제가 하는 것에 대한 모든 부작용은 다 저의 책임입니다. 실제로 그 전통에 있는 선생님 중 한 분이 저에게 가르쳐도 좋다고 하셨지만, 그것을 공식적이라고 해야 할지는 정치적인 논란이 있을 수 있어, 사실 저는 비공식적으로 가르치고 싶습니다. 구르지에프는 환영, 삼사라 혹은 마야 속에 사는 것의 개념에 대한 자신만의 의견을 가지고 있었습니다. 그는 그것을 간단하지만 다양한 방식으로 표현했습니다. 예를 들면, 여러분이 사람들을 이해하고자 한다면 심리학을 공부해 봤자 헛수고라고 그는 말했습니다. 심리학은 진짜 사람들real people을 위한 것입니다. 평범한 사람들ordinary people을 연구하기 위해서는 기계학을 공부하라고 했습니다. 그는 친구들을 설득하거나 사람들에게 영향력을 끼치려 하지 않았습니다. 그의 기본적인 방식은 계속 반복하여 "사람들은 잠들어 있다."라고 말하는 것뿐이었습니다. 좀 더 기법적으로 이야기하면, 우리의 일반적인 의식 상태가 마치 꿈과 같다는 것은 우리가 실제로 진행되고 있는 것을 병리학적으로 왜곡되게 인식해 우리를 둘러싼 세상과 본성에 대한 인식의 측면에서 볼 때 그것은 마치 꿈과 같다는 것을 의미합니다.

일반적인 의식, 즉 정상 의식과 비교해 보면, 꿈은 꽤 유용합니다. 여러분이 꿈속에 있을 때는 마치 그것이 진짜처럼 여겨집니다. 그러나 아무리 생생하게 꿈을 꾸었어도 꿈에서 깬 지금은 그 생생한 꿈을 잊어버릴 것입니다. 일반적인 꿈에서 여러분은 꿈이 진행되는 동안 무엇인가가 진짜처럼 일어난다고 여깁니다. 하지만 꿈에서 겪는 모든 어려움, 긴장, 불쾌한 감정과 스트레스는 깨기만 하면 사라집니다. 이 끔찍한 꿈 문제를 이제는 풀 필요가 없습니다. 왜냐하면, 그것은 단지 환상 속의 문제이기 때문입니다.

구르지에프는 인간의 존재는 일상적인 의식의 잠에서 깨어 있는 또 다른 깨어 있음이 가능하다고 말했습니다. 그는 일반적인 의식을 깬 상태 혹은 의식 상태라고 부르는 것이 잔인한 농담이라고 생각했지만, 일상적인 의식인 깨어 있는 상태로부터 우리는 정말로 깨어 있는 상태로 들어갈 수 있습니다. 이 진정으로 깨어 있는 상태의 의식은, 일상적인 의식이 명백하게 꿈 같고, 왜곡되어 있고, 불안정하고, 정신없이 많은 문제 속으로 들어가 쓸데없이 고통당하는 곳으로 끌려가는 상태로 보일 수 있습니다.

구르지예프는 일상적이고 악몽 같은 꿈이 좋은 점은 일단 깨기만 하면 그것이 사라져 버리는 것임을 알았습니다. 여러분이 저축한 돈을 모두 탕진할 만큼의 액수가 적힌 수표에 서명한 악몽을 꾼다 해도, 일단 깨고 나면 아무런 문제가 되지 않습니다. 문제는 안타깝게도 우리가 보통 깨어 있는 의식 상태에 있고, 우리가 수표에 서명하면 은행이 현금으로 바꿔 준다는 것입니다. 그렇게 우리는 삼사라, 마야, 깨어 있는 잠, 보통의 왜곡된 상태로 행동하며 살고 있습니다.

우리가 의식과학을 개발하기 위한 과학적인 학술대회에 참석하고 있다는 점과 매우 관련 깊게, 구르지예프 역시 제가 본질적으로 과학적이라고 여기는 태도를 보여 주었습니다. 이는 실제 붓다의 태도와 유사한 것입니다. 두 분 모두 "나의 가르침이라고 해서 그냥 믿지 마라. 특히, 내가 죽고 없을 때 일종의 권위가 된 가르침을 그냥 받아들이지 마라. 권위가 있다고, 다른 사람들이 믿는다고 해서, 존경받는 것이라고 해서, 내가 가르친 것을 받아들이지 마라. 배운 것은 충분한 열정으로 시험해 보라. 그것이 효과가 있으면 계속 사용하라. 실제 세상에서 효과가 없다면 그 어느 것 하나도 믿지 마라."라고 말했습니다.

나는 구르지예프와 붓다의 태도를 좋아합니다. 물론 여러분은 많은 사람들에게 붓다와 관련해서 무슨 일이 일어났는지 알고 있을 것입니다. 실제로 누군가의 가르침을 수련하는 과정보다 누군가를 신격화하고 경배하며 그들이 여러분을 구원할 것이라고 믿는 것이 오히려 더 쉽습니다. 우리가 불교도라고 부르는 사람 중 소수는 스스로 불교를 확인하기 위해 실제로 명상 등의 수련을 하고, 또 소수의 어떤 사람들은 구르지예프가 가르친 것을 실제로 실행합니다.

구르지예프는 사람들에게 그들이 사는 일상적인 상태의 본성을 깨달아야 한다고 말했습니다. 이것을 위한 기본적인 기법이 자기관찰이었습니다. 하지만 일상적인 의식이 꿈이고 왜곡되어 있다는 그의 말을 수용하기에는 충분하지 않습니다. 여러분이 스스로 이것을 증명해야 합니다. 그러기 위해서는 더 이상 지적인 분석에 몰두하지 마세요. 우리는 이미 그것에 익숙해져 있습니다. 이 워크숍을 시작할 때 여러분 모두가 세계적인 수준의 지성인들이라고 말한 것을 기억해 보세요. 진정으로 일상적인 의식의 본성을 이해하기 위해서는 있는 그대로의 일상의 자리로 돌아가야 합니다.

오늘 아침 본질적인 과학에 대해 말씀 드렸습니다. 구르지예프의 아이디어에 대한 저의 견해는 그것이 심리학적인 성장 수준에 적용된 본질적인 과학이라는 것입니다. 여러분이 효과적인 방식으로 자신을 변화시키기 전에 실제로 여러분이 어떠한지에 대한 자료를 모아야 합니다. 또한 여러분이 어떤 사람인지 무수히 관찰해야 합니다. 이것이 보통 의미하는 것은 모든 가능한 상황에서 자신을 관찰하고, 과학자들이 그래야 하듯이 정확하고 자세하게 편견 없이 자신을 관찰하는 습관을 들이려는 노력을 수년간 해야 한다는 뜻입니다. 따라서 우리는 관찰하는 기능과 관찰자를 계발해야 합니다.

우리 대부분은 이미 형성된 한 종류의 관찰자를 가지고 있습니다. 어떤 사람들은 좀 부족해 보이지만 대체로 프로이트Freud가 초자아superego라고 부르는 것을 가지고 있습니다. 초자아는 모든 규칙을 알고 있고, 우리가 나쁜 일을 할 때 판단할 준비가 된 우리 자신의 일부분입니다. 하지만 그것은 진실에 대해 호기심을 가지고 알고 싶어 하는, 편견 없이 객관적이며 과학적인 관찰자는 아닙니다. 그것은 올바른 방식으로 관계를 맺기 위한 관찰자이며, 우리가 허락받지 않은 것을 했을 때 기분을 나쁘게 하고, 죄책감을 느끼게 하는 능력을 갖춘 정신적인 습관이 자동으로 불러오는 판사, 배심원, 감시원, 집행인과 같은 관찰자입니다. 구르지예프는 초자아를 전혀 언급하지 않았습니다. 초자아는 잠든 사람들의 행동을 통제하기 위한 유용한 사회적 기제입니다. 그러나 여러분이 진정으로 깨어나기를 원한다면 초자아는 별로 유용하지 않습니다. 여러분은 훨씬 더 과학적인 관찰자를 계발해야 합니다. 진정 내가 누구인지, 무엇을 하고 있는지에 대해 궁금해하는 마음의 일부분을 계발해야 합니다. 그리고 당신의 생각과 감정과 행동을 가능한 한 명료하고 객관적으로 관찰하기 위해 노력해야 합니다.

구르지예프는 종종 정신적인 사진을 찍는 능력을 계발해서 삶의 모든 상황에서 여러분이 어떤 사람인지에 대한 사진들을 모아두는 커다란 앨범을 만드는 것의 비유를 사용하였습니다. 이것은 사진이 거짓말을 하지 않을 때의 이야기입니다. 이 비유는 디지털로 사진을 수정할 수 있게 되기 전의 이야기라서 요즘 상황에서는 달라질 필요가 있습니다. 하지만 구르지예프의 접근법은 기본적으로 과학적인 태도입니다. 여러분이 가게에서 점원과 이야기를 나눌 때나 화장실에 앉아 있을 때나 가르칠 때나 연구실에 있을 때 실제로 사람입니까? 여러분이 진정 어떤 사람인지 알기 위해서, 수많은 사진들을 모으고 가능한 한 객관적으로 그것을 연구하기 위해 개발하고 완전하게 실행한다면, 이것은 당신을 효과적으로 성장하도록 하는 데 기초가 됩니다.

공정한 목격자라고 불리기도 하는 중립적인 관찰자를 만들어 가는 태도는 여러분 안에 중요한 변화를 가져오기 시작하는 본질적이면서도 중요한 정신적 훈련입니다. 구르지예프는 그것을 훨씬 수동적인 자료 수집 과정으로 표현했고 그와 동시에 자기관찰 수련을 하는 처음 몇 년 동안은 스스로를 변화시키는 노력을 하지 않도록 권고했습니다. 만약 자신을 진정으로 이해하기 전에 스스로를 변화시키려고 노력한다면 문제가 발생할지도 모릅니다. 예를 들면, 내가 렌치와 나사를 돌리는 스크루드라이버를 가지고 있는데 누군가가 차를 고쳐야 한다면, 나는 엔진이 어떻게 작동하는지 잘 모르면서 어떤 것을 풀거나 조이고 이상해 보이는 부분을 빼낼 수도 있습니다. 제가 여러분의 차에 그렇게 하는 것을 원하지는 않을 것입니다.

구르지예프는 자신을 변화시키려는 시도들이 전부는 아닐지라도 대부분 별로 효과가 없다고 생각했습니다. 그것들은 자신의 정신적인 기제가 어떻게 작동하는지에 대한 정확한 이해 없이 이루어지기 때문입니다. 그래서 여러분은 모든 정신적인 사진들로부터 이해를 축적해야 합니다. 우선 이런 방법으로 보고 관찰하도록 주의력을 통제해야 합니다. 그렇게 관찰하는 방법은 이상적으로 보는 것을 인정하거나 부인하지 않고, 간섭하지 않으며, 단지 사실적인 자료를 모으는 데 치중합니다. 우리가 이러저러해야 한다고 배웠던 것들을 가지고 그것을 판단하는 것과 혼동하지 않으면서 있는 그대로를 더욱 명료하게 인식하는 것입니다.

위빠사나 명상하고 많이 비슷한 것 같지요? 위빠사나 명상 역시 마음의 한 부분을 가지고 매 순간 무엇이 일어나는지 더욱 명료하게 인식하려고 하는 수단으로 설명됩니다. 전통적인 위빠사나 접근법과 구르지예프 접근법의 가장 크고 분명한 차이는 위빠사나는 명상 시 주로 조용한 방에서 방석 위에 앉아서 실행한다는 것입니다. 그렇게 하는 것이 기법적으로 도움이 되기 때문입니다. 외부의 산만함을 줄였을 때 여러분은 자신의 몸과 마음에 대해 좀 더 쉽게 알아차리고 그러한 방식을 통해 중요한 것들을 배우기가 더 쉽습니다. 구르지예프는 특별한 영적 수련을 하는 것이 기법적으로 정말 유용한 전략일지 모르지만, 모든 문제를 일으키는 곳은 일상생활이기 때문에 그렇게 하는 것은 제한된 가치를 지닌다고 생각했습니다. 따라서 여러분은 일상생활 가운데서 진정 어떤 사람인지 주의 깊게 보는 것이 필요합니다. 행동이 일어나는 그곳에서 말이지요.

가령, 여러 명이 풍경이 아름다운 곳으로 가서 행복한 얼굴을 하고 나무와 꽃을 감상한다면, 평화로워지거나 마음의 힘을 얻거나 자애로워지는 것은 꽤 쉽습니다. 우리는 유쾌한 환경에서는 늘 좋은 느낌을 받으니까요. 고속도로에서 그 망할 녀석이 여러분의 차 바로 뒤에 바짝 붙어 운전할 때와는 다르지요. 그래서 구르지예프는 일상에서 깨어 있기, 즉 마음챙김을 계발하는 것이 절대적으로 필요하다고 강조하였습니다.

자기관찰은 여러분의 삶의 모든 면에서 스스로 수련하는 기법이지만, 거기에는 사회적 지원과 강화 그리고 특별히 서로 돕는 모임들이 있습니다. 참가자들은 정기적인 모임을 통해 그들의 삶에서 마음챙김을 수련한 결과에 대해 이야기합니다. 그리고 그들은 그 노력에 대해 상당 부분 사회적 지지를 받고, 선생님이나 경험이 있는 참가자들에게 기법적인 조언도 듣습니다. 이것은 무척이나 도움이 됩니다. 그러나 주변에 이처럼 수련에 관심이 있는 사람들도 없고 사회적 지지도 없이 마음챙김을 수련하는 것은 매우 어렵습니다. 있는 그대로의 진실, 그 자체를 관찰하는 마음챙김은 정확히 말하면 우리 문화에서는 중요한 사회적 목표는 아닙니다.

사람들은 구르지예프의 자기관찰을 하면서 스스로에 대해 많이 배웁니다. 자기관찰을 하는 기법은 간단히 설명하면 이렇습니다. 사람들은 자신이 좋아하지 않는 면을 발견하면 당황할 수 있는데 이런 부분들을 통해서 자신에 대해 배우는 것입니다. 우리 모두 그러한 것들을 가지고 있습니다. 또한 사람들은 사회로부터 억압받고 있지만 숨겨진 자신의 이면을 발견하고 자신의 굉장한 부분들을 알게 될 것입니다. 이를테면, '나는 억센 사람이야. 나는 겁쟁

이처럼 사람들에게 굽실거리지 않아. 그러나 내가 실제로는 상처받은 사람들에게는 꽤 부드럽다는 것을 알아.' 와 같이 말입니다. 거기에는 반드시 부정적인 것만 있는 것은 아닙니다. 스스로에 대해 관찰할 것들이 매우 다양하고 많습니다. 사회적 시스템의 억압은 우리 스스로를 부정적인 것들뿐만 아니라 긍정적인 것들까지 억압하게 했습니다.

그래서 이것은 마음챙김의 시작점이고 기초가 될 뿐만 아니라 실제적인 마음챙김 수련인, 자기관찰입니다. 좀 더 지적인 작업으로 변해 버릴 위험이 있지만, 원한다면 여러분의 관찰을 노트에 기록할 수도 있습니다. 그러나 중요한 것은 여러분의 마음속에서 보다 명료하고 정확한 그림을 그려 내야 한다는 것입니다. 그래야 여러분 자신이 실제로 어떻게 행동하고 느끼는지, 행동과 내부 반응 등의 형태에 대해 좀 더 명료하고 명확한 이해를 얻게 될 것입니다.

다시 한번 강조하지만 여기서 중요한 것은 자기관찰이 그저 지적인 분석이 아니라는 것입니다. 또 밤 9시에 무릎 꿇고 앉아서 '나는 오늘 채소 가게에서 계산할 때 조금 긴장했습니다. 그것이 무엇이었는지 해답을 찾게 해 주소서.' 와 같이 밤에 하는 성찰도 아닙니다. 만약 여기에 프로이트 기법이나 아들러^Adler^ 기법, 사회 역동 그룹 이론을 조금씩 섞는다면, '내가 왜 그렇게 느꼈을까?' 혹은 '내가 왜 그렇게 말했던 것일까?' 에 대한 그럴싸한 이론이 나올 수도 있습니다. 그러나 이것이 자기관찰은 아닙니다. 마음챙김 수련에는 이론이 끼어들 공간이 조금 있습니다. 그러나 그것의 본질은 당신이 가게에서 계산하려고 줄을 설 때 약간의 긴장을 느꼈던 그 순간에 배우는 것입니다. 그때 여러분이 정확히 어떻게 긴장을 느꼈는지 강화된 관찰에 의해 배우는 것입니다. 정확히 그 순간에 몸을 어떻게 움직였는가? 정확히 그 순간에 뭐라고 말했는가? 뭔가를 말하던 그 순간에 여러분의 말투는 정확히 어떠했는가? 이런 것들은 지금-여기, 그 순간에, 그 자리에서 좀 더 정확히 자신을 알아차리기 위한 관찰 방법입니다.

바로 그때 현재에 있으려 하고, 경험하는 현재의 순간에 충분히 깨어 있으려는 것은 다양한 영적인 전통에서 깨달음에 도달하는 궁극적인 본질은 아니어도 여러 본질 중의 하나로 여겨집니다.

우리가 환영 속에 산다고 말하는 많은 영적 전통에서 공통으로 이해하는 것을 강조하겠습니다. 특히, 우리가 지금-여기에 살고 있지 않고, 그때 그곳에 살고 있다는 것에 대해 말씀 드리겠습니다. 우리는 어제에 살고 있고, 내일에 살고 있습니다. 우리는 추상 속에 살고 있고 결과적으로 실제로 무엇이 진행되고 있는지에 주파수를 잘 맞출 수가 없습니다.

그것을 너무 어렵게 여기지는 마세요. 우리는 오늘 여기로 오는 길에 길을 건널 때 차에 치이지 않았을 정도로는 잘 조율되어 있습니다. 또한 우리는 기본적인 육체적인 현실에서 살아남기 위해 필요한 정도로 최소한의 접촉은 하고 있습니다. 그 최소한을 넘어선 더욱 정교한 것들이 많이 있습니다. 특히, 사람들과의 상호작용 면에서 주파수가 약간 벗어나 있음으로써 중요한 것들에 대한 인식을 놓치고 왜곡하고 있습니다. 그래서 여러분은 적절하지 못한 부적응적인 방식으로 행동하고 여러분의 착오와 행동에서 결론을 얻습니다.

그래서 우리는 자기관찰, 자기기억을 위해 전념해야 합니다. 우리가 이 순간에 인식하고 느끼는 것은 무엇입니까? 이 순간 정확히 무엇을 하고 있습니까? 열린 태도와 본질적인 과학적 호기심은 여러분의 정신적인 유형의 두드러진 부분이 되고 현실에서의 삶, 그 순간의 삶을 향해 나아가기 시작합니다. 길게 보면, 이것이 여러분의 삶을 변화시킵니다.

여러분이 의도적으로 뭔가를 바꾸려고 애쓰지 않아도, 변화는 일어납니다. 한 예로, 여러분이 친구에게 뭔가를 말했는데 한 시간 후에 그 말이 무심코 경솔했다는 것을 깨닫게 됩니다. 그러나 지금 그 말을 바꾸기에는 늦었습니다. 그 후에 그녀는 여러분의 경솔한 행동을 다른 친구들에게 말해 버렸습니다. 불행하게도 우리는 모두 이러한 사건들이 직접적인 경험에서 얼마나 멀리 떠났는지 압니다. 그러나 당신이 어리석게 말한 후 일 분 안에, 그녀가 떠나기 전에 당신이 어리석게 말한 사실을 알았다면 어떨까요? 여러분은 친구에게 해명할 기회가 주어질 것입니다. "아! 잠깐만 내가 방금 어리석게 말했네, 미안해." 여러분이 당시 그곳에 존재했다면 친구에게 말을 하는 동시에 자신의 실수를 곧바로 깨달았을 것입니다. '내가 정말 어리석은 말을 하려고 하네. 후회하게 될 것 같아.' 그러면서 스스로 멈춥니다. 여러분이 현재에 존재하는 것을 배운다면 이렇게 할 기회가 생깁니다.

로버트 드롭Robert de Ropp의 책에 나온 좋은 비유를 같이 나누고 싶은데요, 책 제목은 『마스터 게임The Master Game』(de Ropp, 1968)입니다. 그는 우리의 마음이 성벽으로 둘러싸인 중세의 도시와 같다고 했습니다. 거기에는 많은 이웃이 있습니다. 마음 도시에는 도서관, 미술관 같은 부분도 있고, 경찰서, 감옥, 쾌적한 주거 지역, 비열한 사람들이 함께 사는 빈민가 등이 있습니다. 불행하게도 마음 도시에는 통치를 잘 못하는 너무 비효율적인 중앙 정부가 있습니다. 드롭의 비유에서 그 도시의 주변은 벽으로 둘러싸여 있고, 문은 잠겨 있으며, 보초가 그 앞을 지키고 서 있습니다. 그 보초가 경계를 잘 선다면 누구를 들여보내고 내보낼 것인지를 잘 결정할 것입니다.

'이 사람은 빈민가로 가서 폭동을 일으킬 선동가처럼 보이는군. 문을 닫고 들여보내지 말아야지.' '저 사람은 막 감옥에서 나왔고 옆 마을로 가서 뭔가를 훔쳐서 우리의 명성을 더럽히겠군. 내보내지 말아야지!'

만약 여러분이 현재의 순간에 어느 정도 알아차림을 할 수 있다면 그다음 반응을 조절할 수 있을 것입니다. 그러나 일단 반응이 일어나면 통제하기는 더 어려워지고 제어하기에도 너무 늦어질 것입니다.

자신을 관찰하고 현재의 순간에 계속 주의를 기울일 때 발생할 수 있는 예를 하나 들어 드리지요. 저 역시 그것을 소중하게 여기지만 이 수련을 자주 잊습니다.

때로는 쿵 하는 소리에 놀라는 경우처럼 어떤 일들이 저를 깜짝 놀라게 합니다. 제 몸은 놀라기 시작합니다. 만약 제가 자기관찰과 자기기억을 하고 있지 않다면, 주의를 현재에 가까이 두고 살려고 노력하지 않는다면, 저는 거의 일 초나 0.5초 간격으로 놀라서 두근거렸을 것입니다. 이것은 갑작스러운 자극으로부터 일어나는 심리적인 반응입니다. 심리적 반응은 아드레날린을 분비시킵니다간단하게 아드레날린이라고 말하지만 최근의 연구를 보면 50가지 이상의 정보 화학물질이 분비된다고 한다.

아드레날린은 이전의 저의 심리적 · 생리적 놀람 반응을 증폭시켜 저는 최소한 반 시간 정도 촉각을 곤두세우며 예민해지고 초조해할 것입니다. 제가 현재에 존재한다면, 쿵 소리가 나는 이곳, 지금-여기에서 의식적인 주의를 기울였다면, 그 소리에 좀 놀랐겠지요. 하지만 저는 즉시 마음을 챙기며 그것이 단지 소리라는 것을 알았습니다. 저의 관찰 덕분에 아드레날린이 분비되지 않고 그에 따르는 반 시간가량의 초조함도 다룰 필요가 없습니다. 그것은 현재에 더 가까이 산다는 것의 이점 중 하나일 뿐입니다. 단순히 자기관찰에 전념하는 것, 좀 더 과학적으로 말해서 여러분의 생각에 자동으로 휩쓸리기보다는 일상의 대상을 더 잘 관찰하고, 그것을 습관으로 들이는 것은 삶에서 중요한 변화를 이루는 하나의 방법입니다.

여러분의 삶을 변화시키고, 자기관찰과 의도적인 주의력 계발을 하면서 현재에 사는 체계적인 방법이 있습니다. [그림 7-1]은 이것을 설명합니다.

여기서 [그림 7-1]의 왼쪽에 있는 것은 마음입니다. 오른쪽에는 외부 현상이 있습니다. 어떤 일이 일어났을 때, 여러분은 자극을 받게 되고 주의가 밖으로 빠져나갑니다. 예컨대, 탕 하는 큰 소

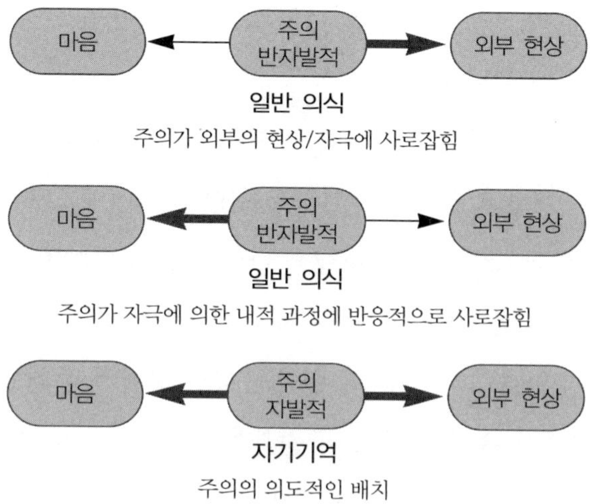

[그림 7-1]

리, 누군가 인사하는 소리, 전화기가 울리는 것과 같은 일 말입니다. 그림에서 각각의 연결을 두꺼운 화살표로 표시했듯이 일반 의식에서는 많은 양의 주의가 밖으로 빠져나갑니다. 이것은 정상적이고, 통제적인 측면에서 보면 반자발적semi-voluntary이며 반자동적인semi-automatic 주의입니다.

[그림 7-1]의 두 번째 그림에서 보면, 우리의 자동적인 습관은 주의의 전부를 외부 자극에 대한 내부 반응으로 사로잡히게 합니다. 누군가 안녕이라고 말하면, 여러분도 자동으로 안녕이라고 말하지요. 여러분은 그것에 대해 생각할 필요가 없습니다. 탕 하는 소리에 여러분은 완전히 두려움에 사로잡히고 당황하게 됩니다. '누군가 나에게 총을 쏘았나?' 와 같이 말입니다. 정신적 · 감정적 습관을 심리적으로 지각하는 것은 자극에 의해 일어나고, 정상적인

의식에서 그 반응들에 의해 여러분의 모든 주의와 에너지를 매우 많이 사용하게 됩니다.

그러나 [그림 7-1]의 맨 아래 유형은 가능한 습관입니다. 현재에 좀 더 존재하고 자기를 기억하기 위한 구르지예프의 기본적인 기법은 의도적으로 주의의 화살을 나눕니다. 무슨 일이 일어나든지, 외부 자극이든 내부 반응이든지 간에 모든 주의가 그것에 의해 사로잡히지 않습니다. 약간의 주의는 항상 관찰자의 역할로 남겨둡니다. 약간의 주의는 지금 이 순간과 다음 순간, 또 다음 순간, 무한하게 명확히 무슨 일이 일어나는지를 있는 그대로 알아차린 내부의 과학자가 있는 연구실에 갑니다.

이 의도적인 주의의 분산은 여러분의 삶의 방식에 중요한 변화를 만들 수 있습니다. 여러분도 알다시피 누군가가 자신을 바라보면 이러저러한 반응을 취한다는 식의 자동 반응을 하는 것처럼, 모든 에너지가 사건에 사로잡혀서 자동적인 심리적 기제를 작동시키는 대신에, 또 그렇게 기계적이며 자동적으로 일어나는 반응 대신에, 제가 좋아하는 용어인 여유 있음spaciousness이라는 경험의 새로운 속성이 드러나게 됩니다. 하나의 반응 그리고 또 반응, 반응, 반응, 기타 등등 한 가지 뒤에 또 다른 것이 이어지는 식으로 계속 밀려서 압축되는 삶이 아닌, 사건들 사이에 다소 여유가 있는 삶입니다. 이완되고 전인적인 방식으로 그것들을 이해할 만한 시간을 가지게 되고, 여러분이 무엇을 하고 있으며, 무엇을 하려고 하는지를 숙고할 수 있는 순간을 가지게 됩니다.

저는 최근에야 이 효과를 여유 있음이라고 표현하기 시작했습니다. 몇 년 전만 해도 그렇게 표현할 수가 없었습니다. 수년 전 버클리Berkeley에 있는 닝마 연구소Nyingma Institute에서 타르탕 툴쿠Tarthang Tulku라는 티베트 승려에게 명상에 대한 여러 과정을 들었습니다. 제 호기심을 자극하는 여러 강의에서 그가 말한 것 중 하나는 "생각 사이의 공간을 찾아라."였습니다. 저는 굉장한 개념을 알게 되었고, 그것에 대해 생각했지만 제 생각 사이에 어떠한 공간도 찾지 못했습니다. 그것은 생각 사이에 공간이 있다는 훌륭한 가설이었지만 제 생각은 부웅-부웅-부웅-부웅! 하고 계속 이어졌습니다.

자기기억의 과정은 주의의 화살을 나누어서 사물들 주변의 작은 공간 혹은 큰 공간을 만들어 냅니다. 따라서 삶은 그렇게 광적으로 흐르지 않습니다. 뭔가를 숙고하고 좀 더 분별력 있고 질서 있게 행동할 수 있는 시간이 조금 더 있습니다. 따라서 지금보다 활기찬 삶에 만족하게 됩니다. 저는 지금 [그림 7-1]에서 주의의 화살 비유를 사용하여 다소 추상적인 형태로 설명하였습니다. 본질적으로 여러분은 어떠한 것에 모든 주의를 빼앗기지 않고, 항상 마음이 관찰하는 기능을 할 수 있게 자발적으로 통제할 수 있는 주의를 유지해야 합니다.

여러분 중에는 외부로 온전히 주의를 기울이지 않는 것이 여러분을 진실하지 않은 것처럼 보이게 한다고 걱정하는 분도 있을 것입니다. 특히, 여러분에게 말을 거는 사람에게 온전히 주의를 기울이지 않을 때 더욱 그럴 것입니다. 실제로 이론적으로만 생각하고 이렇게 걱정하는 사람을 알고 있습니다만, 이것은 그러한 방식이 아닙니다. 이론적인 수준에서는 조금 역설적으로 들리겠지만, 자료의 수준에서, 실험적으로 자기기억은 인간관계에서 여러분을 훨씬 더 좋은 사람으로 만듭니다. 왜냐하면, 여러분은 여러분의 개념과 이론, 신념 그리고 그것들에 의한 반응에 의해 최면이 걸리지 않은 상태에서 사람에게 실제로 주의를 기울이는 사람이 되기 때문입니다.

소개는 이 정도로 마치고 일상생활에서의 마음챙김인, 자기기억의 실제적인 적용으로 들어갑시다. 이것을 하는 실제적인 방법은 위빠사나보다는 집중 명상 수련과 다소 비슷합니다. 그러나 대체로 일상생활에 많이 적용됩니다. 자기관찰, 자기기억을 하기 위해서는 조용한 방에 방석을 깔고 앉을 필요는 없습니다. 수련 방법은 마음의 상당 부분인 주의를 나누는 것인데, 이때 정확히 어느 정도로 나눌 것인지는 중요하지 않습니다. 5%, 10%, 15%…… 매 순간 다릅니다. 이렇게 나눈 주의로 몸의 감각 중 특정한 측면을 계속 추적하고, 동시에 나머지 주의는 여러분의 주변 세상을 능동적으로 바라보는 것과 능동적으로 느끼는 작업으로 들어갑니다.

보통 자기기억을 하는 것을 배우는 것은 팔과 다리의 감각을 계속 추적하면서 팔과 다리를 느끼는 것을 배우고, 동시에 여러분 주변의 세상을 바라보고 소리를 들으면서[때에 따라 맛보고, 접촉하면서] 항상 약간의 주의는 팔과 다리의 감각에 능동적으로 기울입니다. 이 수련의 결과는 사건과 반응이 일어나면 자동으로 여러분의 모든 주의를 사로잡고 습관적인 정신과 감정 기제를 작동시키는 것이 아니며, 몸에 대한 의도적인 주의는 여러분을 그 순간에 단단히 붙들어 맵니다. 여러분의 팔과 다리는 결코 그때 그곳으로 갈 수 없습니다. 여러분의 팔과 다리는 항상 지금-여기에 있습니다.

이렇게 자기기억에서 양 방향으로 주의를 의도적으로 집중시키는 것은 다소 흥미로운 효과를 냅니다. 첫째, 여러분 마음의 자동 기제가 주의를 사로잡게 하지 않음으로써 완전히 빠져드는 것을 막습니다. 둘째, 외부의 것들과 그것들에 대한 자동화된 반응이 자동으로 여러분의 주의를 사로잡지 않는 관점에서, 여러분이 외부의 것에 덜[자동적인] 주의를 기울임에도, 그것들을 평소보다 더 명료하고 정확하게 잘 보고 느낍니다. 왜냐하면, 여러분의 선입관, 신념, 내부 반응이 예전만큼 그 장면을 가리지 않기 때문입니다. 그래서 여러분의 자동적인 반응으로부터 주의를 어느 정도 가져와서 실제로 외부 세계를 더 잘 보게 됩니다. 외부 세계는 또한 매우 정돈된 세상이 됩니다. 직접 경험을 해 보고 난 뒤에 토의해 보겠습니다.

잠시 후에, 이것을 어떻게 하는지 알려 드리겠습니다. 여러분에게 재차 말하고 싶은 것은 우리가 오늘 여기서 하는 것은 좀 터무니없는 것이라는 것입니다. 하루 만에 마음챙김 수련의 본질을 모두 가르칠 수 있을까요? 혹은 한 권의 책으로 가능할까요? 저는 여러분께 많은 음식을 드립니다. 그러나 여러분이 전부 소화할 수는 없습니다. 우리가 하는 것을 이해하려고 계속 노력하세요. 하지만 모든 것이 이해되지 않고 좋은 결과가 바로 나오지 않더라도 너무 스스로를 다그치지는 마세요. 여러분이 첫 시도에서 가능한 어떤 맛을 느낀다면 그것으로 충분합니다. 또한 여러분이 이것을 계속한다면 반드시 이해할 수 있습니다.

8 수련: 자기기억

Practice: Self-Remembering

8
수련: 자기기억

Mind Science

이제 자기기억을 어떻게 하는지에 대해서 알려 드리겠습니다. 먼저, 명상 훈련인 보디스캔을 하는 것으로 시작합니다. 보디스캔은 우리가 오늘 오전에 했던 것보다 위빠사나의 좀 더 직접적인 훈련 방식으로 주로 아침에 행해지는 전통적인 훈련입니다. 5~10분 정도 하는데, 원한다면 그 이상을 할 수도 있습니다. 몸의 감각, 특히 팔과 다리에 주의를 기울이는 시간을 갖는데, 이것은 몸의 감각이 존재하고 있다는 것과 그러한 감각의 속성에 민감해지도록 만들어 줍니다. 또한 그것은 여러분을 구체화시켜 줍니다. 여러분은 온종일 팔과 다리의 감각을 놓치지 않으려고 노력하면서 다른 한편으로는 여러분의 세상을 능동적으로 끊임없이 인식합니다. 그렇게 되면 이때부터 온갖 흥미로운 일들이 일어납니다.

저는 여러분을 아침 훈련이라고 불리는 보디스캔으로 안내하겠습니다. 어떤 참가자들은 이렇게 팔다리의 감각을 느끼는 것을 준비 훈련*priming exercise*이라고 부릅니다.

자기기억을 하기 전이나 보고, 듣고, 느끼는 수련을 하기 전에 이 준비 훈련을 반드시 할 필요는 없습니다. 곧바로 주의를 나누어서 팔과 다리를 살피고 능동적인 방식으로 세상을 인식할 수도 있습니다. 그러나 보통은 아침에 잠깐 자신의 몸을 느껴 보는 것이 도움이 됩니다.

시간 관계상 조금 더 빠른 속도로 이야기하겠습니다. 보다 자세한 내용은 『마음챙기는 삶 살기*Living the Mindful Life*』(Tart, 1994) 혹은 『깨어 있기*Waking Up*』(Tart, 1986)라는 책을 참고할 수 있습니다.

(여기에 소개된 대로 이 훈련의 최초 방식은 10~20분 정도 걸립니다.)

명상하는 자세로 앉아서…… 눈을 감고…… 몇 분간 안정되게 하십시오……. 오늘 아침에 했던 것처럼 여러분 몸의 내부 메시지에 주의를 기울이는 훈련을 조금 길게 할 것입니다……. 지금 우리는 과학적인 학술대회에 참가하고 있지만, 약간의 즐거운 경험을 하게 될 것입니다…….

자, 이제 아침에 마음 열기 명상에서 배웠던 방식대로 오른쪽 발에 주의를 집중합니다……. 그리고 마음을 열어 이 순간 오른쪽 발에서 느껴지는 감각을 느껴 보십시오……. 위빠사나 명상과 마찬가지로 좋은 감각이나 나쁜 감각은 없습니다……. 반드시 느껴야 하거나 느끼지 말아야 하는 감각도 없습니다……. 무엇이 느껴지는지 그것에 주의를 기울여 보십시오…….

따뜻할 수도 있고…… 차가울 수도 있고…… 간지러울 수도 있으며…… 무감각할 수도 있습니다……. 여러분에게 어떤 느낌이 있는지 저는 모릅니다……. 하지만 여러분은 그것에 주의를 기울일 수 있습니다…….

친구가 새로운 요리를 맛보라고 주었을 때 주의를 기울이는 것처럼……. 바로 지금 오른쪽 발에서 느껴지는 감각의 특성은 무엇입니까?

조금 지속되는 느낌일 수도 있고…… 순간순간 변하는 느낌일 수도 있습니다……. 그 감각의 특성을 따라가세요……. 무딘 감각이면 매 순간 어떻게 무딘 감각인지 정확히 느껴 보세요……. 아무 느낌도 없다면, 그 아무 느낌이 없는 것의 정확한 특성이 무엇인가요?

이제 발목을 통과해서 아랫다리, 종아리로 주의를 옮깁니다……. 발목부터 무릎 사이 아랫다리를 느껴 보세요……. 거기에 있는 감각의 특성을 느껴 보세요…….

느껴야 한다거나 느끼지 말아야 할 것은 없습니다……. 어떠한 느낌이든지 그냥 느껴 보십시오…….

이제 주의를 무릎과 엉덩이 관절 사이의 허벅지로 옮깁니다……. 그곳의 감각의 특성은 어떻습니까? 명상에서는 마음이 다른 것으로 인해 방황하는 것을 깨달았을 때, 그냥 부드럽게 돌아옵니다…….

이제 주의를 오른쪽 손에 기울여 그곳에서 느껴지는 어떠한 감각이든지 느껴 보세요……. 손가락과 손목 사이…….

이제 다시 주의를 위로 옮겨 오른쪽 팔뚝으로 올라가십시오……. 오른쪽 손목에서 팔꿈치 사이의 아래팔을 느껴 보세요……. 다시 말하지만, 그것이 당신에게 어떨지 저는 모릅니다……. 많은 느낌이 있을 수 있습니다……. 변화되는 것들도 있을 수 있습니다……. 이 순간 그것이 무엇이든지 그냥 그것에 마음을 열어 보세요……. 그리고 이완된 방식으로 그것에 감사를 표현해 보세요…….

이제 주의를 팔꿈치 위쪽에서 어깨에 이르기까지 오른쪽 위팔로 옮깁니다……. 그곳의 느낌을 느껴 보세요……. 이제 반대쪽 왼쪽 팔꿈치에서 어깨에 이르는 왼쪽 위팔에 주의를 기울입니다……. 그리고 그곳의 느낌을 느껴 보세요…….

이제 주의를 왼쪽 팔꿈치와 손목 사이의 왼쪽 아래팔로 옮기고 그것을 느껴 보세요…….이제 손목에서 손끝 사이의 손에 주의를 기울여 그것을 느껴 보세요……. 이제 주의를 왼쪽 엉덩이 관절에서 무릎 사이에 있는 왼쪽 윗다리, 허벅지로 옮기고…… 그곳의 어떠한 느낌이든지 느껴 보세요…….

어떻게 느껴야 한다는 방식은 없습니다. 그저 주의를 따라가면서 열린 마음으로 그곳에 있는 어떠한 느낌이든지 느껴 보세요……. 순간순간……. 주의를 좀 더 아래로 내려 무릎과 발목 사이, 왼쪽 아랫다리를 느껴 보세요……. 그리고 이제 왼쪽 발을 느껴 보세요…….

이제 주의를 확장할 것입니다……. 여러분의 주의를 확장하여 양발의 감각이나 감각의 패턴을 동시에 느껴 보세요……. 지금 양

발에 어떠한 감각이 있든지 그것을 알아차립니다……. 매 순간마다 그 감각이 한결같은지, 아니면 변하는지 느껴 보세요…….

이제 주의를 좀 더 확장해서, 계속해서 양발의 감각을 느끼면서 양쪽 아랫다리를 느껴 보세요……. 주의를 확장시키면서 감각을 섬세하게 느끼지 못할 수도 있습니다. 그것은 괜찮습니다. 하지만 전체적인 감각의 패턴을 느껴 보고 가끔은 섬세하게도 느껴 보세요…….

이제 주의를 더 확장시켜 다리 전체와 발을 느껴 보세요……. 이제 훨씬 더 주의를 확장시켜서 발과 다리와 함께 양손을 느껴 보세요……. 그러고 나서 팔 아래쪽을 추가해 보고……. 그리고 팔 위쪽도 같이 느껴 보고, 그래서 이제 팔과 다리, 손과 발에 있는 감각의 전체 패턴을 느껴 보세요…….

이제 팔과 다리에 있는 감각의 패턴을 계속 느끼면서 내가 팔다리라고 하면 자동으로 손과 발이 포함됩니다 주의를 더 확장시켜서 소리를 들어 보세요……. 방 밖의 멀리서 들리는 소리……. 제 목소리도 들리지요……. 누군가 기침하고 움직이는 소리가 들릴 수도 있습니다……. 발생하는 소리가 어떠한 것이든지 들어 보세요…….

어떠한 소리를 듣든지 여러분은 동시에 주의를 나누어서 팔다리의 감각을 느낍니다. 또한 여러분은 분명히 소리가 없음을 들을 수도 있습니다. 그래도 여러분의 주변 공간의 속성을 느껴 보세요…….

이제 주의를 더 확장시켜서, 몇 초 뒤에 여러분은 부드럽게 눈을 뜨고 방을 둘러보기 시작할 것입니다……. 그러면서 동시에 그곳에 있는 소리의 속성을 들을 것입니다……. 그리고 팔과 다리의 감각을 느껴 보세요…….

이제 눈을 뜨세요. 방 안의 다양한 사물들을 능동적으로 바라보세요……. 특정한 대상을 몇 초 동안 바라보세요……. 그러고 나서 다른 것을 또 몇 초 동안 바라보세요……. 또 다른 것을 몇 초 동안 바라보세요……. 그러면서 계속 팔과 다리의 감각을 느낍니다……. 또한 그곳의 소리를 듣습니다…….

이 뭔가를 보는 부분은 이전의 명상 수련과는 매우 다릅니다. 몇 초 이상 시선을 한곳에 고정하지 않습니다……. 시선을 어느 한곳에 머무르게 하지 마시고 능동적으로 바라봅니다……. 마치 전에 한 번도 보지 못한 것처럼 모든 것을 바라보세요……. 동시에 듣고, 팔과 다리를 느낍니다…….

이제 주의를 나누는 방식은 순간순간 달라질 것입니다……. 때로는 시각이 여러분의 주의를 많이 차지할 것입니다. 왜냐하면, 시각은 아주 두드러진 감각이기 때문입니다. 듣는 것 역시 꽤 두드러집니다. 그러나 항상 주의의 10%는 팔과 다리를 느끼는 데 두려고 노력하세요…….

말씀 드렸듯이, 둘러보세요……. 화자를 한결같이 바라보아야 한다고 말하는 사회적 예의 규범은 이제 필요 없습니다……. 다른 것들을 바라보세요……. 저를 응시하지 마세요…….

이제 여러분의 의식에서 일어나는 변화를 느끼는 분이 얼마나 되나요? 손을 들어 보세요[대부분 손을 들었다]. 훌륭하군요!

이렇게 느끼고, 보고, 듣는 과정을 계속하세요. 우리가 함께할 나머지 시간도 그것을 유지하려고 노력해 보세요……. 정말로 여러분의 나머지 삶 동안에도 그것을 유지하기를 바랍니다…….

일반적으로 여러분에게 일어난 일은 여러분이 평소보다 좀 더 의식적이면서 깨어 있는 상태입니다. 자동적인 습관이나 자극에 의해 마음의 기제를 작동시키는 것이 아니라 주의를 활용하여 주의가 작동하는 것을 의식적으로 제어한 것입니다.

여러분이 경험한 것 중 몇 가지를 현상학적으로 있는 그대로 묘사하면서 이야기해 볼까요?

참가자: 재미있었어요!

훌륭하군요. 그런데 당신은 과거를 이야기하고 있네요. 재미있었다고요? 그것을 멈추었나요? 다시 시작해 보세요. 멈출 필요가 없습니다. 아시겠죠?

참가자: 이것은 거의 최면 상태로 유도하는 것 같은데요?

흥미로운 비교입니다. 그러나 차이가 있지요. 이것은 최면 상태에서 깨어나도록 유도하는 것입니다.

참가자: 제가 지금, 여기서 제 몸 안에 있다는 것을 아주 명확히 느낍니다.

네, 그것은 자주 일어나는 일입니다. 아주 좋네요. 제가 조용히 낮은 소리로 말하는 것이 최면을 의미하지는 않기 때문에 최면을 유도하는 것처럼 보였다는 관찰에 대해 다시 돌아가 봅시다. 제 말이 방금 느려졌지요? 왜냐하면, 제가 이른바 정상적인 상태라고 불리는 것처럼 생각에 빠지지 않고 지금-여기에 있기 때문입니다.

참가자: 저는 생각에 따라 빠르게 압도당하면서 주의를 계속 유지하기가 어려웠습니다. 이것은 우리가 아침에 했던 것에 비해 훨씬 진보된 훈련 같았습니다. 그래서 저는 그와 같은 과정을 계속 유지할 수가 없었습니다.

저와 이야기를 나누는 지금, 그것을 유지할 수 있습니까?

참가자: 아니요.

시도해 보시겠습니까? 팔과 다리, 발과 손 모두에 주의를 기울이기보다는, 주의를 좀 축소해서 보고, 들으면서 손의 느낌만을 알아차려 보세요. 자, 현재에 존재하는 상태가 되시기 바랍니다.

참가자: 네, 지금은 훨씬 잘됩니다.

이것은 확장된 주의를 유지하기가 어려운 사람들에게 도움이 됩니다. 혹시라도 여러분이 팔과 다리의 느낌을 모두 알아차릴 수 없다면 주변의 것들을 보고, 제 목소리를 들으면서, 그냥 양손만을 알아차려 보세요.

이 밖에 또 다른 실용적인 방법이 있습니다. 제가 말을 하고 있고 여러분이 제 쪽을 보고 있더라도, 한곳만을 고정되게 응시하지 마세요. 몇 초 동안 코를 보세요. 그 후에 어깨, 그 후에 다른 곳, 이런 식으로 하세요. 시각적 주의를 계속 옮겨 보세요[확장된 주의를 유지하기 어렵다고 말하는 참가자에게]. 좀 나은가요?

참가자: 네.

좋아요, 또 무척 단순하지요.

참가자: 네, 더 단순하네요.

좋습니다. 여러분은 무척 잘 따라 하고 있습니다. 여러분이 바라보고 행동하는 방식을 보니 여러분의 내부 상태를 느낄 수 있습니다. 이것은 우리가 남아 있는 동안 계속해서 듣게 될 대단히 지적인 고양[intellectual high]과는 매우 다릅니다.

참가자: 저는 혼침(hypnagogic)의 패턴을 알아차렸습니다. 선생님이 지도하는 소리의 한 부분을 생각하고 있었는데, 곧 잠이 들었고, 그러고 나서 다른 부분에서 혼침에 들었습니다.

네, 당신은 지도하는 소리 사이사이에 혼침에 들 수 있습니다. 그것은 잠이 들었다는 것을 의미합니다.

참가자: 아니요, 그렇지 않습니다. 완전히 잠들지 않았습니다.

네, 정확히 말하면 보통 잠과는 다를 수 있습니다. 아침에 하는 이 준비 훈련 절차는 보고, 듣고, 느끼는 것의 전조가 되고, 명상에서 요구하는 것들과 비슷한 기술을 요구합니다. 어떠한 어려운 상황에서도 확고한 주의 집중을 유지하는 능력을 계발해야 합니다. 고요하고 편안하게 앉아서 움직이지 않으면 잠에 빠지기 쉽습니다. 그러나 그것을 극복하고 주의를 유지해야 합니다.

또 다른 경험을 하신 분이 있습니까?

참가자: 저는 제 마음이 밖으로 빠져나가는 것을 허용했지만, 곧바로 돌아오더군요. 돌아오기는 했지만……. (처음 참가자가 말하는 동안, 맨 앞줄의 또 다른 참가자가 타트의 책상에 있는 물병을 잡으려고 일어선다.)

죄송한데요, 일어나신 김에 제 컵에 물 좀 채워 주시겠어요?

(그 참가자는 천천히 마음을 챙기며 타트의 컵에 물을 채운다.)

저는 방금 의식적으로 물을 한 잔 받았습니다. 아주 훌륭합니다. (말하던 참가자에게) 계속하시죠.

참가자 : 제 마음은 여전히 밖에 있지만 돌아와요. 그리고 돌아오면 밖에 무엇이 있었는지 잊어버려요. 저는 제가 팔다리에 동시에 주의를 기울일 수 없다는 사실을 알았어요. 주의가 순간적으로 왔다 갔다 해요.

왔다 갔다 하신다고요?

참가자 : 네.

이 보고, 듣고, 느끼는 수련은 많은 것을 요구합니다. 당신은 팔다리를 느끼고, 듣고, 보는 이 세 가지 측면을 계속해서 주의를 유지해야 합니다. 많은 사람들이 이것저것으로 왔다 갔다 합니다. 보고 나서 소리와 팔다리의 감각에 주의를 기울이고, 그런 후에 다시 보는 식으로 말입니다. 그것 역시 괜찮습니다. 왜냐하면, 여러분은 여전히 주의에 의식적인 지시conscious direction를 내리면서 세 가지 대상 사이를 오가기 때문입니다. 이것은 일반적으로 우리의 주의에서 일어나는 대부분의 것들과는 상당히 다른 것입니다. 만약 팔다리의 전체적인 느낌을 유지하기 어렵다면 손만 알아차리라고 말씀 드렸습니다. 이때 한 손에 주의를 계속 두기가 쉽지 않다면 몸의 어떤 부분이든지 느끼면서, 듣고, 보세요. 이것은 삶에서 그리고 우리 주변의 것을 보고, 들어야 하는 대부분의 삶의 장면에서의 마음챙김 수련입니다. 이것은 환각을 경험하는tripping out 명상이 아닙니다.

참가자: 저는 평화로움을 느꼈습니다.

또 과거형을 쓰시네요, 느꼈다고요? 평화로움이 벌써 가 버렸습니까?

참가자: 아니요, 하지만 평화로움 이상의 다른 일들이 있어나고 있습니다.

아! 평화로움 이상의 것이라고요? 자세히 말씀해 보세요. 매우 흥미롭군요.

참가자: 무척 평화로웠기 때문에, 저는 그 평화와 놀려고 마음먹었고 이것을 이렇게 저렇게 분류하는 상상 같은 것을 했어요. 이러한 경험은 평소에는 저를 두렵게 하는 것이에요. 평소처럼 집중했다면, 이번에도 두려움을 느꼈을 것입니다. 그것을 상상하면서 동시에 손에 주의를 기울이면 그 두려움이 사라지는 것을 느꼈어요. 두려움을 다룰 때 사용할 수 있는 도구를 갖게 된 것 같아요.

맞습니다. 당신이 그저 보고, 듣고, 느끼는 것을 연습하면 그것은 즉각적으로 사용 가능한 기술이 됩니다. 어떠한 스트레스 상황도 다루기 쉬워질 것이고 명료함이 크게 향상될 것입니다.

잠시 개념적인 설명으로 여러분의 이해를 돕도록 하겠습니다.

지금 저는 개념적인 설명을 하려고 하는 저 자신을 아주 자세히 관찰해야 합니다. 저는 몇 분 동안 과학에 대해 이야기하려고 합니다. 알코올중독과 같은 생각 중독자의 비유처럼 그것은 저를 무척 흥분시키는 음료수이지요. 그래서 저는 지금-여기에 있는 제 몸 안에 계속 머물도록 훈련해야 합니다.

여러분이 몸에 주의의 닻을 내리고 현재에 존재하면서 보고, 듣고, 느끼는 자기기억 감각을 계발한다면, 여러분은 지금보다 훌륭한 과학자가 될 것입니다. 왜냐하면, 여러분은 연구 중인 것에 더 명확하게 접촉을 유지할 수 있기 때문입니다. 여러분의 이론은 자료에 좀 더 충실해질 것이고, 좀 더 정교하고 유용해질 것입니다. 또한 여러분의 마음은 어느 날 발견한 것은 거의 다루지 않고, 마음속에 그려진 멋지고 지적인 구상만을 가지고 상상력의 나래를 펼쳐서 멀리 떠나 버리지 않게 됩니다.

당신이 했던 대로 두려움과 함께 작업하는 것은 흥미롭습니다. 혹시 과거 몇 년간 인기 있었던 안구운동체감치료Eye Movement Desensitization Therapy(Shapiro, 1995)에 대해 알고 계신 분이 있습니까? 저는 그것에 대해 자세히는 모르지만, 우리가 했던 것과 약간 비슷하지 않을까 생각됩니다. 그것은 사람들에게 계속해서 눈을 움직이게 하는데, 그렇게 하면 환자들의 두려움이 평소처럼 압도당할 정도로 커지지는 않습니다. 우리도 비슷한 방식으로 눈을 움직이고 의도적으로 보는 것에 주의를 기울이지요. 계속 자극을 변화시키는 것은 습관적으로 한곳에 시선이 머물지 않게 하고 감정의 덫에 완전히 걸리는 것을 막아 줍니다.

또 다른 관련 개념은 칼 융Carl G. Jung의 저서에서 알게 된 것인데, 융이 적용했던 것보다 훨씬 더 폭넓은 관련성이 있습니다. 융은 집단 무의식의 힘에 대해 언급했지요. 여러분 중 밤하늘을 바라볼 때 북두칠성을 볼 수 있는 분들이 몇 분이나 되십니까거의 손을 들었다?

좋습니다. 오늘 밤은 구름이 없는데, 한번 밖으로 나가서 북두칠성을 찾아보세요. 그리고 그것을 있는 그대로, 그저 빛의 점들이 모여 있는 것으로 보려고 해 보세요. 그것이 오늘의 과제입니다.

여러분에게 선입관을 갖고 관찰하게 하고 싶지는 않지만 우리가 내일은 만날 수 없는 관계로 가능한 답을 알려 드리겠습니다. 그렇게 하는 것은 정말 어려울 것입니다. 일단 우리 머릿속에 별자리에 대한 지식이 있다면, 그것은 우리의 지각이 구성되는 것을 제어하고 그 구성된 지각에서 벗어나기 어렵게 만듭니다. 융은 집단 무의식, 원형에서 오는 강력한 개념에 대해 말하였습니다. 그것들은 그 핵심 주변에서 나머지 정신적인 기능의 무리를 이루는데, 이 무리constellation는 지각의 구성에 대한 일반적인 원리입니다.

일단 우리가 어떠한 것에 대한 개념인, 생각을 하면 그 개념은 우리의 지각을 강하게 치우치게 하는 경향이 있어서, 우리는 그렇게 구성된 복합적인 개념을 보게 됩니다. 예를 들어, 두려운 뭔가가 다가오면 그것은 두려움을 무더기로 만들어 냅니다. 그것은 두려움의 속성을 강화시키는 그 주변의 모든 것을 모아 조직화하고 두려움은 훨씬 증가합니다. 대부분 우리의 모든 주의가 세상의 실제 상태에 대한 이해를 심각하게 왜곡시킬 수 있는 고정된 개념에 빠져 있습니다.

보고, 듣고, 느끼는 것을 통하여, 즉 자기기억을 통해서 의도적으로 주의를 되돌림으로써 모든 자동적인 무리는 자주 일어나지는 않습니다. 지각은 실제로 가지는 세기와 속성이 그대로 유지되기보다는 자동화되는 반응의 과정에 의해 전체적으로 부풀려집니다. 이것은 오늘 아침에 제가 말한 고통 = 통증×저항이라는 신젠 영Shinzen Young의 등식에서 말한 것과 같습니다. 저항은 자동화 과정을 촉발하고, 구성된 지각의 무더기를 일으키며, 실제로는 조그만 것을 아주 커다란 것으로 여기고 쓸데없이 많은 고통을 겪게 합니다. 의도적으로 주의 기울이기를 통제함으로써, 무엇이 일어나든지, 우리가 실제를 어떻게 지각하든지 간에 그것을 넘어서서 더 자유롭고 더 정확하게 인식됩니다.

참가자: 저는 안구운동체감치료를 받은 적이 있습니다. 이 치료는 매우 효과가 좋았습니다. 눈의 움직임이 문제나 두려움, 강박 등에 집중된 주의를 분산시키는 것 같다는 당신의 말이 맞습니다. 그것은 그 치료의 일부분입니다. 그것의 효과에 대한 구체적이면서도 체계적인 이론이 있습니다.

그렇군요. 저는 그 기법에 정통하지는 않기 때문에 제가 읽었던 것에 의해 일반적으로 말하고자 했습니다.

참가자: 그것은 매우 실용적입니다. 저는 그것을 통해 매우 평화로움을 느끼는 상태를 경험했습니다.

당신이 원한다면 지금이라도 그것을 유지할 수 있습니다.

참가자 : 노력하고 있지만, 당신이 말하는 것을 들으면서 생각하고 저의 팔다리 감각을 느끼는 것은 복잡하면서도 어렵습니다.

맞습니다.

참가자 : 저는 컴퓨터 프로그램을 만든다거나 기술적인 책을 읽는 등의 어려운 일을 할 때 어떻게 제가 그것을 할 수 있을지 모르겠습니다. 그것들은 지적으로 매우 집중해야 하는 것들입니다. 그렇다면 저는 어떻게 해야 하죠?

참가자 중 한 명은 컴퓨터 프로그래머인데 그 사람 역시 당신처럼 지적으로 집중이 요구되는 일을 하고 있었습니다. 그는 그룹 모임과 특별 모임에서 보고, 듣고, 느끼는 것을 그룹 구성원들끼리 지지하면서 할 때는 어느 정도 성공했습니다. 그러나 그가 최면 기계hypnosis machine라고 부르는 컴퓨터 앞에만 앉으면 대단한 정보들이 화면에 팍팍 뜨면서 그 속에서 길을 잃고 말았습니다. 저 역시 글을 쓰거나 이메일을 읽기 위해 컴퓨터 앞에만 앉으면 그렇습니다. 이처럼 지적으로 집중이 요구되는 상황은 우리 자신을 기억하는 데 대단히 어려운 상황 중 하나입니다.

지금-여기로 즉시 돌아오고 나니 여러분 중 몇 명이 저를 천천히 바라보는 것이 보이는군요. 보고, 듣고, 느낄 때는 고정되게 응시하지 말고 몇 초 동안 뭔가를 의식적으로 그리고 의도적으로 보고 다음에 의도적으로 대상을 바꾸세요.

절대주의자 관점에서 본다면 여러분이 애쓸 가치가 있는 뭔가를 하고 있지 않고, 즉 바로 그때 보고, 듣고, 느끼는 것을 하고 있지 않다면, 여러분은 수많은 실패 경험을 스스로 만들어 낼 것입니다. 하지만 컴퓨터 프로그램을 하는 것처럼 특별한 일들은 그것에 매우 몰입하는 것이 적응적이고 적절한 때도 있습니다. 특히, 여러분에게 예상하지 못한 것은 발생하지 않을 것 같은 그러한 안전한 환경에서는 말입니다. 여러분의 능력과 기술의 한계를 확장시키는 경우는 100% 주의를 기울여야 합니다. 물 한 잔을 마셔 본 적이 있으신지요? 목욕탕을 가 본 적이 있으신지요? 점심시간에 휴식을 가져 본 적이 있으신지요? 그렇게 일에 완전히 몰두되어 있는 몽롱함에서 깨려면 점심시간을 이용해서 휴식하는 동안 행동에 현존해 보는 것이 실용적입니다. 급수대로 걸어가면서 한 걸음 한 걸음을 얼마나 느끼는지 알아차리고, 컵에 물을 채우는 동작이라든지, 물을 마시면서 순간순간 어떻게 느끼는지를 알아차립니다. 그러고 나서 일이 끝나면 집에 가시죠, 맞나요? 정신적으로 일을 집에 가지고 가고 싶고 영원히 추상과 생각 속에서 살고 싶으신가요? 아니면 지금-여기, 현실에 몸의 감각과 접촉해 살면서 잠시 휴식을 취하고 싶으신가요?

이 문제에 대해서는 수도승이나 수녀에게나 적합할 만한 완벽한 기준을 적용하지 않고, 우리를 위해 현실적으로 말하고 싶습니다. 저는 지금 상당히 훌륭하고 유용하면서도 가능한 삶의 방식을 맛보기로 가르치고 있습니다. 그러나 저는 그것을 실행하고 유지하기가 매우 어렵다는 것을 인정합니다. 우리 사회 시스템은 깨어난 사람들에게는 쓸모가 없습니다. 그래서 좀 더 깨어나는 것에 대한 사회적 강화나 보상이 없습니다. 기계나 로봇처럼 움직이는 사람들은 사회 시스템 안에서 더 큰 그림을 무시한 채 완벽히 적응할 수 있습니다. 우리 사회는 부정적인 역할을 지녔음에도 불구하고 그러한 사람들에게는 매우 알맞은 곳입니다. 이상하게 들릴지 모르지만, 마음챙김 없음mindlessness은 사회의 안정을 증가시킵니다. 이것은 구르지에프Gurdjieff가 사람들을 이해하기 위해서는 심리학이 아니라 기계학이 필요하다고 말한 것만큼 끔찍한 사실 중 하나입니다.

때때로 사람들이 저에게 어떠한 유형의 심리학자인지 물을 때, 저는 자아초월적 행동주의자transpersonal behaviorist라고 답합니다. 저는 우리가 평범하지 않은 영적인 잠재성을 가졌다고 생각하지만 행동주의자들의 주장은 거의 맞다고 봅니다. 마음은 물론이고, 우리는 사로잡힌 습관과 조건화된 생체 기계로 이해될 수 있습니다. 그리고 그 기계적인 삶은 우리의 숙명일 수 있습니다. 하지만 우리를 제정신이 들게 하는 유용한 사회적 상황을 갖지 못했다 할지라도 바로 지금 여러분은 여러분의 감각으로, 즉 제정신으로 돌아오고 있습니다! 재미있는 옛 표현인 감각으로 돌아오기coming to your senses는 그 안에 많은 지혜를 담고 있습니다. 보고, 듣는 것과 더불어 더 강한 다른 감각을 느끼신 분이 계신가요? 이를테면, 사물이 더 밝아진 것을 느끼신 분이 계신가요?

참가자 : 네, 이 깔개가 매우 인상적이고 흥미롭습니다.

아, 네, 네! 우리는 전에 그것을 그냥 호텔 카펫으로, 그저 무감각하고 흥미도 없이 거의 인식조차 하지 못하는 배경으로 여겼지요.

여러분이 여러분의 감각으로 돌아오는 방법을 배운다면 보고, 듣고, 느낄 때 매우 흥미로운 비밀을 알게 될 것입니다. 우리는 미술 박물관에 살고 있습니다. 여러분은 거의 주의를 기울이지 않거나 흥미를 잃어버려 똑같아 보이는 오래된 세상이 아닌, 여러분이 가는 곳마다, 설혹 겉보기에는 부정적인 상황에 있더라도, 세상에서 인상적이고 활기차고 아름답고 생생한 사물과 사람들을 발견할 것입니다. 보고, 듣고, 느끼는 것은 우리가 무감각하게 '이미 경험한 적이 있지, 예전의 그곳, 그저 그렇지 뭐!' 와 같은 태도로 세상에서 길을 잃게 하지 않고, 세상을 새롭게 보도록 합니다.

잠깐 주의력 훈련을 쉬지요. 여러분의 자발적인 주의력 근육을 지나치게 피곤하게 하고 싶지는 않습니다. 잠깐, 정말로 지적인 것으로 들어가서 여러분의 주의를 쉬게 하겠습니다. 제가 앞으로 말하는 몇 초간 멍해지세요.

구르지예프의 가장 흥미로운 아이디어 중 하나는 감각 인상 양식food of impressions이라고 불리는 것입니다. 그는 특별한 감각 인상이 우리에게 특정한 정보를 준다는 것과 더불어 그것은 우리의 신경 시스템에 음식이나 영양분처럼 작용하고, 신경 시스템은 그 영양분이 필요하다고 가르쳤습니다. 우리는 생체적으로 균형 잡히고 적절한 식사를 요구하는 것을 압니다. 그렇지 않으면 결핍장애를 겪을 수 있습니다. 만약 우리가 비타민 C를 충분히 섭취하지 않으면, 괴혈병에 걸립니다. 또한 적절한 영양분을 섭취하지 못하거나 식사를 못하면 저항력은 약해집니다. 구르지예프는 심리학적으로도 같은 일이 일어난다고 말합니다. 우리가 적절하게 감각적인 인상을 섭취하지 못하면 심리적 결핍장애를 겪게 된다고 말입니다.

균형 잡힌 양질의 감각 인상의 부족 때문에 발생하는 결핍장애 중 하나는 우리가 무의식적으로나 반의식적으로 감각 인상의 결핍을 인식하게 되면서 스스로가 생기가 없고 건강하지 못하다는 것을 알게 되고, 결과적으로 부족한 것을 채우기 위해 우리는 필사적으로 자극적인 것을 보게 됩니다. 그래서 우리는 어리석고 강렬한 자극에 점점 중독되어 가고 있습니다. 하루 18시간씩 켜져 있는 텔레비전은 우리에게 폭력과 재난을 보여 주고 우리는 무감각하게 그것들에 끌려가며(데카르트의 '나는 생각한다. 고로 존재한다.' 라는 말을 좀 바꾸어서 '나는 두려워한다. 고로 존재한다.' 가 되고 있습니다), 신문에 실린 살인과 전쟁, 재난 기사를 읽으면서 무의식적으로 사랑하는 사람들과 문제를 일으킵니다. 이를테면, '나는 이 논쟁에서 강한 감정을 느끼고 있어. 그러므로 난 존재하는 것이지.' 라고 말입니다. 우리는 정신적으로 부실한 음식을 먹으면서 감각 인상의 부족한 양분을 채우려 하고, 양질의 인상을 어떻게 얻을 것인가에 대해서는 모르면서 양으로만 우리의 욕구를 채우려고 노력합니다. 감각 인상이 전혀 없어서 굶는 것보다 나을지는 모르지만, 영양이 풍부하지는 않습니다. 감각 인상의 양과 질을 추구하는 측면에서 보면 비타민 부족처럼 아주 좋지 않을뿐더러 모든 종류의 독성을 섭취하는 것입니다.

구르지예프의 관점에서 보면 우리가 전쟁에서 벗어날 수 없는 이유는 전쟁이라는 끔찍한 자극이 우리에게 엄청난 양의 감각 인상을 제공하기 때문입니다. 우리는 전쟁의 충격으로 어느 정도 깨어 있기도 합니다. 스터즈 터켈[Studs Terkel]이 제2차 세계대전에 대하여 사람들의 기억에 관한 책을 썼는데, 대부분의 사람들은 그들의 삶에서 전쟁을 가장 생생하고 살아 있는 순간으로 기억한다고 했습니다(Terkel, 1984). 실제로 세상적인 면으로 보나 정신적인 면으로 보나 그 손실은 엄청납니다.

여러분이 감각으로 돌아와 자기기억과 같은 수련을 한다면, 그리고 지금 이 순간 우리의 감각으로 돌아온다면, 또 주의를 기울이지 않은 채 멍하게 있었던 잠깐의 휴식을 끝낸다면 일상적인 사건들은 우리에게 훨씬 더 많은 감각 인상의 영양분을 제공할 것입니다. 우리가 그들과 함께 현존하기 때문이지요. 그것은 양과 질을 모두 향상시키면서 부정적인 내부 반응의 독성을 정화시켜 줍니다. 시각적인 아름다움을 즐기기 위해 벽에 5만 달러짜리 그림을 걸어 둘 필요가 없습니다. 여러분이 현재에 존재하면서 자기기억 과정을 수련한다면, 여러분이 보는 모든 것은 지금보다 더욱 생생하게 살아 있고, 아름다울 것입니다. 믿을 수 없을 정도로 말입니다. 그것은 매우 실제적인 감각으로 여러분에게 영양분을 제공합니다.

저는 그 감각 인상 양식이라는 것을 전통적인 심리학적 용어로 어떻게 표현해야 할지 아직 모르겠습니다. 그리고 그것을 뒷받침할 만한 심리학적 연구도 이루어지지 않았다고 생각하지만, 저는 구르지예프가 분명히 대단한 것을 거론했다고 생각합니다. 개인적으로 저는 직접적인 경험을 바탕으로 해서 그것을 이해하고 있습니다.

> 참가자: 그것은 매우 좋은 경험을 만들어 내고 있습니다. 그러나 그것은 의도적으로 주의를 사용하여 습관과는 반대로 하고 있기 때문에 노력이 필요합니다. 저는 그것을 하고 있습니다. 그러나 한편으로는 그것 역시 습관의 강력한 힘으로 습관화되고 그 경험을 잃게 되지 않을까 염려됩니다.

보고, 듣고, 느끼는 경험이 습관화되어 버리는 것을 걱정하다니 훌륭한 생각이군요. 우리의 가장 큰 강점이면서 가장 큰 저주는 어떠한 것이든 습관화될 수 있다는 것입니다. 우리는 우리의 삶에서 어떠한 심리적 기능도 자동화해 버릴 수 있습니다. 여러분은 자동화되지 않는non-automatized 의식, 즉 실재에 대한 감각 없이 삶을 살아가게 될 것이 분명합니다. 의식은 보다 깨어 있고 자유로운 반응이 아닌 그냥 반응하는 삶을 사는, 일상적인 자기라는 기계가 자동적으로 소모된 것처럼 될 가능성이 있습니다.

철학자인 데이비드 챌머스Chalmers는 사람들의 본성은 육체적인 문제와는 명백히 달라 보이며, 의식이 육체적인 뇌로부터 어느 정도 일어날 수 있는지 의식의 어려운 점을 거론했습니다(Chalmers, 1996). 그 답에 대해서는 『의식연구 저널*Journal of Consciousness Studies*』(Tart, 1995)에 실었던 좀비에 대한 제 글에서 일부 찾을 수 있습니다. 그러나 여러 가지 면에서 일반적으로 걱정해야 할 의식 같은 것은 없다는 구르지예프의 의견에 동의합니다. 일련의 경험이 있지만, 그것은 주로 수동적이고 반응적인 경험들입니다. 어떠한 것들이 우리에게 일어나고 기계가 그것을 이어받아 경험과 반응이 일어납니다. 거기에는 우리가 의식으로 규정짓는 속성인 자유의지나 분별과 같은 것은 거의 없습니다. 모든 것은 기계적인 수준으로 일어납니다. 그러나 거기에도 진정한 의식이 존재할 수 있습니다.

습관화는 정말로 물리쳐야 할 적입니다. 정신적 기능 안에서 의도적이며 의식적인 변화는 습관화와 싸우는 중요한 방법입니다. 그래서 구르지예프는 주의를 나누어서 보고, 듣고, 느끼면서 현재로 가져오는 이 일반적인 수련과 더불어 의식적인 주의와 의지를 훨씬 더 강력하게 계발하기 위해 특별한 훈련을 가르쳤습니다. 예를 들면, 문으로 걸어갈 때 어떠한 발이 먼저 가는지 항상 알아차리라는 것입니다.

그렇게 하는 것은 하루에도 여러 번 그 행동을 의식하지 않고 무의식적으로 하는 것이라는 사실을 제외하고는 여러분의 노력을 낭비하는 바보 같은 짓처럼 느껴질지도 모릅니다. 이 행동을 의도적으로 알아차리게 자신을 훈련함으로써 여러분은 보다 의식적으로 되며, 그 행위의 특성에서 벗어나 일반적으로 의지[will]와 의도[intention]를 훈련할 수 있습니다.

그러나 이러한 행위 역시 자동화될 수 있습니다. 샌프란시스코 북쪽의 그린 걸츠[Green Gulch] 선원을 방문했던 기억이 나는데 그들은 왼쪽 발을 먼저 문 쪽으로 향하게 하라는 마음챙김 규칙이 있었습니다. 저는 그것이 매우 간결하고 핵심적인 선Zen이라고 생각했습니다. 잠시 동안 그렇게 연습하는 것에 대해 이의를 제기하지 않았습니다. 그러나 구르지예프와 현대 심리학과 저의 경험에 비추어 이해해 본 결과, 왼쪽 발을 먼저 내미는 것은 잠깐은 의식적으로 되는 것에는 도움이 되겠지만, 그 후 얼마 지나지 않아 문을 향해 왼쪽 발을 먼저 내미는 자동적인 습관을 가지게 될 것입니다. '나는 마음챙김을 하고 있다.' 라는 자동적인 생각과 함께 말입니다.

그것은 정말 최악이지요? 여러분은 실제로는 하지 않으면서 보고, 듣고, 느끼는 것을 생각할 수 있습니다. 실제로는 그렇게 하지 않으면서 좀 더 현재에 존재하고 있다고 생각할 수 있습니다. 습관화와 자동화 문제에 대한 유일한 답은 정말로 현재에 존재하기를 원하는지 자주 재확인하고 지속적으로 자신의 마음과 경험을 점검하는 것입니다. 여러분은 수련에 대한 생각으로 실제 수련을 대신하게 되는 것을 직접 관찰해야 합니다.

제가 수련하려고 하는 것 중 하나는 잠자리에서 일어나는 순간, 사람들과 대화하는 순간 그리고 지금처럼 워크숍을 하고 있을 때, 좀 더 현재에 존재하는 것입니다. 제가 현존하지 않으면서 현존하는 것의 속성을 이야기하지 않도록 정말로 주의 깊어져야 하고 저 자신을 관찰해야 합니다. 저는 때때로 생각에 사로잡힌 채로, 현재와 접촉하지 않으면서 현존하는 것과 지금-여기에 주의를 기울이는 것에 대해 지껄일 때가 있습니다.

우리는 어떠한 것이든 자동화할 수 있는데 그것은 정말 끔찍합니다. 여러분의 삶 전체를 자동화된 추상 속에서, 그 사실을 알지도 못한 채 살 수 있습니다. 그래서 여러분의 수련이 자동화될지도 모른다는 걱정스러운 질문에 대해 답하자면, 맞습니다. 그것은 매우 큰 문제입니다. 그것의 해결 방법으로 여러분은 특정한 수련 방식을 정해서 할 때, 그것을 다루는 중요한 방식으로서 그것을 계속 바꿀 수 있습니다. 즉, 의도적으로 새롭게 하는 것이 도움이 됩니다. 문으로 들어올 때 어떠한 발로 들어가는지 관찰하는 것이나 항상 특정한 발로 들어가도록 하는 수련을 할 때 계속 점검해서, 그것이 일주일 후에 식상[wears out]해지거나 실제적으로 그것을 하지 않고 무척 편안하면서도 자동적으로 그 수련에 대한 생각으로 빠진다면 새로운 것으로 바꾸세요. 2주 후에 바꾸더라도 괜찮습니다.

참가자: 경험이 더는 습관화되지 않는다면 어떤 일이 일어날까요?

습관화와 자동화에서 완전히 벗어나는 것이 가능한지 모르겠습니다. 우리 몸과 마음에서는 매우 많은 자동화가 일어나고 있지요. 우리가 자동적 반응을 99.999% 정도로 하지 않고 95%나 90% 수준으로 내려가는 것은 대단한 변화입니다. 그렇게만 된다면 여러분이 삶에서 경험하는 것들에 중대한 변화가 있을 것입니다.

또한 모든 순간에 강하게 마음을 챙기며 주의 깊게 느끼도록 할 수는 없을지라도 여러분이 현재에 존재하려고 노력한다면 수련 뒤에 변화가 있을 것입니다. 변화는 잠재적으로 마음챙김이 그렇게 멀리 있지 않다는 것입니다. 여러분이 주의를 지금-여기에 가지고 오기를 원할 때, 외부와 내부의 현실에 대해 더 잘 관찰하는 것을 비유적으로 이야기해 보겠습니다. 일상적인 상태에서는 더 충만한 의식, 마음챙김이 표면으로부터 약 1.5km 아래에 있다면, 수련 뒤에는 마음챙김이 표면으로부터 약 30cm 아래에 있게 하는 것입니다. 마음챙김이 요구되는 상황이나 의도가 있을 때, 여러분은 더 큰 마음챙김을 보다 쉽게 얻을 수 있습니다. 예를 들면, 어리석은 말을 한 뒤 3일쯤 지나서 '이런, 내가 싸우면서 그처럼 어리석은 말을 했을 때, 좀 더 깨어 있었더라면 좋았을걸.' 이라고 후회하지 않게 됩니다.

지금, 이러한 개념적인 것을 말씀 드리고 있는데도 불구하고 팔다리의 감각을 느끼는 것을 기억하고 계신 분들이 있습니까 상당히 손을 들었다? 추가 질문은 일 분 뒤에 받도록 하고, 지금은 우리의 경험을 바꾸도록 하겠습니다.

잠시 눈을 감아 주세요……. 팔다리의 감각을 느껴 보세요……. 이것은 지금 몸을 적시는 피로 회복제refresher입니다……. 팔다리를 느껴 보세요……. 그 경험과 함께 듣는 것을 추가해 보세요……. 이제 천천히 눈을 뜨세요……. 눈으로 3~4초 동안 한 사람을 보면서, 그렇게 서너 명을 차례로 보세요. 팔다리를 느끼면서 보고, 들어 보세요…….

좋습니다. 이제 우리 모두 그 피로 회복제를 느끼면서 여러분의 질문을 받겠습니다.

참가자 : 보고, 듣고, 느끼면서 때때로 저는 그 상황을 상기할 만한

어떤 것들을 기억하게 됩니다. 그 기억들은 평소보다 훨씬 생생해 보입니다. 마치 살아 있는 기억처럼 느껴집니다.

홍미롭네요. 당신의 기억력이 강화되었군요. 당신이 그렇게 할 때, 기억은 더욱더 생생해집니다. 그것은 부분적으로 저에게는 진실입니다. 하지만 기억력은 결코 제가 중점적으로 다루고자 하는 것은 아닙니다. 보고, 듣고, 느끼는 것은 현재의 경험을 강화하지만, 일반적으로 기억력에 대해서는 지나치게 많은 것을 하지는 않습니다. 저는 여전히 잘 잊어버립니다. 다행히도 교수로서 제가 마음챙김 없음에 대한 자격증을 가지고 있다는 것이 저의 잘 잊어버리는 습관에 대한 적절한 변명이 되어 줍니다.

참가자 : 하지만 산만해지기 쉽고 기억하지 못하는 것이 마음챙김 없음의 일부가 아닙니까? 저 역시 진정으로 현재에 존재했을 때 좀 더 생생하게 기억합니다. 삶을 살면서 무의식적으로 무엇인가를 했던 그때 저는 뭔가를 쉽게 잊어버렸습니다. 그래서 현재에 존재하면 좀 더 기억이 잘된다는 그 의견에 동의합니다.

네, 대부분의 사람들이 좀 더 현재에 존재하면서 경험했던 것들에 대한 기억이, 일상적인 몽롱한 수면 상태에서 일어난 사건들에 대한 기억보다는 확고하다고 말합니다.

참가자: 박사님, 저는 오늘 아침 수련과 나중의 보고, 듣고, 느끼는 훈련에서 왜 상체에는 주의를 기울이지 않는지가 궁금합니다.

의도적으로 상체에 주의를 기울이지 않는 이유에는 세 가지가 있습니다. 첫째는 구르지예프의 방식대로 가르치는 사람에게서 배운 방식이기 때문입니다. 둘째는 상체 감각을 추가하는 것은 탐색하면서 많은 자극을 발생시킬 수 있으며 사람들을 더 힘들게 할 수 있습니다. 그러나 이론적으로 중요한 이유는 정신치료적 연구에서 보면, 우리의 감정적인 외상이 몸에 저장되어 있다는 결과가 있습니다. 감정적인 외상은 몸의 특정한 위치의 감각에 대응되거나 관련이 있는데, 그 위치가 일반적으로 상체입니다. 또 어떤 소수의 사람들은 팔뚝에 저장된 외상이 있을 수 있습니다. 그러나 복부나 가슴 등으로 들어가면 잠재적으로 자극적인 부위일 수 있습니다.

그래서 여러분이 그런 사람들에게 몸 전체의 감각을 탐색하도록 한다면 때때로 사람들의 외상 기억이 저장된 부위를 자극할지도 모릅니다. 그것이 제가 상체에 주의를 기울이지 않게 하는 이론적인 이유입니다. 그것이 얼마나 중요한지는 잘 모르지만 어떤 사람들에게는 중요한 고려 사항일 것이라 생각됩니다. 다른 사람들에게는 아닐 수도 있지만요. 저는 지금-여기로 돌아오는 방법으로 몸 중에서 팔과 다리를 느끼도록 가르칩니다. 그러나 나머지 부분들도 자연스럽게 다가온다면, 괜찮습니다. 개인적으로 저는 제 몸 전체를 보고, 듣고, 느끼는 연습을 합니다. 그러나 가르칠 때는 팔과 다리만을 대상으로 합니다.

참가자 : 사실 저는 몸으로부터 팔과 다리를 따로 분리해서 느끼려고 노력합니다. 다른 수련에서 몸 전체를 함께 작업해 보았는데 매우 어려웠습니다.

네, 맞습니다. 그런데 당신의 목소리로 보아 더는 보고, 듣고, 느끼고 있지 않은 것을 알 수 있습니다. 여러분이 질문할 때 저는 보고, 듣고, 느끼라고 강요하지는 않지만, 질문할 때도 보고, 듣고, 느끼도록 해 보세요. 우리 대부분이 말을 하면서 의식에 머무는 것이 어렵다는 것은 알고 있지만 실천은 하지 않습니다. 지금 그렇게 해 보세요. 우리가 입을 열 때 의식의 명료함이 사라져 버린다는 것은 참 슬픈 일입니다. 우리가 말하는 행동에는 최면이 걸려hypnotized 있습니다. 그러나 노력해 보도록 권합니다. 여러분이 계속 보고, 듣고, 느끼면서 질문하면 질문하는 것이 더 흥미롭다는 것을 스스로 알게 될 것입니다.

참가자 : 이 훈련이 예술가에게는 더 쉬운지 궁금합니다. 사실 예술가들은 일반인들에 비해 주변 환경에 좀 더 접촉하고 있습니다. 특히, 시각적인 속성과 관련해서는 더욱 그렇습니다.

예술가이신가요?

참가자: 네, 다른 것들도 했지만, 예술가였습니다. 그리고 저는 항상 집으로 돌아가서 다른 일들을 합니다.

이것이 예술가들에게 더 쉬운지 아닌지는 모르겠습니다. 예술가는 일반적인 범주에 속하지 않는다고 추측할 뿐입니다. 예술가라는 이름으로 일괄적으로 다루기에는 여러 종류의 사람들이 있습니다. 외부 세계를 명확하게 알아차리는 능력이, 보고, 듣고, 느끼는 것과 같은 어떤 것을 하기 때문일 수도 있고, 사물의 특정한 감각 속성에 주의를 기울이도록 기계적인 습관이 훈련되어서 그럴 수도 있습니다. 하지만 잘 모르겠습니다. 그것이 예술가들 사이에서는 자연스럽게 일어날 수도 있겠지요.

자연스럽게 말하자면, 워즈워스Wordsworth의 〈불멸의 암시Intimations of Immortality〉라는 시의 처음 두 구절이 적절한 듯합니다.

초원과 시내, 흙과 모든 평범한 광경들이
나에게 천상의 빛과 영광, 생생한 꿈으로
단장한 듯 보였던 때가 있었네.

그러고 나서 그의 평범한 성인의 관점으로 옮겨 가서 읊습니다.

그것은 옛날 옛적의 일처럼 아득하네.
내가 어디를 가든지, 밤이든지, 낮이든지
내가 보았던 그 빛은

이제 다시는 볼 수가 없네.

저의 단조로운 이야기 속에서 워즈워스는 구르지예프가 수면이나 꿈의 상태라고 말하는 평범한 의식, 그 의식의 자동화에 대해 말하는 것입니다. 아이들은 더 자연스러운 생동감과 더욱 큰 알아차림을 가지는 것 같습니다. 그들은 사고보다는 감각으로 세상을 더욱더 재미나게 삽니다. 그러나 우리는 감각으로 살기에는 너무도 바쁘고 중요한 사람들입니다. 그래서 우리는 메마른 삶을 사는 것입니다.

참가자 : 그것에 대해 할 말이 좀 있습니다. 박사님께서 이 문제를 어떻게 생각하는지 알고 싶어요. 박사님은 우리가 세상에 더 잘 조율되도록 하는 의도적인 방법을 가르쳤습니다. 그러나 제 경험상 이것은 어떤 때는 자연스럽게 일어납니다. 특히, 주의가 분산되는 때는 더욱 그렇습니다. 이런 식으로 주의를 나누는 것은 너무 부자연스러운 것이 아닙니까? 자연스러운 개방에 의한 결과가 이러한 훈련의 결과와 비슷합니까?

당신은 이 훈련과 비슷한 어떤 것에 대해 말하는 것 같습니다. 맞습니다. 보고, 듣고, 느끼는 것을 의지의 의도적인 행동으로써 우리 스스로를 왜곡하면서 완전히 인위적으로 훈련할 필요는 없습니다. 어떤 자연스러운 상황은 그런 식으로 우리의 주의를 나누는 것을 더 쉽게, 훨씬 자발적으로 할 수도 있고, 또 어떤 상황은 그러한 것을 더 힘들게 하기도 합니다. 현대의 삶은 주로 더 힘들게 하지요.

예를 들면, 초기 힌두교인과 불교인들이 마야maya나 삼사라samsara에서 살고 있다고 말했는데, 현재 지구에는 그들이 전혀 예견하지 못했던 가장 기술적으로 진보된 삼사라가 진행되고 있다는 것입니다. 여러분은 우리 문화에서 자신의 마음과 홀로 마주하는 시간을 가질 수가 없습니다. 곧바로 수백 개의 위성 텔레비전 채널과 라디오 쇼가 나오고, 막대한 양의 광고 메일과 잡지들을 받을 수도 있고, 채팅으로 깨어 있는 모든 시간을 써 버릴 수도 있고, 혹은 뉴스를 좇아 다닐 수도 있습니다. 물질적으로 풍요로운 서양의 경우 많은 이들이 삶의 대부분을 다른 것에 주의를 뺏길 수 있습니다. 일로써 주의를 빼앗기는 때도 있습니다. 우리의 주의를 본질적인 것으로부터 다른 곳으로 돌리게 합니다. 현대의 많은 삶은 주의 빼앗기의 연속입니다. 이곳으로 돌진하고 그 후에 또 이곳저곳으로 옮겨 다니는 휴가조차도 우리를 본질적인 것으로부터 주의를 빼앗는 다른 방법일 수 있습니다. 삶에서 질적으로 부족한 것을 채우려고 품질이 낮은 감각 인상 양식을 게걸스럽게 먹는 것은 단지 부분적으로만 성공적인, 절망적이고 매우 대가가 높은 전략입니다. 그런 장소에서 보다 의식적으로 본다면 그 감각 인상은 고품질이 될 수 있습니다. 예를 하나 들어 보겠습니다. 작년 여름 아내와 저는 그랜드 티턴Grand Teton 국립공원에서 며칠간 캠핑을 하였는데, 삼림 감시원의 말을 빌리면 그 공원에서 방문객이 머물 수 있는 시간이 평균 한 시간뿐이라고 말해서 매우 놀랐습니다. 한 시간이면 옐로스톤Yellowstone까지 운전해서 걸리는 시간입니다. 그들은 "왼쪽에 있는 저 아름다운 산 좀 봐!"라고 말하면서 휑하고 지나쳐 버렸습니다. 요즘은 호수나 숲처럼 조용한 장소에 내려서 단지 그곳에 존재하면서 더 느리고 자연스러운 리듬으로 들어가는 사람들이 많지 않습니다.

이제 구르지예프가 제시한 가짜 인격false personality과 본성essence에 대한 구별을 다뤄야 할 때인 것 같습니다. 본성은 태어날 때부터 갖는 것입니다. 본성은 모든 사람들이 똑같지는 않지만, 매우 기본적이고 자연스러운 것입니다. 그러나 본성은 성장하면서 억압당하고 종종 말살당합니다. 본성에 내재된 자연스럽고 생생한 에너지를 빼앗기고 대신 성격이 형성됩니다. 그러나 구르지예프는 보통 인격을 가짜 인격이라고 말합니다. 저는 많은 영적인 사람들에게 폄하되어 사용되기도 하고, 심리학자들에게는 다소 긍정적인 의미로 사용되기도 하는 용어인, 에고ego라는 말보다 가짜 인격이라는 말을 더 좋아합니다. 가짜 인격이라는 것은 자기라고 생각하는 조건화된 모든 것을 말하며 여러분 대부분이 모든 에너지를 쏟아부으며 서둘러서 무엇을 하고, 하고, 하고…… 하면서 그것이 자신이라고 잘못 생각하는 것을 말합니다. 그것은 사회적으로나 부모들이 "착한 아이는 그런 것에 대해 생각하지 않는 거야!"라고 말하는 것처럼, 당신의 느낌과 인식의 어느 부분을 부정하게 하고 "아빠는 네가 의사가 되지 않으면 너무 가슴이 아플 거야."라고 말하는 식으로 다른 사람의 기대에 부응하게 하는 것에서 기인합니다.

가짜 인격으로 인생을 사는 것은 매우 부조화된 존재의 형태입니다. 그것의 결과 중 하나로 많은 사람들이 존재론적 신경증이나 중년의 위기를 맞습니다. 50대의 어느 한 여성이 일상적인 사회적 용어로는 성공했지만, 갑자기 '나는 의사가 되는 것을 바라지 않았어! 내 직업을 좋아하지 않아! 의사가 된 것은 단지 부모를 기쁘게 하기 위해서였어. 내 삶을 낭비했어! 내가 가치 있다고 믿었던 것들은 어떤 것도 하지 않았어.' 라고 깨닫게 됩니다. 이러한 위기는 사람들이 자신이라고 여겨 왔고 자신과 동일시했던 많은 것들이 그들이 선택한 것이 아니고, 또한 사실 그것들이 내면의 더 깊은 충동과 본성에 반하는 것이라는 것을 깨닫게 될 때 발생합니다. 그래서 구르지예프는 그것을 가짜 인격이라고 하였습니다. 거기에는 자유롭고 의식적인 선택이 별로 없습니다. 우리가 이미 어렸을 때 부모나 문화에 의해 조작되고 억압된 것입니다. 우리를 그럭저럭 살아가게 하고 대처하도록 하기 위해 적응하도록 하는 전략은 비록 지금은 구시대적이고 부적응적이라고 할지라도, 그것들이 나와 동일시되고 나를 만들고 가짜 인격이 되기도 하지만, 우리를 자동적으로 활동하게 하고 우리 삶의 에너지를 사용하고 있습니다.

그래서 때때로 야생으로 나가는 것이 도움이 될 수 있습니다. 일상적이고 뜬구름 같은 삶보다 더 느린 리듬과 함께 시작하는 조용한 곳에 가는 것은 도움이 될 수 있습니다.

제가 개념적으로 말하는 동안 여러분의 팔과 다리를 느끼는 분들이 계십니까? 보고, 듣고, 느끼고 있습니까?

참가자 : 만약 박사님이 통증이나 만성 통증이 있고 항상 몸을 알

아차리고 있다면 요가 자세 같은 어려운 동작이 몸을 자동적으로 변화시킬 것으로 생각하십니까?

무슨 말씀인지 잘 이해하지 못하겠습니다.

참가자: 약간의 통증이 있다면 정신적으로 이 마음챙김 과정으로 자동으로 빠져들지는 않습니까?

당신은 통증을 자기기억을 연습하는 표식reminder으로 사용하거나 자동적인 방식으로 반응하거나 혹은 그것을 곧바로 없애 버리는 어떤 것도 할 수 있습니다. 그러나 통증이 그것을 자동적으로 그렇게 한다고 생각하지 않습니다. 단지 통증이 있다고 해서 당신이 보고, 듣고, 느끼는 것을 하지는 않을 것입니다.

참가자: 하지만 저는 명상을 할 때 일부러 딱딱한 의자에 앉습니다.

저는 고통스러운 자세가 당신의 주의를 나누기 위해서 선택된 것으로 생각하지 않습니다. 제 개인적인 경험에 의하면 자기기억을 습관화하거나 자동화할 수는 없습니다. 이것은 최소한 주의를 나누고 주의의 방향을 결정하기 위한 의지의 행위입니다. 일상적인 의식에서는 사물들이 저절로 다가오고 주의를 분산시키지만, 그것은 기계적인 반응일 뿐입니다. 기계적인 주의 분산과 의도적으로 주의를 나누는 것과는 다릅니다. 당신이 의도적으로 주의를 나눌 수 있다면, 그때서야 통증을 자기기억의 표식 혹은 연료[fuel]로 의도적으로 사용할 수 있을 것입니다. 통증 그 자체가 당신으로 하여금 자기기억을 하게 하지는 않습니다.

잠시 쉴까요? 휴식하는 동안에도 보고, 듣고, 느끼는 연습을 계속해 보세요. 강요는 아닙니다. 재미있는 것을 하나 알려 드릴게요. 여러분이 휴식하러 가는 데 아쉽게도 너무 교훈적인 일화일 수도 있겠네요.

1970년대 초 캘리포니아 대학에서 몇 년간 있으면서, 한 동료[Joseph Lyons]와 저는 인본주의 심리학 강좌를 열고 싶었습니다. 그런데 제 심리학과 동료는 그 생각에 매우 회의적이었습니다. 그들은 인본주의 심리학에 대해 들은 적이 있었습니다. 인본주의 치료에서는 사람은 감정과 경험을 갖고, 학생들이 있는 강의실에서도 감정과 경험이 존재한다고 봅니다. 그러나 그것은 심리학이나 대학의 강의실에서 전혀 적절하지 않은 감정이나 경험일 수 있습니다.

그래서 그 동료는 각 강좌의 첫 번째 수업의 첫 부분에 하는 것을 조건으로 인본주의 심리학을 가르칠 것을 허용했습니다. 우리는 공식적으로 학생들에게 이 수업을 공지했는데, 경우에 따라 경험적인 연습을 할 수도 있으므로, 학생들을 그 경험에 초대하는 데 목적을 두었습니다. 그러나 반드시 경험을 해야 하는 것은 아니고 경험을 하든 못하든 학점에는 반영되지 않는다고 알렸습니다. 요지는 강요가 아니라는 것입니다. 그러나 여러분이 휴식하는 동안 사람들과 교류를 나눌 때 보고, 듣고, 느끼는 것을 기억하려고 노력해 보세요. 그렇게 하시면 무척 재미있을 것입니다.

9 의식과학을 향하여

Toward a Science of Consciousness

9
의식과학을 향하여

Mind Science

오늘 이야기한 것들을 이해하는 데 중요한 개념을 하나 더 말씀 드리고 싶습니다. 그런 다음 우리가 이미 다루었던 것들의 어떤 측면을 좀 더 깊이 다루거나 확장시키도록 하겠습니다.

우리는 '의식과학을 향하여'라는 주제로 여기에 모였습니다. 의식과학이 무엇을 의미하는지에 대한 의견은 정말 많습니다. 어떤 훈련에서는 의식을 물질적인 구조물 안에 있는 것으로 설명하여 의식은 약 3,217,469개의 뇌세포 활동 외에 아무것도 없다고 말하기도 합니다. 사람들이 뇌 작용을 밝히기 위한 연구를 하고 있다는 것은 반가운 일입니다. 뇌는 확실히 의식에 중대한 관련이 있습니다. 그러나 저는 주로 의식 그 자체에 관심이 있습니다. 저는 의식에 대한 우리의 관심이 물리학자나 신경학자들이 그것을 우리에게 설명해 주면 더 이상 수수께끼가 아닌 것이 되는 식으로 '우리가 기다려야 하는 어떤 것'이라는 태도를 쉽게 받아들여야 한다고는 생각하지 않습니다. 저는 의식 그 자체입니다. 제 의식에 대한 저의 경험은 대부분 제가 경험하는 현실에 대한 직접적인 자료입니다. 저는 제 몸과 제 신경 시스템과도 정말로 중요한 연관성을 가지고 있지만, 저는 의식입니다. 그 의식의 질은 제 삶의 질입니다.

저는 저만이 기본적인 의식을 소유한 유일한 사람이라고 생각할 만큼 유아론적이지 않습니다. 저는 우리가 의식이라고 생각합니다. 우리 각자가 개인적으로 의식을 더 잘 관찰할 수 있는 방법에 대해 말씀 드리고 있는데, 의식에 대한 지식이 많아질수록 자유와 의식을 사용하고 제어하는 능력은 향상됩니다. 그러나 사회적으로 공유되는 차원으로 옮겨서 생각해 봅시다. 의식과학을 발전시켜 나가고, 사회적으로 공유되는 지식체로 만들고, 그 후에 우리 개개인의 지식이 공유된 지식의 심의를 거쳐 다른 의식적인 마음과 상호작용하면서 확장되고 풍부해질 수 있습니다. 저는 점차 화학에 대한 모든 작용 원리를 스스로 가늠하게 되었습니다. 그러나 화학에 관련된 책들을 골라 읽음으로써 더 큰 확신을 얻었습니다. 우리가 의식에 관련된 유사한 책들을 구할 수 있을까요?

앞에서 말씀 드렸듯이 지난 세기 동안 심리학은 마음과학, 의식 내면의 과학이 되려고 노력했습니다. 그러나 별다른 효과가 없었습니다. 잘 훈련된 관찰자들이 부족했고, 연구자의 선입견이 가장 큰 문제였다고 이미 말씀 드렸습니다. 만약 그들이 계속 자신들의 일을 하고 있었다면, 그들은 자신들의 상사인 박사 내지는 교수의 이론을 증명해야 했을 것입니다. 그리고 그것은 의식적이지 않았을 것입니다. 내면 관찰자들의 경험은 아마도 의식적이든 무의식적이든 선입견의 영향을 받았을 것이고, 그래서 그들은 그 영향하에 증명하였고, 그들이 보아야만 했던 것들을 보았습니다. 믿으면 보인다는 옛말처럼 그렇게 되어 버린 것입니다. 그렇다면 우리가 의식과학에 대해 좀 더 잘 알 수 있을까요?

잠시 불교가 의식과학으로서 가능한지 고찰해 봅시다그리고 여러분 중에 마음챙김 명상의 발전을 진정으로 원하는 분들을 위한 것이기도 합니다. 이미 말씀 드렸듯이 "권위자가 말한 어떤 것도 믿지 마라. 여기 당신의 마음과 본성을 관찰하려는 방법이 있다. 이해하고 스스로 해결하라!"라고 말하는 사람들에 의해 시작된 전통이 있습니다. 이것은 자신만을 위한 것은 아닙니다. 지금보다 더 깨어 있고 깨달음을 얻으면 얻을수록, 다른 사람들을 덜 해롭게 하는 것은 물론 스스로에게도 더 유익함을 가져다줍니다.

『칼라마스 경Sutta to the Kalamas』에서 붓다가 실제로 말한 것을 번역한 것으로 큰 영감을 불러일으키는 게이츠Gates의 글이 있습니다(Gates, 1989).

들은 것이라고 해서 믿지 마라.

많은 세대를 걸쳐 내려온 전통이라고 해서 믿지 마라.

많은 사람들이 말하고 소문이 났다고 해서 믿지 마라.

성스러운 책에 쓰인 것이라고 해서 믿지 마라.

스승이나 연장자들의 권위에 의한 것이라고 해서 믿지 마라.

관찰과 분석 후에 이성적으로 동의할 만한 이유를 찾거든 자신과 모두에게 도움이 되거든 그것을 받아들이고 실천하라.

참가자: 말씀하시기 전에 좀 더 명확하게 알고 싶습니다. 마음을 어떻게 정의하십니까?

저는 마음을 정의할 수 없습니다. 의식도 정의할 수 없습니다. 이는 누구도 할 수 없는 일입니다. 저는 단지 사람들이 시도해 볼 만한 재미있는 것을 발견했다고만 말합니다.

마음이든 의식이든 그것의 매우 작은 기능 중 하나는 뭔가를 정의하는 것입니다. 전체 중의 이 작은 하위 기능이 전체를 정의할 수 있다는 마음이지요. 그러나 그것은 정말 불가사의한 것입니다. 저는 한 사람이고, 하나의 의식이고, 하나의 마음입니다. 저는 제 마음을 직접 관찰하고 다른 사람들의 마음을 간접적으로 관찰함으로써 의식과 마음에 대해 배울 수 있습니다. 개인적으로 제가 마음과 의식을 정의하지 못하는 것에 대해 별로 걱정하지 않습니다. 다행히도 특별한 맥락에서는 마음과 의식의 중요한 속성이나 측면이 설명될 수 있습니다.

참가자: 무엇이 일어나고 있는지 안다고 하면서 정의할 수 없다는 것은 역설적입니다. 제가 "고양이를 연구합니다."라고 말한다면, 고양이를 설명할 수 있고 고양이가 무엇인지 압니다. 제가 연구하는 실제 고양이와 '고양이' 라는 명칭과는 차이가 있습니다. 하지만 상식적으로 오늘 우리가 이야기하는 것은

그 명칭입니다.

맞습니다. 상식적으로 제가 이 순간 말하는 모든 것은 그 명칭, 이름이 실재가 아니라는 것을 상기시키고자 하는 것입니다. 우리는 의식의 실재에 더 명료한 주의를 기울일 수 있고, 그렇게 하는 것은 우리에게 매우 유익할 것입니다. 우리가 궁극적으로는 그 실재를 붙잡을 수 있을지 그렇지 않을지는 모릅니다. 그러나 더 가까이 접근할 수는 있습니다.

LSD 경험을 했다고 말했던 친구가 생각납니다. 그것은 그녀에게 심오하고 신비로운 경험이었다고 합니다. 적절한 상황에서 환각제는 많은 사람들에게 매우 심오한 경험을 하게 합니다. 그 친구는 하늘에 큰 글씨로 쓰인 우주의 위대한 진리를 보았다고 했습니다. 그것은 분명히 그녀의 이해를 한층 확장시킨 신비한 경험이었지요. 하지만 저는 궁극적인 실재는 글이나 말을 초월하는 것이라고 생각합니다. 우리가 말에 끌려가지 않는 한, 말은 우리의 주의를 향하게 하는 유용한 표식입니다.

그래서 저는 최종적인 정의나 이러한 것들에 대해서 지나치게 신경 쓰지 않습니다. 실재는 중요하고 우리가 그것을 말의 그물에 꽁꽁 묶든지 말든지 간에 그것은 있는 그대로 존재할 것입니다. 제가 마음 쓰는 것은 지금 우리가 보고, 듣고, 느끼는 것으로 주의를 돌리는 것입니다. 우리가 실재와 많이 접촉하지 못하고 실재에 대한 개념과 추상에 빠져 습관적으로 쉽게 끌려갈 수 있다는 점이 염려됩니다.

질문하고자 하는 분이 또 보입니다. 또 실재에 대해서 정의하라고 하지는 않겠지요?

참가자: 철학자 데이비드 차머스(David Chalmers)의 글에서는 우리가 경험을 출발점으로 삼고 그것을 근본적인 것으로 받아들일 수 있다고 했는데, 박사님도 이와 유사한 관점인 것 같네요. 우리가 그렇게 경험하는 것이 가능해 보입니다.

저는 경험을 근본적인 것으로 간주합니다. 경험은 확실히 근본적입니다. 저는 제 경험입니다. 제가 제 경험에 대해 생각할 때 범주화를 시작합니다. 물론 생각하는 활동 역시 제 경험의 일부분입니다. 경험의 특별한 종류이지요. 그러한 범주화 중 하나는 이른바 실제적이며 물리적인 세상입니다. 그것이 사실상 의미하는 것은 제 경험의 어떤 범주가 그것들 각자와 매우 규칙적이며 예측 가능한 상호 연관성 사이에서 많은 일치를 보인다는 것입니다. 예를 들면, 제 의식과는 별도로 그것들이 제 외부에 존재한다고 가설화한 잠정적인 작업가설tentative working hypothesis과 같이 말입니다.

일반적으로 제 의식의 다른 측면과 독립적인 특성을 지닌, 독립적으로 존재하는 물리적 세계의 이론은 아주 잘 적용되는 가설 같지요? 제 자리에 물 한 잔을 놓기 위해서 이 탁자가 고체임을 증명하는 방식으로 탁자의 분자들이 서로 붙어 있는 것을 검증하려는 어떤 노력도 할 필요가 없다고 생각합니다. 제가 염려하지 않아도 그것들은 자신들의 일을 할 것입니다. 독립적으로 존재하는 물질적인 세계에 대한 이론은 제 마음을 매우 편안하게 합니다.

그러나 그 경험을 유지하려는 저의 어떠한 노력도 없이, 제 앞에 있는, 명백하게 독립적으로 존재하는 책상 위에 놓인 물 한 컵을 보는 이 경험은 저에게 직접적으로 유효하다는 점에서 여전히 하나의 경험입니다. 독립적으로 존재하는 물리적인 세상에 대한 생각은 설사 매우 유용하고 설득력이 있고 작용하는 가설일지라도, 그것은 여전히 그저 잠정적일 뿐입니다.

그러나 많은 사람들이 이 점을 간과하고 있습니다. 그들은 우리와 독립적으로 존재하는 외부 세계를 가정할 뿐만 아니라 물리적 세계의 독립적인 실재가 더는 효과적인 가설로 인식되지 않는 특수성에 완전히 빠져 버립니다. 그것은 심리학을 명확하고 의심할 여지없는 진실, 유일하고 궁극적인 실재로 만들어 버렸습니다. 경험이란 그 자체를 설명하기에는 신비로운 것이 되어 버렸습니다. 정말 많은 사람들이 경험을, 우리가 의식에 대한 물리적인 기초를 상상조차 할 수 없다는 이유로 일종의 '부수 현상'으로 불렀는데, 이는 경험과 의식을 부가적이며 중요하지 않은 것으로 만드는 하나의 화려한 철학적 방식입니다. 저는 이 일련의 과정이 항상 놀랍고 즐겁다는 것을 발견해 왔습니다. 우리는 직접적인 경험으로부터 시작합니다. 또한 독립적이며 물리적인 세상이라는 가설을 바탕으로 한 경험들이 서로 일치되고 상호 관계가 있다는 것을 알아차리고 그 경험들이 다시는 이 제한적인 물질적 구조물 안에서 이해되지 못한다는 사실에 마음이 사로잡힙니다. 그렇다면 이제 우리의 근본적인 출발점, 실제적이며 직접적인 경험은 사라져 버렸을까요? 저는 그것에 대해 신경 쓰지 않습니다.

이제 의식과학에 대해 이야기해 봅시다. 불교가 이 맥락에서 토론할 만한 아주 재미있는 예가 될 수 있습니다. 이미 말씀 드렸듯이 붓다는 권위주의적인 인물이 아닙니다. 그는 여기 당신의 마음을 조사하기 위한 도구가 있는데, 그것이 당신 자신과 실재의 본성에 대한 매우 중요한 통찰로 이끌 수 있으니 실험해 보라고 했습니다. 만약 그것이 당신에게도 적용되면 참 좋은 일이지만, 그렇지 않다면 그것을 믿지 마세요. 붓다가 말했다고 해서 전부 믿어서는 안 됩니다. 붓다가 오늘날에도 살아 있었다면, 그를 수동적으로 수용하면서 진리를 깨달은 신성한 존재로 믿는 불교도 때문에 매우 불행했을 것입니다. 널리 보급되어 있는 불교에 관련하여 이런 식의 말을 하는 것이지, 불교 내의 훨씬 적은 규모에 속한 능동적인 명상 전통에 대해 말하는 것은 아닙니다. 현대 서양인들이 마음과학으로 인식할 수 있거나 최소한 마음과학의 시작으로 인식할 수 있는 명상 전통에는 뭔가가 있을 것 같습니다.

우리가 능동적인 불교의 명상 전통에서 보는 것은 무엇일까요? 사람들은 마음을 관찰하는 명상 기법의 몇 가지 기본적인 방법을 배웁니다. 그 후 수년간을 더 세밀한 마음의 구조를 보기 위해 명상이라는 현미경을 사용해서 자신의 마음의 연구실에서 부단히 관찰합니다. 그들은 상호 교류와 가르침을 통해, 그리고 그들의 경전과 오랜 기간 소통하면서 자신들의 관찰을 공유합니다. 그들의 관찰과 성찰의 결과로 그들은 붓다와 같은 주장을 하게 됩니다. 이 지식의 집대성은 신념체계가 아니라 차라리 실재에 대한 유효하고 유용한 정보라고 할 수 있습니다.

수련의 본질적인 부분으로 간주하는 삶을 사는 도덕적이고 실제적인 규칙들과 결합함으로써 이러한 명상 기법들은 경전에 쓰인 마음의 본성에 대해 여러분 역시 개인적으로 증명할 수 있는 도구가 될 수 있다고 거듭 주장하고 있습니다. 마음에 대한 진보된 수련자들과 관찰자들은 마음과 실재의 본성에 대해 그들이 발견한 것과 이해한 것에 대해 우리에게 설명할 것입니다. 하지만 그와 동시에 그들은 말로는 적절하게 설명할 수 없는 것이 많음을 인정할 것입니다. 왜냐하면, 말, 논리, 언어는 전체 마음 중 아주 조그만 부분이기 때문입니다. 우리의 일상적인 의식이 말에 굳어져 있어서 매우 심하게 현혹되어 있다는 것은 말할 필요도 없습니다. 그러나 그들은 심오한 방식에서 마음이 무엇인지를 이해할 수 있는 절차가 있음을 계속해서 주장합니다.

그것은 마치 본질적인 과학과 매우 유사합니다. 훈련받은 수련자들이 정확한 관찰을 하기 위해 정제된 수단을 통해 어떠한 종류의 결론에 도달하고, 그들의 동료와 의견을 나누는 과정을 따르고 있습니다. 그러나 서양의 관점에서 궁금한 것은 그것이 과학인가, 종교인가 하는 것입니다.

과학과 종교의 차이에 대한 구별은 과학은 열린 마음과 열린 결말을 갖는 데 있습니다. 과학은 우리가 아무것도 모르지만 찾기를 원하며, 더욱이 앞서 말씀 드렸듯이 본질적인 과학의 방법에 따라 찾기를 원합니다. 우리가 찾은 것으로 만든 가설과 이론은 자료를 설명하고 항상 추가적인 테스트를 기꺼이 받아들이며, 그 자료들은 기본적인 결정 요소가 됩니다. 하지만 종교는 기본적으로 그들이 가진 중요한 진실을 믿습니다. 그것은 기술적인 분야에서는 조금 다듬어야 할 필요가 있습니다. 그러나 종교에서는 기본적으로 중요하거나 근본적인 질문은 없고, 알아야 하는 진실의 전부가 주어집니다.

앞에서도 언급했지만, 불교라는 용어는 서양의 선교사들이 믿음과 수련의 광범위한 다양성을 범주화하기 위해 우연히 만들어졌지만, 이제 불교는 명백히 종교가 되었고 스스로를 불교인이라고 부르는 사람들도 많습니다. 불교의 권위자들은 경전의 구절을 인용하여 여러분에게 사물의 방식에 대해 말하며, 여러분은 그것에 맞추어 살기 위해 노력합니다. 대부분의 불교인은 명상을 많이 하지 않습니다. 그들은 도덕적인 삶을 살려고 노력하며 스님들에게 시주합니다. 스님들은 자신들이 명상하는 것이 세상의 모든 사람, 특히 스님들의 수련을 지원하는 자비로운 영혼들을 돕는 것이라는 공유된 믿음하에 명상 수련을 하는 전문가입니다. 이는 매우 단순화하여 드린 말씀입니다. 서양의 종교에서도 평범한 사람들이 도덕적인 삶을 살며, 연민과 친절로 공덕을 쌓으려고 하는 면에서는 꽤 비슷하지만 그 전문가들, 즉 스님들에게는 더 진보된 것이 있습니다.

불교에는 진정한 전문가가 많습니다. 비록 그 비율이 전체 불교인 중 극소수일지라도 말입니다. 그들 대부분은 수천 시간을 명상하고 수련합니다. 아마도 그들이 불교의 과학자들이겠지요? 그들은 명상과 수련을 반복하여 기본적인 관찰을 확장하고 이론을 검증하겠지요?

그렇다면 우리도 이와 비슷한 것을 할 수 있을까요? 우리도 명상적 기법을 훈련받아서 본질적으로 과학적이며 상대적으로 객관적인 마음을 관찰하는 관찰자가 될 수 있을까요?

우리는 마음을 고요하게 하는 방법부터 훈련할 필요가 있습니다. 일상적인 마음은 우리 내부의 연구실에서 의식을 연구하기에는 적절치 않기 때문입니다. 일상적인 마음은 항상 동요되어 있고 너무 바빠서 호수로 비유했듯이, 생각과 감정의 물결 때문에 표면을 통해 더 깊은 부분을 볼 수 없습니다. 우리가 그 폭풍을 잠재우는 데 효과가 있는 집중 방법으로 사람들을 훈련하면 마음이 투명해질까요? 우리가 위빠사나처럼 주의를 온전히 기울이는 것을 통해 표면을 뚫고 더 깊이 보는 것을 훈련할 수 있을까요? 그리고 우리가 마음에 대해 배우고 자료를 얻을 뿐만 아니라 그것을 다른 사람들과 나누고 소통하여 그 이해를 발전시킬 수 있는 지식의 사회적 모임을 만들 수 있을까요?

이제 저는 혼자서 깨달음에 도달하여 알아야 할 것을 모두 아는 전형적인 불교적 모델은 아니지만, 깨닫지 못한 대다수의 사람이 가진 지식을 부분적으로 공유할 수 있는 내부 지향적인 내성적 과학introspective science을 제안합니다. 아마도 우리는 그 이상을 할 수 있을 것입니다. 우리가 좀 더 진보된 수련을 하고, 과학의 본질적인 측면인 지식을 서로 공유할 수 있을까요?

전통적인 불교 수련과 본질적인 과학 사이에는 유사점이 있습니다. 그러나 중요한 차이점도 있습니다. 변성 의식을 유도하는 기법을 말씀 드렸지요? 거기에는 공식적이고 명확한 유도 기법이 있고, 기법이 사용되는 맥락, 즉 내외적으로 어떠한 것을 기대하는 맥락이 있다고 말씀 드렸습니다. 불교문화에서 불교인은 이 기본적인 명상 수련을 배울 때, 제가 오늘 가르쳐 드렸듯이 이렇게 간단하게 배우지 않습니다. 그들은 기본적으로 집중과 위빠사나 명상의 수련 기법을 배우지만 스승과 제자 모두 행해져야 하는 명상 절차대로 가르치고 수련하게 됩니다. 그들은 **깨달음**을 지향하고, 그들의 **업**[karma]을 줄이고 **정화**시킵니다. 저는 깨달음과 업, 정화를 고딕체로 강조하였는데, 그 이유는 그것들이 매우 복잡하지만 문화적으로 이해되어야 하는 것들이기 때문입니다.

우리가 유의해서 살펴볼 것은 이 가르침과 명상 수련 상황이 사회적 상황과 비슷하다는 것입니다. 상대적으로 명백하게 문화적인 장치로서 드러나지는 않지만, 항상 사회적 상호작용을 하는 과정에서 자주 강화되어 왔습니다. 그래서 불교적 배경을 가졌거나 불교적 맥락에서 불교 명상을 배우고, 그 신념체계를 가진 사람들은 서양 과학자들과 같은 상황에서 배우지 않습니다.

이상적으로 보면 서양 과학자는 모르는 것에 대한 최종적인 해답을 얻는, 실재라는 부분에 관심이 있고, 호기심을 강하게 느끼며, 그 분야에서 적절한 방법과 기법을 배울 수 있는지 추측하고 이바지하며 지식을 확장시킵니다. 즉, 우리의 문화는 지식이 정말로 불완전하지만 과학적인 방법을 적용하여 추가할 수 있다는 모델을 가지고 있습니다. 우리는 진보를 믿습니다.

불교적 모델은 깨닫고 붓다가 된 사람들에게는 모든 지식이 완전하며, 어떠한 개인이 붓다가 됨으로써 실험적인 방식으로 그것을 증명할 수 있다고 가정합니다. 미래의 붓다들은 과거의 붓다들보다 더 많이 알지는 못합니다. 그래서 거기에는 전형적인 서양의 모델에서처럼 진보progress라는 개념이 없습니다. 그러한 틀을 가짐으로써 같은 명상 기법을 배우는 어떤 불교인들은 '이것은 마음을 탐구하는 기법입니다. 무엇이 일어나든지 나는 모든 것에 열려 있습니다. 전에 알지 못했던 것을 배울 수 있을 것입니다.' 와 같은 단순한 태도를 지닌 사람들과 비교해서 보면, 알게 모르게 기대하게 되는데, 이 기대는 무엇이 일어날 것인지, 어떻게 더 나아갈 것인지에 영향을 미치게 됩니다.

명상이 마음에 대해 무엇을 발견할 수 있는가를 탐구하는 이상적인 과학적 접근법은 명상 수련의 결과로 일어나기로 되어 있는 것이 무엇이든지 간에, 어떤 기대도 하지 않는 숙련된 수련자 그룹을 훈련하는 일일 것입니다.

그것은 매우 이상적이지만, 일어나기로 된 것이 무엇이든지 아무런 기대도 하지 않는 사람들을 찾을 수 있을까요? 살아 있는 사람은 누구나 엄청난 내적인 것들을 가지고 있고, 모든 상황에서 일어나기로 되어 있는 것들에 대한 기대를 합니다. 그러면서 삶의 어떠한 영역에서 전혀 기대를 하고 있지 않은 선입견이 없는unbiased 사람들과 함께 작업할 수 있다고 여기는 것은 스스로를 현혹하는 것이며 자신의 연구를 위태롭게 하는 것입니다. 연구 결과는 여러분이 실수의 결과로 규정한 형식적인 심리학적 요소가 아니라, 스스로 알아차리지 못한 선입견과 기대의 함수일 것입니다.

그 기대가 얼마나 강력하고 잘못된 결과를 도출하는지에 대한 좋은 예는 감각 박탈sensory deprivation 연구에서 볼 수 있습니다. 수년간 심리학과 정신치료 논문에서 감각 박탈은 사람들을 부분적으로나마 미치게 하는 최소한의 강력한 심리적 기법으로 알려졌습니다. 그 심리학적 이론에 의하면 신경계는 뇌의 다양한 물리적인 센터들이 적절한 균형을 위해 계속 입력되는 감각 자극에 의존적임을 지적하면서 감각 박탈의 심리학적 효과를 설명했습니다. 그래서 여러분이 촉감과 자기 수용 감각을 제거하기 위해 누군가를 어둡고 조용하고 전혀 움직일 수 없는 방에 넣으면, 감각신경 자극 제거의 결과로 신경계의 불균형이 야기되어, 뇌는 물론 심리학적 뇌 기능까지 영향을 미친다는 것입니다. 미치광이nuts와 같은 전문용어를 사용하여 죄송하지만 그 용어의 속성은 전문적으로 본질을 전달하기 위함에 있습니다.

이러한 감각 박탈에 대한 이해는 심리학적 혹은 정신의학적 논문에서 잘 받아들여진 결론이었습니다. 많은 실험이 그것을 증명하는 듯 보였습니다. 저는 생리학적으로 그 효과가 정확히 어떻게 나타나는지에 대한 기사를 상세히 읽은 기억이 납니다. 그물 모양의 활성화 시스템과 상호작용하는 뇌 센터들도 포함되어 있었습니다. 감각 박탈은 매우 명확하고 잘 이해되는 현상인 듯 보였습니다.

그 후에 마르틴 오른Martin Orne, 1964이라는 유명한 정신과 의사와 같이 일하던 샤이베Scheibe라는 남자가 매우 흥미로운 실험을 했습니다. 실제적인 실험적 처치는 감각 박탈이 아니었습니다. 두 시간 정도 일상적으로 지루하게 여겨지는 상황에 부딪히는 것이었습니다. 그 치료에서 실험 대상자는 창문이 없지만, 불이 들어오는 어둡지 않은 작은 방에 들어갔는데, 방음장치가 되어 있지 않았습니다. 장소는 병원이었고 벽은 그다지 두껍지 않았습니다. 병원에서는 보통 복도를 지나가는 사람들의 구두 소리를 들을 수 있고, 벽을 통해 전자음muzak이나 두런두런 대화하는 소리까지 들을 수 있습니다. 실험 대상자의 움직임은 특별히 제한되지 않았습니다. 그 대상자는 탁자 앞에 놓인 나무 의자에 두 시간가량 앉아 있었지만, 기존의 감각 박탈 실험처럼 움직임과 촉감을 제거하기 위해 두꺼운 천으로 팔과 다리를 감싼 채 부드러운 매트리스 위에 눕거나 따뜻한 물탱크에 띄워지거나 하지는 않았습니다. 할 일이 아무것도 없었기 때문에 지루했습니다. 읽을거리나 비슷한 것을 할 만한 어떠한 것도 없었습니다. 이따금씩 우리는 지루한 상황에 놓일 때가 있지요. 그러나 보통은 그러한 상황이 매우 극심한 스트레스를 발생시키거나 정신착란 상황이 되리라고는 생각하지 않습니다.

벽에는 공황 상황 시 누를 수 있는 공황 버튼panic button이 있었습니다. 대상자는 실험자가 돌아오기 전에 그 실험을 참을 수 없다면 그것을 누를 수 있게 되어 있었습니다.

통제 그룹의 대상자가 병원 로비에 도착하였고, 편하게 옷을 입은 샤이베는 그들을 만났습니다. 샤이베가 자신을 대학원생이라고 소개했고, 두 시간 정도 이 방에 앉아 있어야 한다고 그들에게 말했습니다. 먼저 이러한 경험이 있는지 물은 후 질문지를 나누어 주었으며, 대상자를 처치 방으로 데리고 들어가서 참을 수 없으면 벽에 있는 버튼을 누르라고 한 뒤 방을 떠나, 두 시간 후에 돌아왔습니다.

예상했던 대로 아무도 버튼을 누르지 않았습니다. 보고서에 따르면, 대상자들이 지루해했다는 내용이 대부분이었습니다.

실험 그룹에서는 대상자가 병원 로비에 왔을 때 샤이베가 하얀 연구실 가운을 입고 주머니에 청진기를 넣고 공식적인 이름표를 달고 그들을 만났으며, 정신과 의사 샤이베 박사라고 자신을 소개하였습니다. 그 상황은 통제 그룹의 상황과는 다른 것을 기대하는 상황이었습니다. 만약 당신이 정신과 의사가 하는 실험에 참여하였다면, 정신과 의사들은 무엇을 연구하였을까요?

참가자: 그들은 정신병을 연구합니다.

맞습니다. 샤이베는 대상자를 정신과적으로 입원할 필요가 있는지를 결정하는 데 사용하는, 기초적인 정신과 입원 면접을 하는 인터뷰 방으로 데리고 갔습니다. 인터뷰를 하는 동안 벽에는 응급 트레이라는 라벨이 붙은, 피하 주사기를 놓은 상자가 있었습니다. 샤이베는 그 상자에 대해 아무 말도 하지 않았지만, 그것이 거기에 있는 것은 흔한 광경이었습니다. 만약 대상자가 그것에 대해 물으면, 중요하지 않다고 짤막하게 대답했을 것입니다.

인터뷰를 마치고, 대상자는 잘 인쇄된 세 쪽짜리 법률 면책 양식에 서명하였습니다. 그것은 피실험자가 이 실험에 참가함으로써 발생하는 중대한 결과에 대해 실험자와 실험자의 관리자, 매사추세츠 종합병원, 매사추세츠 주, 국가정신건강위원회 그리고 미국 정부,

종합병원이자 국립정신건강기관이 면책된다는 내용이었습니다.

샤이베는 이 실험이 감각 박탈 실험이라고 말했습니다. 그 용어는 얼마 동안 우리에게는 익숙했던 용어였지요. 그 후에 실험 그룹의 대상자는 통제 그룹의 대상자와 똑같은 지루한 상황에 놓였습니다. 그들은 방음이 되지도 않고, 어둡지도 않은 방에 있었습니다.

예상대로 결과는 매우 달랐습니다. 실험 대상자의 많은 이들이 공황 버튼을 눌렀습니다. 그들은 두 시간을 견딜 수가 없었습니다. 설문 결과는 뇌에 감각 자극의 실제적인 감소와 관련된 정신병과 같은 증상이 실제로 암시만으로 일어날 수 있다는 것이었습니다.

샤이베와 오른은 감각 자극을 실제 둔화시키는, 추정된 기본적인 생리적 기능에 대한 절차의 결과로 그 모든 증상이 기대에 의한 심리 변화에 의해 발생한다고 설명하였습니다. 그것은 감각 박탈이라고 하는, 사람들에게서 감각 자극을 빼앗아 버리는 것이 아니고, 단지 그렇게 되도록 기대되는 상황에서 그러한 일이 일어날 수 있다는 것을 깨닫게 했고, 감각 박탈에 대한 모든 연구가 다시 이루어져야 한다는 것을 의미합니다. 실제로 모든 감각 박탈 연구는 정신질환이 무엇인지에 대한 모델을 발견하는 데 우리를 도울 만한 결과를 가져올지도 모른다는 내외적인 기대치 모델을 가지고 종종 정신과 의사들에 의해 병원에서 이루어져 왔습니다. 샤이베와 오른의 연구는 내부적인 기대만으로 감각 박탈이 일어난 것처럼 잘못 이해된 꽤 많은 현상을 만들 수 있음을 알려 주는 유용한 연구였습니다. 게다가 이론적으로 옳다고 여겼던 감각 박탈에 관한 수십 개의 기존 연구들의 결론과 해석을 약화시키는 연구였습니다.

이상적으로는 우리가 완전히 선입견이 없고, 어떤 기대도 없이 의식과학을 발전시킬 기초적인 기법으로서 명상을 수련할 그룹을 만들 수 있을 것이라고 말씀 드렸습니다. 그러나 이 감각 박탈의 예와 다른 예들에서 보듯이 이것은 너무 단순한 생각입니다 우리가 선입견을 이해하고 이를 상쇄하고 줄이려는 노력은 할 수 있지만, 그것이 전부 없어졌다고 가정하는 것은 어리석은 일임을 알 수 있었습니다.

의식과학, 마음과학을 발전시키는 주제로 돌아가서, 여러분이 누군가에게 명상 기법을 가르칠 때 명상을 배우러 오는 사람들은 늘 어떤 기대를 하고 온다는 것을 알아야 합니다. 우리 과학자들과 실험가들 역시 우리의 심리 작업이 항상 효과를 낼 것이라고 기대합니다. 대부분의 실험가들은 기대뿐만 아니라 여러 가지 방식으로 그들의 대상자들과 그 기대에 대해 이야기합니다. 또한 대부분의 실험가들은 꽤 심각한 착각을 하는데, 삶을 더 복잡하게 하는 바로 객관성에 대한 착각입니다. '나는 객관적인 과학자이고 진리를 위하여 열린 마음으로 편견 없이 이 연구를 진행하고 있다.' 라는 식으로 말입니다. 한 실험가가 자신의 대상자가 중요한 기대예측되는 것를 이미 가지고 있음을 깨달을 때, 그 실험가는 종종 '대상자들은 어떤 기대를 할 수 있지만, 그것은 연구를 어지럽히고 오류를 일으킬 수 있는 변인variance입니다. 그래서 많은 대상자들을 대상으로 하면 그것은 평균치가 될 것입니다.' 라고 할 수 있습니다.

인식되지 못한 조직적인 선입견과 기대감의 만연은 의식과학을 단순한 마음의 방식으로 형성되는 것을 매우 어렵게 합니다. 우리는 아무런 기대감 없이 사람들을 실험할 수 있다고 말할 수 없습니다. 만약 죽은 사람을 대상자로 하지 않는다면 말입니다. 죽은 사람들을 대상으로 한다면 아무 기대 없이 실행할 수 있지만, 의식을 연구할 수는 없습니다. 그래서 명백하거나 혹은 미묘하거나 선입견과 기대의 문제를 인식해서 그것을 상쇄하기 위해 노력합니다.

이 선입견의 문제는 항상 저의 실험의 관심사였습니다. 제 연구 경력을 통틀어서 볼 때, 저는 항상 객관적인 연구자가 되기를 바라지만 제 선입견이 무엇인지 밝혀내는 것이 좋다고 생각했습니다. 그러면 저는 그 선입견을 상쇄시킬 수 있을 것입니다. 제가 완전히 객관적이라고 착각하는 한, 제 선입견은 완전히 통제되지 않는 방식으로 작동될 것입니다. 그래서 우리가 의식과학을 발전시키려면, 우리는 대상자나 연구자 양쪽의 기대감을 고려해야 합니다. 누군가 명상 절차를 배우려고 앉아 있다고 가정해 봅시다. 한 사람은 명상이 등의 통증에 도움이 될 것으로 생각하여 왔고, 다른 사람은 명상이 영적인 부분에 도움이 될 것으로 생각하여 왔고, 또 어떤 사람은 심리적인 통찰을 증가시킬 것으로 생각하여 왔습니다.

전통적인 과학적 접근법은 선입견과 기대감을 평가하고 다른 기대감을 가지는 것이 명상의 결과에 어떤 영향을 미치는지 이해하기 위해 노력할 것입니다. 그것은 훌륭한 접근법입니다.

또한 정말로 중요한 질문을 할 수도 있습니다. 위빠사나 명상 기법이 결국 모든 기대감을 초월하게 할 수 있는가? 우리의 선입견을 넘어서 진리를 볼 수 있게 할 것인가?

위빠사나, 즉 통찰 명상을 함으로써 얻게 되는 흥미로운 결과는 우리가 배우는 그것으로부터 명상에 대한 기대감을 갖는다는 것입니다. 저는 때때로 명상을 할 때 가지고 있던 선입견과 바람, 두려움, 기대감에서 통찰을 얻습니다. 때로는 선입견이나 기대감을 관찰한 결과로 그것을 내려놓고 더 명확한 인식처럼 보이는 실제의 것을 얻습니다. 선입견은 제 주의가 그것을 관찰하는 것으로부터 다른 곳으로 옮겨 가면 곧바로 작동됩니다. 그리고 선입견이 제 삶에서 작동되는 것을 멈추게 하기 전에 그것 안에서 몇 배의 통찰을 얻을 수도 있습니다. 구체적으로 말하면, 집중 명상을 통해 마음을 고요히 하는 일반적인 기법과 명료하고 균형 잡힌 주의를 기울이는 것을 배우는 것은 선입견을 볼 수 있도록 그것들을 좀 더 가시적으로 만들면, 그러한 선입견에서 벗어날 수 있습니다.

그래서 집중 명상과 위빠사나 명상, 보고, 듣고, 느끼는 기법을 사용하는 것은 의식과학에서 어떠한 가능성을 가지고 있다고 생각합니다. 명상을 수련하는 사람은 실제로 관찰하는 면에서나 이론적으로나 선입견을 알아차리고 관찰하기 시작하며, 선입견을 걸러 내고, 그들의 지식을 공유하는 사람들 간에 연결망을 만들 가능성이 있습니다. 이것은 서양의 실제적인 의식과학을 발전시키는 매우 중요한 부분입니다. 그러한 의식과학은 다양한 변성 의식 안에서 상태-특정적인state-specific 작용을 포함할 수 있습니다. 오늘은 그것까지 다룰 수는 없지만, 저는 상태-특정적인 과학을 생성하는 것을 제안하는 글을 많이 발표해 왔습니다(Tart, 1972,

1998). 우리가 아직 사회적으로 그럴 만한 준비가 되지 않았더라도 말입니다.

자, 이제 줄줄이 이어졌던 생각을 멈출 테니 오랫동안 참고 있었던 질문을 하십시오.

참가자: 감사합니다. 지금까지의 설명이 제 질문 이상의 것들을 다룬 것이 없습니다. 오늘 이 워크숍에 참석한 과학자들과 의식과학이라는 것을 발전시키는 작업을 하는 것 같군요. 박사님은 마음을 고요하게 하고 관찰하는 기법들을 가르쳤고, 우리에게 그 경험을 보고하도록 했습니다. 몇 명이 "저는 이런 저런 경험을 했습니다." 하면서 이야기했습니다. 그러나 이러한 종류의 접근법에 대한 타당성을 부정하고, 우리가 경험한 것을 보고하는 것을 경시하는, 과학적인 방법 자체 안에 어떠한 선입견은 없습니까?

아, 네……. 그러나 저의 과학자적인 부분은 오늘 여러분을 경험적인 연습으로 이끄는 기본적인 부분이 아님을 주목하세요. 제가 이런 워크숍을 할 때, 저의 여러 가지 선입견이 작동합니다. 저는 사람들이 좋은 경험을 하기를 원합니다. 동시에, 제가 단지 사람들에게 특별한 경험을 프로그램화하고 싶어 했던 예전의 최면 연구자의 상태가 되기를 원하지는 않습니다. 그래서 저는 여러분에게 유용함을 말하는 중간에도 균형을 찾으려고 노력하는 동시에 특정한 경험을 제안하는 것을 최소화하려고 노력합니다. 하지만 과학에 대해 많은 이야기를 하는 동안 초보적이고 예비적이라는 수식어를 붙이지 않고서는 자신이 경험한 것을 보고하는 것을 과학적 보고라고 묘사하지는 않을 것입니다.

제가 만약 우수한 자료를 수집하려고 노력했다면, 최소한 저는 모든 참석자에게 개인적으로 각자 경험한 것을 써서 그룹 토의 전에 제출하게 하고, 여러분이 다른 사람의 경험을 듣지 않도록 해서 그들의 경험으로부터 영향을 받지 않도록 했을 것입니다. 그 후에 제가 수련 지도를 하면서 가졌던 편견은 반드시 드러나야만 했을 것이고, 그것들의 영향은 평가되었을 것입니다. 저는 제가 선입견을 품었다는 것을 압니다. 그래서 서양 의식과학의 발전에 있어서 훈련된 내면 관찰, 마음챙김의 중요성에 대해 말씀 드렸지만, 우리는 그렇게 해야 할 필요성이 있음에도 아직 그렇게 하고 있지 않습니다. 오늘도 마찬가지입니다.

참가자 : 제 질문은 박사님의 선입견에 대한 아이디어를 강화한다는 것이 아니라, 오늘 사용한 것이 대부분의 과학자들에게 도전으로 주어져야 한다는 것을 선입견으로 간주할 필요는 없다는 것입니다. 한 사람이 “저는 전에는 보지 못했지만 보고, 듣고, 느끼는 수련의 결과로 바로 제 눈앞에 있는 그 카펫을 봅니다.”라고 말하면, 박사님은 “네, 그것은 그저 오래된 호텔 카펫이었지만 지금 당신은 그것을 있는 그대로 보게 된 것입니다.”라고 말합니다. 그것이 자료입니다.

아, 제가 개념화에 사로잡혀 있다는 것을 잠시 잊었네요. 이것은 정말 홍미로운 카펫이지요?

참가자: 정말 그렇습니다. 지금 다시 살펴보아도, 지금 거기에는 자료가 있습니다.

맞습니다.

참가자: 왜 과학은 이것을 생생한 자료로 간주할 수 없을까요? 다른 식으로 이야기하면, 왜 우리는 이러한 종류의 자료를 바라보는 것을 방해하는 과학적인 도그마(dogma)를 가지게 된 걸까요? 우리는 어떻게 이러한 태도를 바꾸고 도그마에서 벗어날 수 있을까요?

여러분은 제가 그 이유에 대해 사회학적으로 설명하기를 원하십니까?

참가자: 아니요, 저는 박사님이 바로 그 이유를 '왜 그렇게 하면 안 돼?' 로 바꾸어 보기를 바랍니다. 과학자로서 선입견과 도그마를 다루는 경험은 어땠습니까?

당신이 저를 부추기니 살짝 양보해서, 의식과학을 확립하는 목표로 40년 이상을 계속해 온 의식과학 연구로부터 나온 쟁점을 반영할 것입니다. 의식과학을 만들어 가는 것을 저해하고, 의식을 있는 그대로 과학으로 인정하지 않으려는 무수히 많은 선입견이 있었고, 지금도 있습니다. 그래서 저는 투손 학술대회가 개최된 것에 대해 진한 감동을 받습니다. 십여 년 전의 태도에 비하면 믿을 수 없을 정도입니다. 자, 왜 그러한 편견이 있냐고요?

우선 과학은 주로 어려운hard 과학을 다루는 방법을 모릅니다. 여기서 저는 의도적으로 어려운과 쉬운easy이라는 단어를 평소와는 다른 의미로 사용합니다. 쉬운 과학은 문화적 배경이나 성격, 기대 등에 의해 별로 차이가 나지 않는 실제의 분야를 다루는 물리학이나 화학, 생물학 같은 것입니다. 어려운 과학은 심리학, 정신의학 같은 분야로 연구자들은 여러분이 관찰한 것에 대해 많은 영향을 미칠 수 있습니다. 그래서 첫째로, 우리가 의식과학으로서 발전시켜 보고자 하는 것은 비교적 쉬운 과학이지만, 좀 더 확립된 종류의 물리 과학보다는 훨씬 더 어렵습니다.

왜 우리가 의식과학을 가질 수 없는가에 대한 두 번째 관점으로, 저는 많은 사람들이 그들 자신의 마음에 대해 불편해하고 더 깊이 들여다보는 것을 원하지 않는다는 것을 이유로 생각했습니다. 정신건강 전문가로 활동하는 여러분은 이것을 알 것입니다. 거기에는 '저는 충분히 고통을 경험했어요. 그냥 내버려 둬요. 저는 마음속을 들여다보고 싶지 않아요. 제 일상적인 마음의 표면 아래 무엇이 있든지 믿지 않아요.' 라는 마음이 깔려 있습니다. 그래서 저는 많은 과학자들의 개인적인 심리에서 의식과학을 발전시키기에는 상당한 수준의 역동과 방어적인 저항이 있다고 생각합니다.

셋째로, 사회적 유행 때문입니다. 의식은 오래전에 구식이 되었습니다. 제가 대학원생일 때 꿈에 대한 논문을 쓰고자 했었습니다. 교수진들은 상당히 만류했지만, 제 고집 때문에 그냥 하도록 내버려 두었습니다. 그러나 제가 그와 관련된 서적들을 읽으면서 영국의 철학자 말콤Malcolm, 1959이 쓴 책에서 꿈이라고 하는 것은 없다고 논리적으로 증명되었다는 구절을 읽었을 때 저는 밤새 악몽을 꾸었습니다.

그러나 사회적 · 전문가적 풍조는 변할 수 있습니다. 제가 논문 연구를 할 준비가 되었을 때, 말씀 드렸듯이 저는 실망하고 있었지만 꿈이 주관적이고 실재하지 않는 것이라는 이유로 방해받지는 않았습니다. 심리학자를 비롯한 많은 사람들이 유진 아서린스키Eugene Aserinsky와 나타니엘 클레이트먼Nathaniel Kleitman이 『사이언스*Science*』지에 발표한 획기적인 기사를 발견하기 시작했습니다(Aserinsky, 1953). 그들은 밤에 생리학적으로 정의된 뇌파 검사EEG를 하는 동안 꿈이 실제로 일어난다는 것을 발견했습니다. 그들은 신이 났습니다. 갑자기 꿈이 과학적 공동체를 위한 실재가 되었기 때문입니다. 꿈은 육체적인 어떤 것과 관련이 있으며, 육체적인 것은 실재를 뜻합니다. 명상에서도 같은 일이 일어납니다. 과학적이고 의학적인 문헌에서 명상은 후진국에서 행해지는 일종의 병리학적이고 정신분열적인 것이며, 주관적이고 비실재적인 것으로 언급되었습니다. 그러나 『사이언스』 지에 초월 명상과 관련된 수련에서 생리학적인 변화와 신진대사 및 뇌파 변화가 일어났다고 보고하는 연구가 발표되었습니다(Wallace, 1970). 마침내 명상이 실제가 된 것입니다.

사회정치학적 측면에서 보면, 전에는 사회적으로 합리적이지 못했던 분야를 연구했던 사람들이 합리적인 과정의 연구에 관심을 기울인 부분에 대해 진심으로 감사 드립니다. 그러나 의식과학이 적절하게 대두되는 관점에서 선행된 신념체계나 생리학, 물질주의, '마음은 단지 뇌다.' 라는 학설들을 줄이고, 그것들을 잘 풀어 설명함으로써 이것을 합리화시켜야 한다는 결점이 있습니다. 우리가 투손 학술대회를 열 수 있을 만큼 뇌에 대한 많은 이해와 진전이 있었고, 정신치료에 유익한 정신활성물질의 개발에 많은 진전이 있었기 때문입니다. 이 생리학적인 진전은 부분적으로 마음에 대한 관심을 합리화시켰습니다.

의식에 대한 사회과학적 태도를 바꾼 또 다른 큰 사건은 컴퓨터였습니다. 컴퓨터는 심리학과 행동주의자들에게 오랫동안 퍼져 있던 '상자 안을 보려고 하지 마라.' 라는 사고방식을 깨뜨렸습니다. 만약 여러분이 컴퓨터 프로그램을 만드는 중이라면 "이것이 입력 자료이고 저것이 출력 자료이니까, 그것은 객관적으로 관찰 가능한 행동이다."라고 말할 수 없습니다. 여러분은 그러한 종류의 것을 하기 위한 프로그램을 만들어 그 행동을 일으키고, 일치시켜, 컴퓨터가 왜 그러한 방식으로 행동하는지를 정확히 밝혀야 합니다.

이제 우리는 의식연구의 합리화 과정의 본질적인 부분으로서 잘 풀어 설명하는 패러다임에 사로잡히지 말아야 합니다. 다시 말해, 이는 '신경학자들이나 생화학자들이 의식을 뇌세포 간의 전기적이고 화학적인 상호작용일 뿐이라고 잘 설명할 것이다.' 처럼 비과학적인 신념입니다. 이러한 신념은 미래에 그들이 어떠한 것을 증명할 수 없다는 것을 당신이 증명할 수 없는, 즉 증명 불가능한 가설이기 때문에 비과학적입니다. 저는 투손 학술대회 같은 행사를 통해 의식에 대한 관심이 싹터 이를 일반화하는 기회가 열렸으면 하는 바람과 의식을 있는 그대로 봤으면 하는 바람을 갖고 있습니다.

특별한 저의 이론적 입장은 제가 상호작용적이고 실용적인 이원론자라는 것입니다. 제가 모든 철학적인 용어에 명칭을 붙일 때 실재처럼 들리지 않던가요? 제 연구와 제가 존경하는 사람들의 연구를 통해서 저는 마음이 내재적으로 뇌 기능으로만 환원되지 않는, 그 자체의 실체를 가지고 있다고 확신합니다. 제 말은 여러분이 단순한 하위 시스템의 부가적인 상호작용으로써 환원할 수 없는 창발적 속성을 말하는 시스템 이론보다 훨씬 더 강한 의미에서 비환원적이라는 뜻입니다. 또한 우리가 가진 물리적인 실재의 본성에 대한 지식과 그 지식의 합리적인 확장에 근거했을 때, 난해한 자료들이 마음이 뇌 없이 혹은 뇌의 합리적인 추론 없이도 실재적인 것을 할 수 있다는 것을 증명한다는 점에서 비환원적임을 의미합니다. 제 마음에는 비합리적인 의심이 없습니다. 예를 들면, 텔레파시나 투시와 같은 과학적으로 입증할 수 없는 현상들이 때때로 일어납니다. 그 실험적인 증거는 압도적입니다. 또 제 마음에는 동시대의 물리학을 합리적이고 직접적으로 확장해 보아도 그러한 원리를 설명할 수 없다는 비합리적인 의심이 없습니다. 가령, 뇌는 전 세계로 전달되는 텔레파시 메시지 같은 전자기적 방사만큼 강한 전파를 크기 순으로 발생시키지 않지만, 그러한 사건은 실제로 일어납니다[이 증거들을 검토하고 요약한 권위적인 논문에는 Broughton(1991), Irwin(1994), Radin(1997)이 있다].

저는 누군가가 양자물리학과 의식에 대한 논쟁을 일으킬 것이라는 것을 압니다. 제 친구 중 몇 명이 양자물리학자인데, 그들은 "우리는 미래에 이러한 초능력적인 효과를 양자물리학으로 설명할 수 있을 것이다."라고 말합니다. 그들이 잘해 나가기 바랍니다. 그러나 사실은 증명할 수 있고, 측정할 수 있는 자료의 측면에서 보면 그들이 성공할 확률은 낮습니다. 저는 훌륭한 과학적인 이해와 이론은 그 현상에 대한 예측과 통제를 가져온다는 본질적인 과학적 신념을 오랫동안 지니고 있습니다. 양자물리학을 하는 제 친구와 동료들은 초심리학적인 실험을 하는데, 양자물리학을 전혀 모르는 사람들도 통계적으로는 유의미하지만 별로 강하지 않은 결과를 얻습니다. 그들의 이론은 아직 실제적인 결과를 가지고 실질적으로 증명되지 않았습니다. 아마도 미래에는 증명될 수 있겠지만 장담은 못하겠습니다. 그들이 무언가에 근접하고 있을 수도 있고 아닐 수도 있으니까요.

저는 양자물리학처럼 고급 과학 분야에 인상이 깊습니다. 그것을 다루는 사람들에 의해 연구는 속출되지만, 아직 초심리학적인 현상이 언제 발생하는가에 대한 인상적인 결과는 없습니다. 초심리학적인 현상을 설명하는 인상적인 결과가 있다면, 양자물리학에 대한 환원[reduction]은 내외적으로 뉴턴식의 단단한 물질세계에 기반을 둔 일반적인 물질주의적 환원주의와는 다릅니다.

그래서 저는 마음을 그 자체로 자연스럽게 공부하는 것이 중요하다고 생각합니다. 이유인즉, 마음은 그 자체로 흥미로우며 우리가 살아가는 곳이고, 뇌와 신경 시스템의 생리학적 구조가 아닌, 그 이상의 다른 것으로 여겨지기 때문입니다. 언젠가는 신경생리학자들이 그 모든 것을 설명해 줄 것이라 여기고 마냥 기다릴 수만은 없습니다.

참가자: 역사에 길이 남을 의식과 의식 변형 상태에 대해 많은 작업을 해 온 심리학자이시니 최면이 의식의 다른 형태들과 어떻게 다른지와 최면, 자의식, 무의식, 초월의식, 잠재의식, 집단 무의식 같은 용어들의 의미를 좀 더 명확히 설명해 주실 수 있으신가요? 의식이라는 용어를 중심으로, 이것들에 대해 자세히 이야기해 주시겠습니까?

그것들은 모두 저를 자극하고 흥분시키는 개념입니다. 정말로 제가 그것들을 다루기를 원하십니까?

참가자: 네.

단어들을 하나씩 다시 알려 주세요. 말씀 드렸듯이 저는 기억력이 별로 좋지 않습니다.

참가자: 잠재의식과 무의식

제가 무의식이란 용어를 사용할 때 저는 주로 프로이트Freud 학파의 무의식과 같은 의미로 사용합니다. 그것은 어떠한 행동을 설명하는 데 매우 유용한 개념이고 해석입니다. 예를 들어, 당신이 인간관계에 대해 몇 명을 인터뷰하고 있는데, 그들이 "저는 제 동생을 무척 사랑합니다."라고 말하지만 진실한 사랑의 감정과 함께 보일 수 없을 것 같은 화난 목소리와 경직된 근육을 보았습니다. 그러나 당신이 말할 수 있는 것은 당신이 인터뷰한 사람이 정확하게 그들의 의식적인 경험을 묘사한 것입니다. 그들은 사랑에 대해 말하고 있습니다. 그러나 화는 단순한 반사작용이 아니라 그 이상입니다. 그래서 우리는 목표 지향적이고 지적인 과정을 일반적으로 깨어 있는, 의식 너머에서 행동에 영향을 미치는 의식적 과정 같은 것을 가정해야 하는데, 저는 그것을 무의식이라 부릅니다.

또한 저는 잠재의식을 프로이트의 무의식뿐 아니라 통상적인 의식의 밖에서 많은 긍정적인 잠재력을 포함하여 넓은 의미로 사용합니다. 이 두 용어는 이러한 식으로 적절하게 사용될 수 있다고 생각합니다. 하지만 확실히, 그 논점을 혼란시키는 애매한 경우가 많습니다. 그것이 전부였나요? 다른 단어들도 있었나요?

참가자: 집단 무의식이요.

집단 무의식은 칼 융Carl G. Jung이 만든 용어입니다. 융은 때때로 그의 부모님의 무의식적인 마음으로 규정지었던 것이나 꿈과 환영 같은 것들이 종종 타 문화 또는 과거 문화로부터 온 잘 알려지지 않은 신화들과 상당히 유사하다는 것을 알았습니다융 자신이 그런 것들에 대한 지식이 많았다. 예컨대, 한 스위스인 환자가 여러 개의 팔이 뻗어져 나온 살아 있는 태양과 같은 감정적으로 매우 강렬한 꿈을 꾸었습니다. 어떻게 스위스에서 자란 평범한 사람이 수천 년 전에 사라진 고대 이집트의 신앙의 상징물을 떠올릴 수 있을까요? 저는 비행기를 타고 지나친 것 외에는 스위스에 가 본 적이 없습니다. 그들은 저에게 스위스 사람들이 매우 보수적이고, 태양 숭배와는 전혀 상관이 없는 완전한 서양 사람이라고 합니다. 하지만 융은 그것을 단순히 우연의 일치로 치부해 버리기에는 그런 종류의 상징들을 너무 많이 보았습니다. 그래서 모든 인간의 마음은 개인적인 무의식보다 아주 깊은 차원에 모든 인간에게 공통적인 마음의 층인, 집단 무의식이 있다고 주장했습니다. 비정상적인 상황에서 꿈꾸는 것이나 신경증 등은 이러한 마음의 생산물입니다. 집단 무의식의 원형은 분명한 문화적인 연결이나 의식적인 지식은 부족하지만 의식 안에 현현한다는 것을 증명합니다.

많은 심리학자들은 이것이 증명할 수 없는 이론이라고 생각했습니다. 어떻게 정신적인 경험이 수세기와 문화를 걸쳐 내재할 수 있을까요? 그러나 집단 무의식에 대한 아이디어는 저에게는 진실 같아 보입니다. 엄격히 생리학적인 입장에서는 마음 = 뇌 구조라면 당신의 유전자가 신장을 어떻게 만들고 작동해야 할지 지침을 전달할 수 있습니다. 그렇다면 특정한 상황에서 증명할 심리학적인 경험을 유전자는 왜 전달할 수 없을까요? 집단 무의식이 컴퓨터에서 읽기 전용 기억장치와 유사하게 유전적으로 전송되는 것으로 볼 수 있습니다. 세상을 살며 당신이 배운 것과 마찬가지로 모든 컴퓨터에는 소프트웨어로서 당신이 탑재한 프로그램 이외에도 생물학적으로 집단 무의식에 프로그램화된 기초 입출력 시스템BIOS에 저장된 어떤 경험과 유사한 프로그램을 가지고 있습니다. 저는 앞에서 실용주의적이며 상호작용적인 이원론자라고 말하였지만, 유전적으로 프로그램을 전송시켜서 실행만 시키면 어떠한 심리학적인 경험을 생산해 내는 의식의 하드웨어적인 측면, 즉 뇌에 대한 이 같은 발상에는 이의가 없습니다.

이것은 정말 무의식을 바라보는 전형적인 방식입니다. 하지만 그것이 전부가 아닐 수도 있습니다. 인간에게 정보를 입력하는 것을 가능하게 하는 독립적인 마음의 영역이 있을지도 모릅니다. 어떤 사람들은 그렇게 생각할 것이고, 여러분 또한 그런 생각에 열려 있습니다. 집단 무의식 역시 실제로 독립적으로 존재하는 마음의 한 측면일 수 있습니다. 왜냐하면, 그것들은 거기에 실재real하고 있기 때문입니다. 설사 여러분이 문화 적응 과정에서 그것들을 배우지 않는다 해도 말입니다.

참가자 : 초월의식superconscious은요?

저는 초월의식이라는 용어는 애매해서 잘 사용하지 않습니다. 초월의식은 너무나 많은 것을 망라하고 있습니다. 그것은 일상적이지 않은 정신 기능의 범주에 맞춘 듯 보이는 모든 종류의 것들을 총망라한 범주입니다. 하지만 그와 같은 용어가 필요하다고 생각합니다. 인간의 예외적인 능력이나 예외적인 경험exceptional human experience: EHEs을 지칭하기에 이 광범위한 용어가 적당할 수 있습니다. 가장 예외적인 인간의 경험에 대한 레아 화이트Rhea White의 워크숍이 열립니다http://www.ehe.org. 그녀는 예외적인 사람들이 경험한 엄청나고 다양한 EHEs에 대해 데이터베이스를 구축했으며, 그 용어를 만들어 낸 사람입니다.

제가 그러한 종류의 것들에 대해 말할 때, 저는 사람들이 초월의식이라는 용어로 총괄할 수 있다고 생각합니다. 저는 거기에 특정한 변성 의식 상태가 연관되는지에 대해 밝히려고 노력하는 경향이 있습니다. 그러나 변성 의식 상태는 넓은 범주 기능의 패턴을 다루고 있습니다. 초월이나 잠재 의식 모두 특정 방식에서 더 좋거나 나쁜 기능들의 조합으로, 변성 의식 상태는 좋은 점과 나쁜 점을 가진다는 점에서 통상 의식과 유사합니다.

참가자: 그러면 전의식은 어떻습니까? 그것이 어떤 의미인지조차 잘 모릅니다만.

당신이 그 뜻을 모른다면, 저 역시도 모릅니다. 전의식에 대해서는 말하지 않겠습니다. 전의식이란 용어에 대해 관심을 가지고 있다는 사실은 누군가가 마음의 잠재력에 대해 열광하고 있다는 것을 의미합니다. 그러나 그것은 흔하지도 않고 정확하게 정의된 용어도 아닙니다.

참가자 : 마음의 잠재력은 중요합니다. 그런데 한편으로는 우리가 배워 온 과학과 방법론에서 처음 해야 할 일이 용어를 정의하는 것입니다. 만약 의식이 무엇인지, 마음이 무엇인지 정의조차 할 수 없다면, 우리는 신앙의 범주를 향하여 가는 것이 아닐까요? 그것이 무엇인지 말할 수는 없지만, 과학은 아닙니다. 그리고 저는 아는 것이 중요하다고 생각합니다.

좋은 말씀입니다. 우리는 기본적으로 배경이 다른 학교에서 왔습니다. 저의 경우, 완벽히 정의된 과학의 특징은 자료를 발견하고 정제해서 자료와 작업한다는 것입니다. 정의란 자료 위에 지붕을 올리는 개념 작업을 하는 것으로, 지적으로 상부 구조를 세우는 부수적인 활동입니다.

제가 앞에서 말씀 드린 대로 당신이 본질적인 과학을 수행할 때, 정말 잘 작동하는 이론을 발견할 수 있습니다. 그 이론은 당신이 생각하는 모든 자료가 당신 분야에서 중요하다는 것을 설명해 주고, 정확하고 근거 있는 예측을 해 주며, 사물을 정교화하기 위해 어떤 추가적인 작업이 필요한지 알려 주기도 합니다. 여러분은 사고의 틀을 가지고 있습니다. 그래서 여러분은 현상이 왜 그런 식으로 돌아가는지에 대한 기초적인 진실을 발견했다고 느낍니다. 또한 심리학적으로, 여러분은 인력의 이론이 아닌 인력의 법칙을 가지고 있습니다. 사람들이 자신의 분야에서 그 단계에 도달했을 때 느끼는 성취감은 매우 큽니다.

앞에서도 간단히 언급했듯이, 토머스 쿤[Thomas Kuhn, 1962]은 한 분야의 활동을 이러한 점에서 전형적인 과학 혹은 일상적인 과학이라고 불렀습니다. 오늘날 과학으로 인식되는 대부분의 일상적인 과학 분야는 오랜 역사로 말미암아 그러한 사고의 틀을 가지고 있습니다. 연구자들은 토대에 지적인 상부 구조를 올리고 있습니다. 또한 그들은 다소 생각 없이 자동으로 말하는 경향이 있습니다. 이를테면, 어떠한 연구는 결과가 매우 미비하거나 거의 없어서 해 봤자 분명히 소용없다는 식으로 말입니다. 뿐만 아니라 어떤 것들은 심리학적으로 이미 불가능해서 누군가가 불가능한 효과를 위한 자료가 있다고 주장하더라도 그 사람과 자료를 조사해 보는 시간 낭비 없이 바로 선입견에 의해 서둘러 종결됩니다. 과학적이며 초심리학적인 연구는 본질적인 과학을 저해하는, 편파적이고 예증되는 사회적 효과에 대한 우수한 연구입니다(Hess, 1992, 1993; Martin, 1998).

참가자: 박사님은 우리의 일상적인 마음이 인식을 개념으로 대체시킨다고 생각하십니까?

대부분 그렇습니다.

참가자: 절망스럽군요! 의식에 대해서 사실 대신 우리의 신념을 취하는 이러한 복잡함이 있습니다. 우리는 의식과 마음에 대해 이야기하고 있지만, 여전히 그것을 정의할 수는 없습니다. 우리가 같은 것에 대해 이야기하고 있는지 어떻게 알지요?

예측되고 관찰 가능한 결과들이 같은 것에 대해 이야기하고 있는지 고려해 보고, 서로 좀 더 구체적으로 대화를 나누고 이해하고, 성공적인 의사소통을 통해 결과를 도출해 냄으로써 우리가 같은 것에 대해 이야기하고 있음을 알 수 있습니다. 이것이 절대적이지는 않지만요. 본질적인 과학의 관점에서 설명하면, 우리는 우리가 말하고 소통하는 것에 대한 우리 내부의 개인적인 이론을 갖고 있고 저마다 결과를 예측합니다. 이들 결과와 관련하여 우리가 관찰할 수 있는 것들에 대한 의견이 서로 일치하는 정도까지, 개인적인, 내부의 이해들이 서로 잘 일치하고 있으며 우리가 소통하고 있다고 결론짓는 것이 합리적입니다.

의식에는 말로 표현하기 어려운 측면들이 많습니다. 형용할 수 없는 경험이라는 표현이 바로 그것입니다. 우리는 형용할 수 있는 경험에 대해서는 말하지 않습니다. 그러나 우리는 확실히 형용할 수 없는 경험을 하고 있습니다.

참가자: 물리학자들은 빛의 속도에 대해 말하지만, 그것은 우리가 어둠의 속도에 대해 말하려는 것과 유사합니다.

어둠의 속도라고요? 매우 훌륭하군요! 의식에 대해 말할 때 우리는 주의를 해야 합니다. 많은 경우 사람들은 저에게 와서 그들이 경험한 변형된 의식 상태에 대해 이야기합니다. 저는 처음에는 그냥 듣기만 합니다. 습관적으로 그들을 저지하지 않고 말이죠. 그리고 그들이 자신의 방식대로 그것을 이야기하게 합니다. 그들이 이야기를 다 한 후 그들이 묘사한 것 중의 부분 혹은 전체를 제가 이해했다고 하는 것을 인식하게 될 것입니다. 이해는 어떠한 면에서 제 개인적인 경험으로는 명백하게 그들이 묘사한 것들의 어떠한 측면과 비슷합니다. 그래서 그러한 측면을 형용할 수 없고 말로 설명하기가 어려움에도 불구하고, 저는 그런 종류의 경험에 대한 기억의 도움으로 그들이 저에게 말하고자 했던 것을 잘 이해했다고 가정합니다. 좀 더 일상적으로 말해서, 누군가 "저기 있는 저 고양이를 보세요."라고 말하면, 저는 고양이가 어떻게 생겼는지 제 자신의 경험으로부터 알고, 그녀가 무엇을 언급하고 있는지를 이해하게 되는 좋은 기회를 얻게 됩니다.

절대적인 면에서는 모르지만, 저는 초반의 소통의 기초로 이 형태를 취하고 있습니다. 그들이 자신의 경험에 대해 묘사하는 것들 중 일부는, 제 자신이 그들이 무엇을 말하고 있는지 명확히 알지 못한다는 것을 알아차릴 수도 있습니다. 때로는 그들이 "이것을 어떻게 표현해야 할지 모르겠어요."라고 말하거나 모순된 것들을 말하기 때문에 우리가 잘 소통하지 못하고 있음을 알아차리기 쉽습니다. 그래서 우리는 제가 이해하지 못하고 있다는 것에 100% 동의합니다. 또 어떤 때는 그들이 뭔가를 말할 때, 익숙한 용어라면 제 마음은 익숙한 패턴으로 그것을 설명할 것입니다. 그래서 저는 이해했다고 생각할 것입니다. 하지만 저의 이면에서는 '여기 나오는 용어가 익숙하므로 혹은 스스로 이해했다고 믿고 싶은 욕망 때문에 잘못 이해할지도 모른다. 내가 이해했다고 생각하는 것에 더 주의를 기울여야 한다.' 라고 말합니다.

통상 의식이거나 변성 의식이거나 의식에 대해 의사소통할 때 일어나는 문제의 일부는 우리 모두 수용되기를 바라는 선입견을 가지고 있고, 유대를 형성하고 있다는 것입니다. 우리는 서로 이해한다고 생각하기를 좋아해서 이해가 부족하다는 것을 감추는 경향이 있습니다. 그것은 친구를 만드는 데는 유용하지만 과학적인 탐구를 하는 데는 좋지 않습니다.

제가 만약 사람들의 변형된 의식 상태의 경험을 이해하기를 원한다면 제가 정확하게 이해하지 못한 부분에 초점을 두어야 하지만, 이보다 훨씬 더 중요한 것은 제가 이해했다고 생각하는 부분에 더 주의를 기울이는 것입니다. 제가 이해한 부분을 제대로 알았는지 확인하기 위한 일반적인 방법은 다른 방식으로 다시 말해 보는 것입니다. 다시 말해, 같은 원리를 표현하는 여러 가지 다른 비유들을 사용하여 다른 방식으로 말해 보는 것입니다. 제가 그것을 제대로 이해했다면, 그들은 본질적으로는 같지만 변형되어 다르게 표현된 제 방식에도 동의할 것입니다. 1960년대와 1970년대로 돌아가서 누군가 저에게 변형된 상태인 기운vibes을 경험했다고 말하는 것을 예로 들면, 그것이 좋은 기운이거나 나쁜 기운일 수도 있겠지만, 그것을 듣고 나서 제가 주로 하는 말은 "제가 당신이 말하고자 한 것을 정확히 이해했다면, 당신은 뭔가가 앞뒤로 왔다 갔다 하는 느낌을 경험한 것입니까?"라고 묻는 것입니다. 저는 기운, 진동하는 것이 처음에 느껴지는 감각을 표현하는 데 사용되고 있다고 추측하고 있습니다. 때때로 그들은 "네"라고 대답하지만 어떨 때는 "아니요, 기운을 이야기하려고 하는 것이 아니고, 저는 다른 이런저런 것들을 말하려는 것입니다."라고 대답합니다. 그래서 저는 어떠한 것을 완벽히 이해할 수는 없지만, 어떤 사람이 경험한 것을 이야기할 때 더 명확히 이해할 수는 있다고 생각합니다.

이처럼 의사소통을 통해서 의식을 이해하려고 노력하는 것이 유용한지의 여부는 그러한 경험에 대한 제 자신의 목록에 따라 달라집니다. 제 의식은 단지 제 삶의 경험, 제 의식의 경험에 근거하고 있어 좁은 범위에 속하므로 그 범위 밖의 경험은 거의 이해할 수 없습니다. 따라서 의식에 대해 연구하는 과학자들을 훈련할 때는 넓은 범위의 경험을 가져야 합니다.

참가자: 당신은 프로이트의 무의식에도 긍정적인 부분이 있다고 말하는 건가요? 그것은 괜찮습니까?

저의 개인적 · 전문가적 접근법은 의식에 대한 모든 사람들의 이론이 어느 정도는 사실이라고 보는 경향이 있습니다. 그러나 그들 중 하나가 "자, 이제 내 이론을 채택하면, 당신은 의식이 무엇인지에 대해 말할 수 있는 완벽한 근거를 가지게 됩니다."라고 말하면 저는 동의하지 않습니다. 물론 무의식에 대한 프로이트의 이론은 유용한 것들이 많습니다.

당신이 질문하리라고 예상했지만 하지 않은 질문은 아마도 무의식적인 활동의 어떠한 측면이 의식에 의해 내재적으로 이해될 수 없는 개념이었기 때문이라고 생각합니다. 설사 그것들이 의식적으로 떠오른다 하더라도 말입니다. 저는 프로이트가 그렇게 가정했다고 봅니다. 그리고 그것은 사실일 수 있습니다. 그러나 우리가 한계를 선험적으로 믿는다면, 우리는 그것을 초월하려고 하지 않을 것입니다. 그래서 의식의 측면은 이해할 수 없는 것으로 남을 것입니다. 그것은 의식의 측면에 대한 사실이 아니라 우리의 선입견에 의해 사로잡힌 아주 사소한 예입니다.

참가자: 프로이트는 억압당하는 것들에 대해 언급했습니다. 그것들은 의식화되는 방식으로 표현될 수 없습니다.

맞습니다. 그러나 그것은 표현하는 것 이상이거나 표현의 부족이거나 의식을 있는 그대로 이해하는 것이 아닙니다. 우리는 본래 이해할 수 없는 것들을 깊이 사색하고 있습니다. 그러나 우리 대부분은 가지고 싶지 않은 열등감을 어느 정도 가지고 있다는 것을 압니다. 저는 잠재적으로 제가 모든 것을 이해할 수 있다고 믿습니다. 그러나 제가 얼마나 많이 완전하게 그것을 믿는지는 확신할 수 없습니다. 당신이 이해할 수 없는 것들이 있다는 것은 당연한 일인지도 모릅니다.

여러분 중에 카를로스 카스타네다[Carlos Castaneda]가 그의 인디언 스승인, 주술사 돈 후안[Don Juan]에 대해 쓴 책[Castaneda, 1968]을 읽어 보신 분들이 계십니까[많은 사람들이 손을 들었다]?

돈 후안이 실재의 인물인지 아닌지에 대해 저에게 묻지 마세요. 카스타네다가 만들어 낸 인물인지 실재의 인물인지 모르지만, 그는 확실히 흥미로운 인물이었습니다. 돈 후안의 우주철학을 보면, 우주는 경험의 세 가지 영역으로 나누어져 있습니다. 첫째는 매일 일어나며, 이해 가능한 경험입니다. 사람들은 그러한 종류의 것들을 알았습니다. 둘째는 평범한 사람들에게는 마술처럼 보이거나 신비롭거나 초자연적이거나 이해 불가능한 경험입니다. 그러나 적절하게 훈련을 받은 마음은 그것들을 손에 쥐고 사용하는 것을 배울 수 있습니다. 그것은 고유한 논리와 법칙이 있었고, 인간은 그것을 배울 수 있습니다. 그러나 돈 후안은 인간 존재에 의해 결코 이해될 수 없지만 경험될 수 있는 잠재적인 경험의 세 번째 범주를 추가하였습니다. 그것은 인간의 마음이 대면할 수 있는 능력 밖의 것입니다. 돈 후안은 "그 영역의 밖에 머물려고 애쓰라."라는 충고를 덧붙였습니다. 그것은 사람들을 미치광이로 만들기 때문입니다. 여러분은 그것을 이해할 수 없습니다. 그것은 여러분의 본성이지만 인간은 이해할 수 없습니다. 그렇다면 두 번째와 세 번째 것을 어떻게 구별할 수 있을까요? 이는 매우 어려울 수 있습니다.

붓다는 다소 유사한 종류의 구별을 해냈습니다. 하지만 그의 방법은 조건적이었습니다. 붓다의 경전에는 깨달음을 얻기 전까지는 이러한 것들에 대해 생각하느라 시간 낭비를 하지 말라고 했던 여러 가지 현상에 대한 열거가 있습니다. 완전히 깨달은 마음은 오히려 완벽하게 불가능한 것입니다. 그리고 완전히 깨달음을 얻기 전에 그것에 대해 생각하는 것은 유익하지 않을 뿐만 아니라 미치게 할 만한 것들입니다.

여기 평가하기가 불가능한 네 가지의 것—① 업의 매우 복잡함, ② 모든 존재는 왜, 어떻게 시작하는지에 대한 문제, ③ 깊은 집중 상태에서의 마음의 범위, ④ 완벽히 깨달은 붓다의 마음의 범위—이 있습니다.

참가자: 우리는 지금 의미론적으로 그리고 언어학상으로 혼란의 차원에 와 있지 않나요? 단어는 우리가 어떻게 사물에 대해 생각하는지에 영향을 미칠 수 있습니다.

아마 그럴 것입니다! 여러분이 소통하기 위해 언어를 사용하는 것인지, 혹은 그것을 조작하기 위해 사용하는 것인지 역시 그러한 차원의 일부분입니다. 여러분은 사람들이 스스로 현상을 발견하도록 하고 있습니까? 아니면 실재에 대해 그들에게 말해 주려고 하고 있습니까? 그것들이 정말로 실제적인 차원입니다.

신젠 영Shinzen Young의 예로 돌아가 봅시다. 제가 그를 처음 만난 것은 그가 명상에 대해 강의한 1986년 어느 과학 학술대회였습니다. 저는 그의 강의가 매우 흥미로웠습니다. 이 때문에 제 머릿속의 일부분은 계속 '이 사람은 실제적인 경험으로부터 말하고 있구나.' 라고 되뇌었습니다. 저는 동양에서 태어난 명상 스승들이 신젠 영이 말한 것과 유사한 것들에 대해 말했고, 그들이 명상에 대해 무척 잘 설명했음을 깨달았습니다. 그러나 지금 저는 그들 중 몇몇 혹은 대부분이 그들이 말하는 것들을 실제로 경험한 것인지 아닌지 혹은 그들이 이천여 년 동안 다듬어지고 잘 구절화된 전통적인 가르침의 계승자일 뿐인지 아닌지를 몰랐다는 것을 인식하게 되었습니다. 명확하게 누군가가 형용할 수 없는 것을 말하고 있을 때, 진정으로 무엇이 중요한 것인지에 대해 이야기하고자 하는 이들의 바람이, 그들이 하는 말이, 실제 경험에 의한 말인지 혹은 단지 이론으로부터 온 것인지, 다듬어진 간접적인 가르침에 의한 것인지에 의해 크게 영향을 받게 됩니다.

저는 어떤 지도자들은 그 도구를 배워 여러분 스스로 마음에 대한 것들을 발견할 수 있도록 도우려고 열심히 노력할지도 모르지만, 동시에 부주의하게 당신이 경험한 것들에 대해 조작하거나 선입견을 품게 할 수도 있다는 것을 수년에 걸쳐 깨달았습니다. 신젠은 도구를 가르치는 데 열심이었지만, 제가 수년간 따랐던 몇몇 스승들은 여러분이 경험할지도 모르는 것들에 대해서도 가르쳤습니다.

이제, 경험과 관련된 질문을 하나 하겠습니다. 약 한 시간이 남았습니다. 지금 관련된 일반적인 논의를 계속하기를 원하십니까? 이러한 명상 훈련을 통해서 여러분이 그것을 하는 것을 좀 더 반복하기를 원하십니까?

참가자 : 좀 더 반복해 주세요.

다른 참가자 : 명상 훈련에 움직임을 더하는 것은 어떻습니까?

명상 훈련에 움직임을 추가하라고요? 그렇게 할 수 있습니다. 그러나 오늘 이곳에서는 실제적인 한계가 있습니다. 무엇보다도 방이 좁고 시간이 짧습니다. 그 외에 우리가 할 수 있는 것들은 무엇이 있을까요?

참가자: 명상의 이론으로 좀 더 깊이 들어갈 수 있습니다.

좋습니다. 저도 그렇게 하고 싶습니다. 여러분도 알다시피 저는 생각 중독자입니다. 하지만 저는 조금씩 절제하려고 합니다. 그리고 우리는 기존의 수련들을 확장시키는 수련을 해야 합니다.

참가자: 새로운 영역으로 나아가기 전에 한 가지 질문이 있습니다. 환각제의 사용이 사람을 명상으로 이끌게 하는 한 가지 방법이 될 수 있습니까? 또한 그것이 명상적인 통찰을 깊게 하는 도구가 될 수도 있습니까?

네, 적절히 사용한다면 그렇습니다.

참가자: 암페타민(amphetamine)에 대해 말하는 것이 아니라, 당신이 유용할 것이라고 여기면서 연구해 왔던 어떤 환각제를 말하는 것입니다.

글쎄요, 이런 식으로 설명해 봅시다. 그 당시에 적법하지 않은 현실을 무시하는 것, 어떤 현실은 이론가들에게는 무시되기가 쉽습니다. 우리가 안전하고 적법한 후원을 받으며 적절하게 환각적인 연구와 적용이 이루어졌을 만한 완벽한 사회적 현실에서 살았다고 상상해 봅시다.

LSD나 메스칼린mescaline 같은 환각제의 기본적인 작용은 평소에 익숙하게 구축시켜 왔던 습관적인 형식으로 현실을 구축하는 신경계의 과정을 간섭하는 것입니다(Tart, 1975). 그것은 기본적으로 멍키 렌치들을다소 무작위로, 신경계와 심리학적 기제의 기어 안으로 던집니다. 그리고 기어는 재미있는 방식으로 풀리거나 조여져서 속도를 내기도 하고 줄이기도 합니다. 저는 통상 의식과 변성의식에 대한 저의 전반적이고 체계적인 접근법에 따라 말씀 드리고 있습니다. 그리고 그 관점들은 의식을 생리-심리적 가상현실 장치 또는 세계의 시뮬레이션 과정으로 봅니다. 때로는 기어가 풀어진 결과로 선명하고 정확한 인식을 막는 습관적인 정신적 뇌의 과정이 임시로 방해받기도 하고, 사람들은 인생에 있어 중요한 것들에 대해 더 명확하고 진실하고 유효한 시각을 가지게 됩니다. 그것들과 혼합되어 때로는 기어에 들어 있는 이 멍키 렌치는 기어를 더 가속화하여 환상이 굉장한 현실처럼 느끼게도 합니다. '이것은 의심할 여지가 없는 진리야.' 하는 식으로 그들이 전에는 한 번도 경험해 보지 못한 것을 보여 줍니다. 그래서 특정한 문화적 맥락에서 훈련되지 않은 사람들 사이에서 환각제는 진리에 대한 접촉을 증가시키거나 환상의 강도를 강하게 합니다. 이것은 자극적인 혼합물입니다. 그리고 이것을 경험한 사람들은 그 후에 그것을 가라앉히는 노력을 해야 합니다.

예를 들면, LSD를 연구했던 초기에는 정신이상 유발제psychotomimetics, 정신이상 유사 증세를 일으키는 약와 환각제psychedelics, 마음을 분명하게 하고 긍정적인 것과 부정적인 측면을 모두 경험하게 하는 약 사이의 구별이 이루어지기 시작했을 때, 어떤 사람들은 이들 약이 실제로 일어나는 것들에 대해 큰 효과가 있을지도 모른다는 것을 깨닫기 시작했습니다. 두 명의 정신의학자는 이 약을 연구해 보기로 했지만, 이미 "연구자들은 이러한 약을 스스로 복용해서는 안 됩니다. 왜냐하면, 그들의 머리에 영원한 구멍이 생겨 완벽하게 안정화될 수 없을 것이기 때문입니다(이것은 '연구자'와 '대상자' 사이의 사회적 상태의 차이를 혼란시킨다고 말하는 것이 아닙니다)." 라고 주장하는 사람들과 "스스로 이 경험을 해 보지 않은 연구자들은 실제로 그것이 무엇인지 이해할 수 없고 그들의 연구는 매우 얕고 상관성이 낮은 연구가 될 것입니다."라고 말하는 사람들 사이에서 논란이 일었습니다. 해도 안 되고 안 해도 안 되는 그러한 상황이 되어 버린 것입니다.

그래서 이 두 정신의학자는 절충을 하기로 했습니다. 둘 중 하나는 환각제를 복용하고 다른 하나는 복용하지 않기로 말입니다. 그 후에 연구팀으로 작업하고 그 두 세상의 최고를 조합하기로 했습니다. 그래서 동전 던지기를 해서 한 사람이 환각제를 먹었습니다.

사람들은 종종 동전 던지기에서 이긴 사람과 진 사람 중 누가 환각제를 먹었는지 묻는데, 그들이 어떻게 그것을 구조화했는지는 잘 모르겠습니다. 그 질문의 형식은 많은 것을 말해 줍니다.

환각제를 먹은 정신의학자는 연구실에서 가까운 작은 방에서 진리의 신비로운 경험이라고 할 만한 경험을 했습니다. 벽에 걸린 플라스틱 판에 새겨진 내용은 인간이 살면서 알아야 할 모든 진리를 담고 있었습니다. 여러분이 상상하신 대로, 그는 이 발견으로 무아지경의 행복을 느꼈습니다. 그 문구는 '용변 후 물을 내려라.'였습니다.

저는 환각제 경험을 한 대상자였습니다. 감사한 일이지요. 여러분이 그 말을 이해할 수 있는지 보기 위해 오래된 기억에 의존할 수 있습니다. 여러분은 거기에서 많은 지혜를 얻을 수 있습니다. 어쨌든 저는 세상의 모든 지혜가 그 한마디에 담겨 있다고는 생각하지 않습니다. 훌륭한 삶을 살려면 알아야 하는 다른 많은 것들이 있기 때문입니다.

그래서 저는 환각제가 더 나은 진리와 제외하기 어려울 수 있는 더 강한 미망들의 혼합물과 같은 것으로 생각합니다. 이제 적절하게 훈련된 사람들이 환각제를 사용한다면 그것은 아주 다른 게임이 될지도 모릅니다. 예컨대, 오랫동안 환각제가 사용된 전통적인 문화에서 샤머니즘적인 환각제의 사용은 16세의 서양 아이들이 환각제trip로 사용한 것과는 본질적으로 다릅니다. 그 샤먼은 비범한 경험을 할 뿐만 아니라, 그것이 오랫동안 사회적으로 분명한 유용성이 없었다면 그 공동체가 그러한 수련을 지지하지 않았을 것입니다. '저는 잃어버린 소를 찾기 위해, 당신이 주술적인 작업을 할 수 있도록 돈을 냈어요. 당신이 제 소를 찾지 못한다면 다시는 사업을 못할 줄 아시오.' 와 같이 말입니다. 우리가 거의 이해하지 못하고 있고, 우리의 문화에는 확실히 없지만, 어떠한 전통적인 문화에서는 의식에 영향을 미치는 환각제를 사용하는 오래된 규율과 훈련이 존재합니다.

참가자: 1960년대에는 다르게 발생했습니다. 1960년대에는 다르게 흘렀고, 정부에 의해 환각제 연구가 유효했으나 지나치

> 게 열중하는 환각제 연구자들 때문에 금지되었습니다. 이러한 것들이 무익한 질문이라고 생각하십니까? 만약 환각제 연구가 금지되지 않고 계속 이루어졌다면 명상의 문제에도 흥미를 느끼지 않았을까요? 그 환각제 연구와 어떠한 차이가 있었습니까?

저에게는 확실히 달랐습니다. 앞에서 말씀 드렸듯이 제가 대학원에 다녔을 때 저는 환각제 연구에서 실험의 대상자였고, 그 결과로 의식의 많은 측면에 대한 이론적인 지식과 아이디어를 얻었습니다. 그리고 저에게 마음에 대한 관심을 자극한 그것들에 대한 직접적이며 실험적인 지식 기반을 갖게 했습니다.

앞에서 연구자들의 선입견에 대해 말씀 드렸듯이 어떤 사람들은 제 머리에 영원한 구멍이 생겼다고 생각할 수도 있다는 것을 이해하시겠죠? 만약 그들이 옳다면, 제가 말하는 것을 심각하게 받아들여서는 안 됩니다. 정치적인 맥락에서, 좀 더 재미있는 것은 제가 대상자로 참여했던 그 정신의학자들의 실험이 그것의 전면적인 창립기관 중의 하나를 통해 CIA가 암암리에 자금을 대었다는 것을 알았습니다. 그래서 저는 제가 어리고 감수성이 예민한 시기에 CIA가 저에게 강력한 환각제를 주어서 제가 말하고 행동하는 어떠한 것에도 책임이 없다고 정직하게 말할 수 있습니다. 제가 누군가를 고소할 수는 없겠죠? 저는 그들에게 감사의 편지를 보내야 한다고 생각합니다. 그것은 매우 흥미롭고 깨달은 바가 많은 경험이었습니다.

자, 이제 명상적인 맥락으로 연결해 봅시다. 저는 1960년대와 1970년대의 젊었을 적에 환각제를 복용했던 불교 스승들을 몇 명 아는데, 그들은 그 경험을 통해 자신들의 마음을 더 잘 이해하려고 하는 데 주의를 돌리게 되었고, 그것을 보다 효과적으로 사용하였다고 말했습니다. 그러나 그들이 고전적인 불교 명상을 발견하고 기술을 개발하였을 때, 더 강력하고 안정적인 도구로 여겨지는 것을 발견했음을 느꼈습니다. 환각제는 그들에게 예고편이었을지도 모릅니다. 그것은 마치 영화관에서, 마을을 위해 더 많은 농작물을 경작할 수 있도록 댐과 관개 시스템 건설에 관한 다큐멘터리를 보는 것과 같았습니다. 하지만 되돌아가서 반복해서 그 예고편을 보아도 댐은 만들어지지 않습니다. 그 영화는 천연색의 화려한 색감의 흥미진진한 영화일지 모르고, 보는 것만으로도 매우 들뜨게 만들 수 있습니다. 하지만 댐을 만드는 기술을 배워야만 했고 실제로 지식을 적용해야 하는 힘든 작업을 해야만 합니다.

명상이 훨씬 더 안정적이라는 것을 알게 된 사람들은 그것을 배우게 되었고, 마침내 명상 스승이 되었습니다. 불교는 또한 어떠한 면에서는 약물 사용을 반대합니다. 인간의 조건에 대한 불교인들의 생각은 우리가 이미 수많은 외부의 통제하에 있기 때문에 쓸데없이 고통을 겪는다는 것입니다. 그리고 우리가 자유와 깨달음을 얻고자 한다면 자신의 마음을 완전히 조절하는 것을 계발할 수 있어야 한다고 생각합니다. 만약 약과 같은 외부의 것의 도움으로 즐거움과 통찰을 얻는다면, 나중에도 스스로가 아닌 외부의 것에 의존하게 되고, 그것은 완전한 자유가 아니게 됩니다. 그래서 불교의 전통적인 훈련 규칙에는 어딘가에 도달하기를 정말로 원한다면, 흥분시키는 약물을 금지합니다. 각 문화마다 흥분시키는 약물을 완전히 금하느냐, 심각하게 정신 기능을 간섭하는 약물만 금하느냐에 대해서는 다양한 변수가 있습니다.

그러나 저는 환각제를 적절히 사용하는 것은 이상적인 세상에서, 심리치료와 성장의 방법으로 종교적으로나 철학적으로 사람들에게 여러 가지 방식의 명상적 이익을 준다고 생각합니다. 비유적으로 말하면 전에는 한 번도 알아차리지 못했던 제 마음의 측면으로 주의를 돌리거나 그저 흥미로운 단어들을 향유할 수 있었던 매우 강력한 바람이 제 머리를 때렸다고 생각합니다. 그래서 제가 환각제를 복용했던 경험은 매우 유용했습니다.

저는 지금 그것들을 개인적인 용도로 사용하지는 않습니다. 저는 '내 몸에 어떠한 약물을 집어넣으면, 임시로 미치게 되는가? 그것은 정말로 무섭고 매력 없는 짓!' 이라고 생각합니다. 그러나 그때는 제가 20대였을 때고, 지금은 매우 보수적인 늙은이입니다.

참가자 : 박사님은 환각제 연구에 합류했었고 환각제 사용을 권장했다가 해직당했던 하버드 대학교 교수 리처드 알퍼트(Richard Alpert)를 아십니까? 그가 이름을 바바 람다스(Baba Ram Das)인가 뭔가로 바꾸었지요?

그가 하버드 대학교에 교수로 재직하고 있을 때 점심을 같이한 적이 있습니다. 우리는 연구 설계와 과학적으로 존경할 만한 것들에 대해 이야기를 나누었습니다. 흥미로웠던 점심시간이었습니다. 그리고 최근 몇 년 전에 우연히 그를 보았습니다. 그는 하버드 대학교 교수로 있을 때보다 람다스로서 더욱더 흥미로운 사람이었습니다.

참가자: 누군가 환각제를 복용함으로써 자기기억에 머무는 방법을 배운 적이 있다고 생각하십니까?

아마도 아닐 것입니다. 제가 이해하는 한, 보고 듣고 느끼는 자기기억은 약간 강제적인forced 주의 기법이기 때문입니다. 그것은 여러분에게 다양한 통찰과 결과적으로 대안적인 선택alternative choices을 주는 의식을 열어 줄 것입니다. 그러나 자기기억은 약과 같은 외부의 것으로부터 부여되는 어떠한 것이 아닌, 작지만 의도적인 노력을 하는 것에 의해 가능합니다. 환각제는 때로 자기기억의 결과에 따라 발생하는 것과 유사한 효과를 만들어 낼지도 모르지만, 효과의 일반적인 패턴은 같지 않습니다.

우리는 보통 진정한 성장과 치료적 사용이 좀 더 개방적일 수 있음에도 정신활성물질을 복용하는 것을 보통 쾌락을 얻기 위해서 하는 것으로 생각합니다. 그러나 제가 자기기억을 진지하게 여기는 사람들에게 보내는 주의 중 하나는 이것을 통해 자신의 인생에서 더욱더 분명하게 현재에 존재하게 될 것이라는 것입니다. 어쨌든 그것에 매달리라고 권합니다. 저는 권고합니다. 현재에 존재하기 바랍니다!

때로는 분명하게 현재에 존재함으로써 여러분은 매우 특별하고 긍정적인 경험을 얻습니다. 그래서 여러분은 '우아, 이것이구나! 드디어 도달했어!' 라고 생각하기 시작합니다. 그러고 나서는 실제로 그 수련을 하는 것을 잊어버리기 시작합니다. 굉장한 경험을 했지만, 자신의 호흡에 주의를 기울이기를 잊어버렸던 참선 수행자를 기억하시는지요? 요점은 좋은 경험이든 나쁜 경험이든 어떤 특별한 경험에 의해서 옆길로 빠지지 말고 수련을 계속하라는 것입니다. 또 지금-여기에서 무엇이 일어나고 있는지 계속 주의를 기울이는 데 전념하라는 것입니다. 오랫동안 알아차림과 자기기억을 계발하는 것은 어떠한 임시적인 경험보다 더 중요한 변화를 만들어 낼 것입니다.

제가 강조하고 싶은 것은 자기기억 훈련은 '몸을 느끼고, 좋은 것을 느끼게 하는가?' 하는 문제가 아니라는 것입니다. 만약 여러분이 그것이 요점이라고 생각한다면 더 만족스러운 백일몽을 개발하려고 시간을 낭비한 것이고 여러분에게 치명적일 수 있습니다. 한 스승이 말씀하시기를 그의 참가자 중 하나가 모임 후에 길에 서서 다른 참가자들에게 자신의 몸을 잘 감지할 수 있었고, 몸에서 모든 인생이 느껴졌다고 말하면서 뒤로 걷고 있었는데, 그녀가 자신의 몸 내부에서 좋은 감각을 느꼈다고 말하는 순간 택시가 그녀를 치었고 그녀는 사망했다고 합니다. 이렇듯 느끼는 것에 지나치게 많은 주의를 기울이는 것은 보고, 듣는 것을 부족하게 합니다.

보고, 듣고, 느끼기 위해서 의도적으로 그리고 적극적으로 주의를 주변으로 퍼지게 하세요. 세상을 바라보고, 세상을 듣고, 몸에 주의를 기울이세요. 그것의 목적은 일어나는 모든 것에 더 명료해지기 위함입니다. 먹고 있다면, 맛과 냄새에 많은 주의를 기울이세요. 만지고 있다면, 촉감에서 일어나는 감각에 많은 주의를 기울이세요.

보는 것과 듣는 것이 우리에게 두드러진 감각이고, 의도적으로 계속 팔과 다리의 감각을 느끼기 때문에 저는 자기기억 과정을 보고, 듣고, 느끼는 것이라고 묘사합니다. 보고, 듣는 것은 세상에 대한 대부분의 정보를 얻는 것입니다. 그러나 보고, 듣고, 느끼기의 요점은 좋게 느끼기 위함이 아닙니다. 그것은 일반적으로 기분을 좋게 할 것이고 더 생생하고 살아 있는 듯이 느껴질 것입니다. 하지만 보다 중요한 것은 현실과 더욱더 접촉하는 것입니다.

때로는 현실의 매우 불쾌한 측면을 볼 것이고, 평소보다 훨씬 더 그러한 것들을 분명히 볼 것이라는 것을 의미합니다. 그것은 보통 일상적인 관점에서는 유익한 것으로 고려되지 않습니다. 그리고 그것은 우리가 열린 마음으로 우리 자신과 세상에 주의를 기울이지 않는 이유 중의 하나입니다. 우리는 세상과 우리 자신의 부정적인 부분을 보는 것을 좋아하지 않습니다. 그래서 우리는 내면의 미세한 프로그램을 작동하고, 꿈속에서 길을 잃고, 주의를 기울이지 않는 것입니다. 구르지예프Gurdjieff가 "인간은 잠들어 있다."라고 한 말을 기억하세요. 그 잠, 즉 자동화되고 합의된 몽환 상태consensus trance state는 나중에 더 많은 문제를 일으킵니다.

기분이 좋아지는 것은 좋지만, 보고, 듣고, 느끼는 것을 수련한다면 기분이 좋아지는 날에는 매우 위험할 수 있으니 정말로 조심해야 합니다. 좋은 느낌을 재생산하기 위해서 수련을 하는 것은 이해를 미묘하게 왜곡시킬 수도 있습니다. 자기기억 훈련은 진실에 다가가기 위한 훈련입니다. 행복은 부수적입니다.

이것은 우리가 진지하게 받아들이기에 매우 어려운 점입니다. 우리 모두는 행복을 추구할 권리가 있지요? 아마도 행복 그 자체를 추구할 권리가 있음에도 행복하지 못하다면 우리는 누군가를 고소해야 할까요? 그러나 행복 추구는 우리를 불필요한 많은 고통으로 이끌 것이라고 확신합니다. 왜냐하면, 행복하다고 느끼기 위해서 심리적으로 인식의 왜곡이 쉽게 일어나기 때문입니다. 만약 여러분을 괴롭히는 것들을 보지 않고 듣지 않는다면, 여러분은 그것들을 느끼지 않는다고 생각합니다. 이것은 억압이고 억제입니다. 만약 여러분의 생각과 관련된 감정이 내부의 즐거운 느낌을 일으키는 자동화된 고랑을 따라 움직인다면 여러분은 기분이 좋아지고 불쾌한 어떤 것을 주목하는 데 에너지를 덜 소모하겠지요. 그러나 실제로 일어나는 것과는 접촉하지 못하고 결국 나쁜 결과를 가져올 것입니다. 제가 알아낸 것은, 여러분이 진실과 최고의 능력에 대한 더 큰 알아차림을 추구한다면, 무시하고 알아차리지 못한 결과로부터 얻게 되는 가짜 행복에 의한 반응의 결과가 아닌 진짜 행복이 부수적인 것으로 따라올 것이라는 점입니다.

참가자 : 명상이라는 어떠한 종류의 영적인 성장을 많은 진지한 사람들이 환각적인 경험으로부터 시작한다고 들었습니다. 사실입니까?

실제로 그것에 대한 자료는 없습니다만, 여러 공동체에서 회자되는 일화는 많습니다. 이 자리에서 바로 생각해 낼 수 있는 유일한 체계적인 자료는 몇 년 전에 스스로 모았던 것들뿐입니다. 제가 함께 공부했던 티베트 불교 그룹에서 사람들의 신뢰를 얻었고, 명상 전의 환각제 사용에 대한 설문을 했습니다(Tart, 1991). 그 티베트 불교 분파의 참가자들 사이에서는 예전에 환각제 사용이 잦았다는 것을 알게 되었습니다. 그것이 가장 체계적인 자료이지만 영성 훈련을 하는 많은 사람들을 고려해 보면, 아주 극소수를 조사한 것이니 당신의 질문에 정확한 답은 아닙니다.

참가자: 저는 명상 공동체에서 가끔 이런 이야기를 들었습니다. 이미 명상을 경험한 사람들은 그들이 환각제를 시험 삼아 먹었을 때 별로 흥미로운 경험을 하지 못한다고 말입니다.

당신은 명상이 환각제가 사람에게 미치는 영향을 감소시킨다고 말하는 건가요?

참가자: 네.

저도 그런 효과에 대해 이야기를 들은 적이 있습니다. 그런 이야기들을 구체화하고 연구실에서 그것을 검증할 수 있는 조사가 있다고 생각합니다. 만약 그것이 사실이라면, 왜일까요? 그 이유를 아는 것은 무척 흥미로울 것입니다.

참가자: 박사님은 지금 또다시 중독에 빠지고 있습니다.

맞습니다. 수련은 하지 않고 말을 너무 많이 했습니다. 우리가 토론하던 중에도 제 마음의 뒤편에서는 그것에 대해 생각하고 있었습니다. 여러분도 모두 가능합니다. 5분간 쉬고 한 가지 경험을 하기로 하지요. (휴식)

참가자: 특별한 소리와 진언으로 하는 명상에 대해 말씀해 주실 수 있습니까? 초월 명상이 그런 것으로 아는데요. 박사님이 오늘 우리에게 가르친 것과 어떤 관련이 있나요?

또 저를 중독에 빠지게 하시네요.

참가자: 네, 잠시만요. 어떻게 생각하는지 알고 싶습니다.

좋아요, 만트라mantra 명상을 어떻게 끼워 넣을 것인가……. 저는 앞에서 만트라 명상의 한 형태인 초월 명상에 대해 살짝 언급했지요. 그러나 그것을 좀 더 자세히 살펴보는 것이 좋겠네요.

만트라는 소리나 소리의 내면적 상징을 명상의 대상으로 삼을 수 있습니다. 만트라 명상은 보통 집중 명상의 형태로 간주합니다. 주의를 지속적으로 되돌리는 한 가지 방법을 갖는 것이지요. 초월 명상은 만트라를 하고, 마음이 방황할 때 그것을 가르치는 방식입니다. 그것은 마음의 방황을 지나치게 하지 말라고 합니다. 왜냐하면, 마음이 방황하는 데는 이유가 있기 때문입니다. 여러분이 어떠한 것을 완전하게 느낄 때, 떠오를 필요가 있는 마음의 소재들이 올라오는 것을 알아차릴 것입니다. 그러고 나서 만트라를 잊어버린 것을 기억하고 다시 만트라로 돌아옵니다. 그래서 그것은 집중적 요소가 있는 것이지만, 초월 명상의 통찰적 요소도 함께 가지고 있습니다.

집중 명상과 통찰 명상의 구별체계가 명상이라 불리는 모든 유형의 수련을 다 포괄할 것이라는 믿음으로 우리의 시간을 낭비하지는 맙시다. 실제는 개념보다 항상 더 복잡합니다.

10 수련: 위빠사나에서 자기기억으로

Vipassana to Self-Remembering

10

수련: 위빠사나에서 자기기억으로

Mind Science

좋습니다. 이제 우리는 몇 분 동안 집중 명상을 할 것입니다. 그 후에 몇 분 동안은 위빠사나를 하고, 그 후에 지금까지 했던 것보다 조금 더 능동적인 방식으로 자기기억 수련을 할 것입니다. 아마 흥미로운 시간이 될 것입니다.

편히 앉으십시오……. 눈을 감거나 시선을 한곳에 두고……. 복부와 가슴에서 일어나는 호흡의 감각에 주의를 기울입니다……. 배가 들어가고 나오고…….

필요하다면 자세를 조정하여 안정시키십시오……. 오로지 주의를 호흡의 감각에 머물도록 하십시오……. 만약 마음이 방황하면…… 그냥 부드럽게 주의를 되돌리십시오…….

이제 여러분은 호흡의 감각에 집중하고 있습니다……. 그러나 여러분은 듣지 못하는 분들이 아닙니다……. 그래서 때때로 다른 소리가 들립니다……. 눈을 뜨면, 보지 못하는 분들이 아닙니다……. 그래서 경우에 따라서 다른 것들이 보입니다……. 그러나 주의의 많은 부분은…… 주의를 기울일 대상은…… 호흡입니다…….

이제 주의를 확장하여 몸의 어떠한 감각이든지 따라가 보십시오……. 여러분은 두드러진 몸의 감각을 따라갈 수 있습니다……. 아니면 감각의 일반적인 패턴이나…… 그냥 마음을 열어 순간순간 있는 그대로 몸의 감각을 느껴 보세요…….

이제 다시, 벽과 창문과 문을 통해 밖의 소리가 들립니다……. 그러나 여러분의 기본적인 주의의 대상은 마음을 열어, 진정으로 열린 채로 몸에서 일어나는 몸의 감각을 따라가는 것입니다……. 주된 감각…….

이제 주의를 기울일 주된 대상을 팔과 다리로 바꿉니다. 그리고 어떠한 감각이든 따라가 보십시오. 혹은 팔과 다리에 일어나는 감각의 패턴에 주의를 기울입니다…….

이제 의도적으로 주의를 확장하여 팔과 다리를 느끼는 동시에…… 소리의 속성을 듣습니다……. 거기에 있는 어떠한 소리든지 계속 들으면서…… 팔과 다리를 느껴 봅니다……. 능동적으로 둘러보십시오……. 눈을 여전히 감고 있다면, 이제 눈을 뜨고…… 천천히 둘러봅니다……. 각각의 것들을 전에는 한 번도 보지 못한 것처럼 새로운 호기심으로 보십시오…….

이제 일 분 동안 움직이라고 말할 것입니다……. 평소보다 느리게 조금씩 움직여 보세요……. 그래서 여러분은 계속 팔과 다리의 감각을 느낄 수 있을 것입니다……. 몸에서 움직임 때문에 생기는 어떠한 감각이든지…… 보고, 들으면서 느껴 봅니다……. 평소보다 느리게 10% 정도만 움직여 봅니다…….

이제 천천히 일어나……. 파트너를 찾아보십시오……. 여러분이 모르는 분을 찾습니다……. 그리고 앉으십시오……. 나란히 앉습니다……. 말씀하지 마시고 팔과 다리의 감각에 가능한 한 충분히 집중하고 움직임으로 인한 몸의 감각도 느껴 봅니다……. 그리고 보고, 듣습니다…….

그런 식으로 상대를 찾고…… 찾았으면 앉으시고……. 모두 한 사람씩 찾습니다…….

이제 또 다른 존재와 교류할 것인데, 이러한 상황은 항상 매우 심리학적이지요……. 그러나 이것은 특별히 실험적이고 경험적인 상황입니다……. 이제 할 일은 가능한 한 명료하게 알아차리는 것입니다…….

이 훈련의 첫 번째 부분은 지적인 결정을 합니다. 그러나 여전히 보고, 듣고, 느끼면서 합니다……. 상대 중 누가 A를 할 것인지, 누가 B를 할 것인지를 결정하십시오……. 잠시 후에 역할을 바꿀 것인데, A와 B 간에 차이는 별로 없습니다…….

좋습니다. 결정이 되었을 것입니다……. 이제 계속 보고, 듣고, 느끼면서 A가 B에게 한 손을 내미십시오……. B는 그것을 받아서…… 유심히 살펴보십시오……. 전에는 한 번도 본 적이 없는 것처럼…… 계속 보고, 듣고, 느낍니다. 다시 상대의 손을 보고 마음을 열어, 호기심 어린 마음으로 전에는 이와 같은 것을 한 번도 본적이 없는 듯이 살펴보십시오…….

마음이 방황하면 부드럽게 돌아옵니다…….

좋습니다. 몇 분이 지났습니다……. 이제 역할을 바꾸어서 계속 보고, 듣고, 느끼면서……. B가 A에게 한 손을 내미십시오……. A는 계속 보고, 듣고, 느끼는 것을 유지하면서 그 손을 유심히 살펴보십시오……. 그것이 어떻든지 간에 열린 마음으로 하십시오…….

마음이 방황하면 부드럽게 돌아오십시오……. 제가 더 지시를 하는 동안에도 모두가 계속 보고, 듣고, 느끼도록 하십시오…….

다음 훈련에서는 보고, 듣고, 느끼기가 더 어려워질 것입니다……. 여러분은 그것에 더 주의를 기울여야 할 것입니다. 왜냐하면, 계속 보고, 듣고, 느끼면서 말을 할 것이기 때문입니다……. 몹시 어려워 보이지만…… 할 수 있습니다……. 보고, 듣고, 느끼는 동안 말할 수 있습니다…….

이제 A가 2분 동안 말을 할 것입니다……. 자신에 대해 B에게 말을 합니다……. B는 A를 보면서 상대가 하는 말을 듣습니다. 들으면서 팔과 다리를 느낍니다……. B가 들으면서 완전히 중립을 유지하는 것이 매우 중요합니다……. 고개를 끄덕이거나 웃거나 말하거나 대화할 때나 들을 때 하는 일상적인 사회적 행동이나 반응을 하지 않습니다……. 정말 주의를 기울여 듣고, 상대가 말하는 동안 어떠한 반응도 하지 않습니다.

A는 스스로에 대해 말하고 싶은 어떤 것이든지 말할 수 있습니다……. 자신을 소개할 수도 있고……. 그러나 말하면서도 보고, 듣고, 느끼도록 합니다……. 계속하십시오…….

마음이 방황하면 부드럽게 돌아오십시오…….

좋습니다. 몇 분이 되었습니다. 역할을 바꾸어서……. 천천히 마음을 챙겨 주의 깊게 보고, 듣고, 느끼면서……. B가 스스로에 대해 말해 보십시오. A는 보고, 듣고, 느끼며 반응을 보이지 않고 듣습니다…….

이제 천천히 마음을 챙겨 주의 깊게…… 모두 다 보고, 듣고, 느끼면서…… 일어나십시오……. 상대에게 손을 흔들고……. 그러나 여러분이 무엇을 하고 있는지 실제로 주의를 기울입니다. 자동으로 흔들지 마시고……. 이제 조용히 자리로 돌아갑니다…….

방 안 가득한 자각의 힘을 알아차려 봅니다…….

좋습니다. 계속 보고, 듣고, 느끼면서 정상적인 대화 상태로 들어가겠습니다 표현하기는 어렵지만, 방 안에는 강한 주의력과 집중과 개방의 속성이 가득 찼다.

11 수련을 삶에 적용하기

Taking the Practices Into Life

11
수련을 삶에 적용하기

Mind Science

투손 학술대회의 나머지 부분은 여러분에게 적절한 준비를 시켜 주지 못할 것 같습니다. 지금부터는 이러한 마음챙김, 자기기억의 상태로 머물지 않을 것이기 때문입니다.

좀 더 현재에 존재한다는 것, 좀 더 여러분의 감각으로 돌아온다는 것은 고유한 만족감이 있습니다. 겉으로 드러나지 않는 조용한 방식으로 지성적인 뭔가가 있습니다. 그리고 실제로 여기에 있는 모두가 마음챙김과 자기기억의 가능성을 조금은 맛보았다고 생각합니다. 그것만으로도 저는 만족합니다.

처음에 말씀 드렸듯이 하루 만에 마음챙김 기법을 설명하기란 정말 어리석은 일입니다. 전통적인 명상 훈련의 경우, 한 시간 수련 후 스승과 5분씩 대담을 나눕니다. 그러나 여러분 모두가 저의 생각 중독적인 교육에 적절한 사람들이고, 이 워크숍이 우리의 중독을 위해 마련된 것이기에 많은 설명을 곁들였습니다. 그 가르침이 얼마나 효과적일지는 잘 모르겠습니다. 적어도 이 워크숍이 저 같은 사람들을 위한 것이기를 바라지만, 확실한 것은 이것 역시 전통적인 방식은 아니라는 것입니다. 전통적인 방식은 여기에 모인 우리처럼 각기 배경과 명상에 대한 사전 지식이 다르고, 시간이 충분하지 않은 상황에서는 적절하지 않을 수 있습니다.

저는 우리의 마음이 일상적으로 통제하기가 어렵고 이리저리 날뛰며 많은 문제를 일으키기 때문에 마음을 안정시키는 것을 배울 필요가 있다는 이론적 근거와 함께 집중 명상을 소개했습니다. 그리고 통찰 혹은 마음 열기 명상인, 위빠사나를 소개했는데, 비록 집중 명상에서 깊은 안정감을 훈련하는 전통 방식은 아니었지만, 어느 정도 안정을 이루면서 마음의 작동을 살펴볼 수 있었습니다. 시간이 넉넉지 않은 관계로 집중 명상에 곧바로 들어갔습니다. 여러분은 '지금-여기에서 무엇이 일어나고 있지?' 라는 본질적인 과학적 태도로 경험의 스펙트럼을 넓게 보기 시작했습니다. 무엇이 일어나야 한다거나 과거에 어떠한 일이 일어났다거나 미래에 무슨 일이 일어날 것이라는 이론에 사로잡히지 않고 '정확히 무슨 일이 일어나고 있는가?' 라는 태도로 현재를 지켜보았습니다.

그다음에 보다 면밀한 태도와 열린 마음의 주의를 삶에 능동적인 방식으로 적용할 수 있는, 보고, 듣고, 느끼는 자기기억을 소개하였습니다. 자기기억 훈련을 하기에는 오늘 주어진 시간이 짧아서 알기 쉽게 설명하지는 못했습니다. 하지만 그 수련에 크게 실패할 만큼 복잡한 부분도 없다고 생각합니다. 단지 원칙적으로 말씀 드리자면, 의도적으로 여러분의 몸에 주의를 두고, 여러분의 감각을 현재와 삶의 나머지 부분, 심지어 말하는 것에서도 유지하는, 이 보고, 듣고, 느끼는 자기기억의 태도는 유지할 수 있습니다. 말을 하면서도 마음을 챙긴다는 것을 들었을 때, 저는 그렇게 할 수 있다고 생각하지 않았습니다. 그러나 이것이 가능하다는 사실을 곧 알게 되었습니다.

여러분이 계속해서 보고, 듣고, 느끼기를 유지한다면, 누군가에게 주의를 덜 기울이는 것 같다고 느껴지는 방식에서도 여러분 자신의 내부 훈련으로 인해 상대에 대한 정확한 인식을 하는 것은 물론 상대를 적응적이며 호의적인 사람으로 여긴다는 사실을 알게 될 것입니다. 또한 상대와의 상호작용은 많은 부분 각자만의 공상으로 빠져 버리고 주변적인 상호작용만을 하는 경우가 많습니다.

저는 감각 인상이라는 양식에 대해 말씀 드렸습니다. 만약 여러분이 공식적인 명상이나 이러한 자기기억 등을 규칙적으로 수련한다면, 여러분의 경험적인 영양은 좋아질 것입니다. 그것을 보다 자세히 설명할 수는 없지만, 여러분이 삶에서 특정한 변화를 위해 애쓰지 않아도 그것은 건강과 삶의 질을 높이는 간접적인 방법입니다.

그 후에 실제 수련이라는 메인 요리와 더불어 주의를 산만하게 할 수도 있고, 본질적일 수도 있는 많은 지적인 향신료를 뿌렸습니다. 이 모든 것들은 우리처럼 생각이 많은 사람을 위한 것입니다. 오늘 이 워크숍이 여러분 모두를 위한 것이었다고는 말할 수 없지만, 여러분의 질문을 듣고 판단해 보니 무척 괜찮은 워크숍이었다는 느낌이 듭니다. 어쨌든 여러분은 제가 맛보여 드리고자 했던 것을 맛보셨습니다.

이제부터는 워크숍을 떠난 후에 제3차 투손 학술대회의 나머지 일정을 위해서 의도적인 집중 명상이나 위빠사나, 보고, 듣고, 느끼는 자기기억 수련에 대해 잊으라고 제안합니다. 여러분은 앞으로 최고로 지적인 분위기에 빠지게 될 것입니다. 마치 개념과 생각으로 가득 찬 파티 같은 분위기지만 이는 매우 가치 있는 것입니다. 너무 가치 있는 것이라서 빠뜨릴 수가 없습니다. 그런데 이상하게도 우리가 지금까지 약간의 훈련을 했는데도 여러분은 그 수련을 할 수 없을 것입니다. 만일 그것을 하려고 여러분이 노력한다 해도, 아마 실패할 것입니다. 그리고 매우 부정적인 반응의 굴레에 빠질 것입니다. 이를테면, '이런, 뭔가 좀 배운 것 같았는데 할 수가 없네. 뭐가 잘못된 거지?' 처럼 말입니다. 따라서 이 특별한 학술대회가 끝날 때까지 잠시 동안 수련을 미루는 것이 좋습니다. 집에 도착하였을 때 수련을 하면서 뭔가가 느껴진다면, 시도해 보셔도 좋습니다.

뭔가를 배울 때는 규칙적으로 하는 것이 도움이 됩니다. 그래서 우리가 배웠던 명상 수련 중 한두 개를 하고자 한다면, 규칙적인 일정을 잡는 것이 좋습니다. 그렇다고 마라톤식 좌식 명상을 할 필요는 없습니다. 하루에 10분 정도 앉아 있을 수 있다면 내면을 계발하려는 사람들의 1% 안에 드는 것이고, 만약 한 시간 정도를 한다면 0.1% 안에 들게 됩니다.

앞서도 언급했지만, 여러분이 진정으로 이 명상의 길을 따른다면 지금 사는 곳에서 정규적으로 함께 수련할 수 있고, 피드백을 받을 수 있는 코치coach, 즉 명상 지도자를 찾아야 합니다. 가까운 데서 명상 지도자를 찾을 수 없다면, 경우에 따라 명상 집중 수련을 하는 곳으로 여행을 고려해도 좋습니다.

집중 수련은 하루 중 대부분을 좌선하는 데 사용할 것입니다. 그러나 지도자와 인터뷰를 해서 여러분이 어떻게 하고 있는지 점검할 수 있습니다. 여러 번에 걸친 조정은 수련에 큰 차이를 만듭니다. 우리는 스스로가 만들었던 막다른 골목에 갇히지만 그 사실을 깨닫지 못합니다.

저는 명상이 다소 불교적인 성향이 있다고 설명했는데, 크게 걱정하지 않으셔도 됩니다. 실제적인 절차는 그러한 성향을 초월하게 되어 있기 때문입니다. 명상 지도자들이 불교도라고 불려도 그들에게 기초적인 명상법을 배우기 위해 굳이 불교도가 될 필요는 없습니다. 그들이 유능하다면, 불교도라는 꼬리표를 달지 않고 사람들에게 그들의 도구를 가르쳐서 붓다의 메시지를 마음속에 새기고, 자신의 마음을 이해하도록 도울 것이기 때문입니다. 저는 스스로를 불교도라고 부르지 않습니다. 정확히 말하면 저는 모든 것을 배우고 이해하려고 노력하기 때문에 불교를 배우는 사람이라고 부를 수 있습니다. 그러나 어떤 명상 모임에서도 그런 저를 싫어하지는 않습니다.

자기기억과 같은 수련에 여러분이 흥미가 있다면, 그것을 지속적으로 수련하는 곳은 구르지예프Gurdjieff 모임이 유일합니다. 저는 항상 여러분에게 그런 모임에 참여해야 할지 말아야 할지를 추천하는 것에 대해 양가감정이 듭니다. 구르지예프는 천재였습니다. 그러나 구르지예프의 방법으로 수련해 왔다고 주장하는 사람들은 천차만별입니다. 어떤 사람들은 늘 깨어 있고 숙련되어 있지만, 또 어떤 사람들은 그들 스스로 한계와 신경증을 앓는 사람들도 있습니다. 그리고 또 어떤 이들은 지극히 극단적이거나, 허풍쟁이입니다. 다른 사람들이 이상하게 느낄 정도로 행동하는 사람들은 그 모임에서 손상을 입은 사람들입니다. 하지만 정말로 마음챙김 기술을 가치 있게 배운 사람들도 있습니다. 구르지예프 모임은 광고를 하지 않는 전통을 따르고 있습니다. 그들을 찾으려면 충분히 지적이며 그들의 작업에 충분히 관심을 둬야 합니다. 제가 여러분께 재미있는 퍼즐을 하나 드린 셈입니다.

참가자: 박사님, 저는 구르지예프 그룹에 속해 있는데, 말씀하셨듯이 저에게 가장 유익했던 것은 어떠한 것을 선택했을 때, 그것을 만날 때마다 자기기억으로 되돌아가는 것입니다. 예컨대, 거리의 표지판이나 신호등, 문고리, 휴지통 등 때때로 기억나도록 도와주는 표식을 계속 바꿉니다. 저에게는 분명히 효과가 있었고, 그것은 큰 도움이 되었습니다.

그렇습니다. 마음챙김의 길에서 습관화는 가장 큰 적입니다. 그래서 여러분이 보고, 듣고, 느끼는 것을 기억하는 작은 훈련을 완성할 수 있다면, 그것은 매우 유용합니다. 그러나 그것은 습관

자체가 아닌, 그 수련이 중요하다는 것을 되새기는 습관의 결과로 만들어진 의식적인 노력입니다. 다시 말해, 실제로 보고, 듣고, 느끼는 것과 그것을 하는 것의 습관에 빠져서 보고, 듣고, 느끼는 것에 대해 생각하는 것과 혼동하지 않도록 주의하세요. 이런 훈련을 하도록 도와주는 책들이 있습니다(Orage, 1965).

아, 이런 경고를 덧붙여야겠습니다. 영적 모임에 참여하는 것은 일생에서 가장 좋은 일일 수도 있지만, 당신을 미치게 할 정도로 위험할 수도 있습니다. 역으로 말하면, 영적 모임에 참여하지 않는 것이 당신의 일생에서 가장 좋은 일이 될지도 모릅니다.

삶은 원래 위험하고도 멋집니다. 여러분이 모임에서 어떠한 명상이나 자기기억, 성장을 위한 기법을 수행할 때마다 여러분의 능력을 확장시키는 사회적 에너지social energy가 있고, 또한 여러분 자신과 그 모임의 한계, 결점, 신경증 등이 증가하는 경향도 있습니다.

그러한 모임에서 가르치는 사람들의 입장에서 보면, 사회적 에너지는 지도자로서 효용성을 증가시킬 수도 있고, 그들의 결점을 증가시킬 수도 있습니다. 만약 지도자들이 시작할 때 완벽하지 않거나 최소한으로 성취하였거나 견고하지 않으면 때로는 참가자들이 지도자들을 미치게 합니다. 그 참가자들은 특히 완벽함에 대한 기대와 투사로 지도자들을 미치게 합니다. 또한 여러분은 제어를 벗어난 긍정적인 피드백의 고리를 갖게 됩니다

시간이 조금 남았네요. 추가적인 질문이나 더 하실 말씀 없습니까?

참가자: 박사님께서는 향심 기도(Centering Prayer)에 대해 잘 아십니까?

조금 압니다. 그것에 대해 조금 읽었는데, 매우 유용한 기법인 것 같았습니다. 하지만 그 부분에 대해 아는 것이 적은 관계로 그것에 대해서는 언급하지 않겠습니다.

참가자: 제가 읽은 바로는 그것이 기본적으로 통찰 명상과 같은 것 같았습니다.

그럴 수도 있겠지만, 그 둘을 비교할 수는 없습니다. 모든 특정 모임과 전통들은 그들만의 문화나 특정한 경험 혹은 창시자의 훈련 등을 기반으로 하여 마음을 탐구하고 통제하는 기본적인 기법에 어떤 것을 조금씩 추가하기도 하고 버리기도 합니다. 어떤 모임이나 조직에 의해 강화되고 숭상되는 경향이 있는 신성한 전통의 유무보다는 그들이 추구하는 보다 깊고 근본적이며 본질적인 것이 있다는 것을 기억할 수 있는 한, 그것은 잘 운영될 것입니다. 그러나 대부분 사람들이 함께 모여서 작업할 때마다, 일상적인 사회적 필요를 충족시키기 위해서 사람들은 자신들만의 하위문화sub-culture를 개발할 것입니다.

어떤 모임이 구성원들을 훈련할 수 있는 본질에 매우 가까운지 아니면 그 본질이 그들의 하위문화를 만족시키기 위한 일상적인 사회적 욕구를 보존하고 보호하기 위한 것으로 전락해 버렸는지에 대한 것은 실제적이면서도 중요한 문제입니다. 제가 조금 아는 바로는, 향심 기도는 자애와 지혜를 키우기 위한 진정한 동기를 가지고 하는 것으로 알고 있습니다. 일반적으로 수련의 특수성보다는 수련을 실행하게 되는 동기가 매우 중요하고, 특정한 수련이 어떤 결과를 가져오는가에 대해 더 많은 관련성이 있을 수 있습니다.

여러분이 개인적인 성장 측면에서 현재와 미래에 대해 생각하기를 원한다면, 스스로가 열의를 가질 만한 길을 찾아야 합니다. 여러분은 성장의 길 한가운데 놓여 있습니다. 기술적으로는 능숙하지만 여러분의 마음에서 울려 퍼지지 못한다면, 그것에 몰두하지 않을 것입니다. 무엇 때문에 굳이 애쓰겠습니까? 여러분의 마음이 울리는 길을 찾으셔야 합니다. 길을 찾다가 도중에 실수를 할지도 모릅니다. 사실 여러분은 분명히 실수를 할 것입니다. 인간이라면 실수를 피할 수 없으니까요. 그러니 여러분 자신을 너무 힘들게 하지 마십시오!

세상은 명상 스승들로 가득 차 있고 그들이 비록 완벽하지는 않지만, 성장의 방법에 관한 중요한 것들을 우리에게 가르쳐 줄 수도 있습니다. 그들이 우리를 가르칠 수 있는 소중한 도구를 가지고 있지만 결점도 가지고 있다고 여긴다면, 여러분은 무척 훌륭한 사람입니다. 그러나 마음속에서 지도자를 스승으로 여기게 되었을 때는 조심하세요. 저는 곳곳에 완벽한 스승들이 있다고 믿고 싶지만, 사람들이 스승을 찾았다고 생각하는 경우가 지나치게 많다고 생각합니다. 그것은 단지 프로이트Freud가 말한 전이transference일 뿐입니다. 완벽한 어머니나 아버지의 원형이 누군가에게 투사된 것입니다. 그것은 처음에는 효과적일 수 있지만, 지도자의 불완전성이 발견되면서 참가자의 긍정적인 전이'그녀는 내 영혼을 알고 나에게 완벽한 사랑을 베푸는 완벽히 깨달은 존재야.'가 부정적인 전이'그가 나를 완전히 이용했네. 내 인생을 낭비하다니!'로 바뀔 때는 치러야 할 대가가 너무 큽니다.

지도자가 여러분에게 '완전히 맡기라.' 고 요구할 때 이 부분은 더욱더 복잡해집니다. 그러나 영적인 영역에서 정신병리학적인 것을 설명할 충분한 시간은 없습니다. 제가 쓴 『깨어 있기*Waking Up*』(Tart, 1986)라는 책을 보면 자기 계발을 위한 방법 선택과 모임이나 스승에게서 떨어져서 보다 안전하게 평가하는 법을 첨부해 두었습니다. 아서 데이크먼Arthur Deikman이 쓴 이 분야의 선구적인 책인, 『잘못된 귀향*The Wrong Way Home*』(Deikman, 1990)은 영적 연구 모임에 합류하기를 원하는 사람들을 위한 본질적인 내용을 다루고 있습니다. 이 책은 우리가 이미 속해 있는 일상적인 사회인, 아주 큰 조직화된 신앙 집단에 대한 대단한 통찰을 제시합니다.

참가자 : 그렇다면, 박사님은 왜 여기에 계신 거죠?

제가 왜 여기에 있느냐고요? 아, 엄청난 질문이군요! 종일 여러분을 가르쳐서 피곤한 관계로 이 문제를 심도 있게 다루지는 못하지만 간단히 대답하면 제가 여기 있는 이유는 의식과학을 향한 제3차 투손 학술대회를 위해서입니다.

첫째, 저는 정말로 의식의 모든 측면에 관심이 많고, 여기서 알려 드린 모든 것들이 굉장하다고 생각합니다. 둘째, 저 또한 기술을 좋아하는 사람으로서 복잡한 장치와 기법을 연구하는 것을 좋아합니다. 그래서 저는 간혹 제 자신을 연구하곤 합니다. 셋째, 다른 훈련법으로 수련하는 분들을 초대해서 의식의 본성에 대해 서로 이야기를 나누는 것이 중요합니다.

의식에 대한 연구는 하나의 훈련법보다 훨씬 큰 범주입니다. 훈련법은 의식을 이해하기 위한 일부분에 이바지할 수 있습니다. 언어학자, 철학자, 신경생리학자, 심리학자, 초심리학자 모두 일부분 기여할 수 있습니다. 왜냐하면, 의식은 다면적인 실체이기 때문입니다. 사람들은 각자의 분야에서 의식을 주장하고 최종적인 한 단어로 설명하려는 일반적인 경향성을 지니고 있습니다. 각자는 그들의 전문적인 관점에서 마음과 의식을 특정한 정의로 표현하기를 바랍니다. 그러나 이미 말씀 드린 대로, 저는 그것이 가능하다고 생각하지 않습니다. 다만, 모든 사람들은 뭔가를 조금 덧붙일 수 있습니다.

선Zen에서 말했듯이, 달을 가리키는 손가락은 달이 아닙니다. 그러나 그것을 가리키는 손가락이 여러분이 보고, 경험할 그곳으로 주의를 기울인다면 그 손가락은 실제로도 매우 유용합니다. 하지만 손가락을 응시하지 마세요. 그러나 제가 뭔가를 가리키면서 보라고 한다면 고양이들은 제 손가락만 응시하겠지요. 고양이는 결코 그것을 이해할 수 없습니다. 그래서 우리는 고양이들보다 살짝 위에 있다고 생각합니다. 최소한 그때만큼은 말입니다.

참가자 : 황홀한 경험에 대한 질문으로 돌아가서 저는 만트라(mantra) 명상을 배웠는데, 하너(Harner)의 코어 샤머니즘

(core shamanism) 지도를 받으며 대단히 많은 작업을 하였습니다. 그는 다양한 샤머니즘적인 문화에 스며든 환각적인 약물과 함께한 경험을 설명하고 우리 문화에서 다양한 방식으로 샤머니즘적 기법의 사용을 확장시켰습니다.

마이클 하너Michael Harner의 코어 샤머니즘적인 작업은 매우 훌륭합니다(Harner, 1980). 저도 그를 매우 존경합니다. 하너는 저의 오랜 친구입니다. 저도 여러 번 그의 워크숍에 참석하였습니다. 그가 주장하는 코어 샤머니즘은 무척 대단하지만 저는 그것에 별로 소질이 없습니다. 그리고 그것은 명상과는 다릅니다.

참가자: 박사님은 명상과 샤머니즘적인 수련이 확연히 다르다고 말씀하시는 건가요?

네, 그렇습니다. 한 예로, 드럼 소리를 들으면서 샤머니즘적인 여행을 할 때, 집중 명상에서 하듯이 마음을 어떤 한 대상에 집중하는 것을 배우지는 않습니다. 또 위빠사나나 통찰 명상처럼 목표 없음을 지향하는 방식으로 마음의 본성을 탐구하기 위한 주의 집중과 민감성을 계발하지도 않습니다. 궁극적으로는 장기적인 변화와 깨달음이라는 비슷한 곳에 도달한다 할지라도 말입니다. 글쎄요…… 궁극적인 것은 잘 모르겠습니다. 하지만 확실한 것은 다른 것을 하고자 다른 기법으로 시작한다는 것입니다.

제가 정말 알고 싶은 것은, 서양의 의식과학이 어떤 종류의 훈련과 어떤 종류의 인간에게 잘 맞는지와 실제로 그것이 유용한 지식을 개발할 수 있고 또 반드시 개발해야 하는지가 궁금합니다. 저에게 오는 사람들은 "저는 지금보다 더 성숙하거나 좀 더 영적이기를 원합니다. 어떻게 해야 할까요? 무엇을 공부해야 할까요?"라고 묻습니다. 저는 "이렇게 해 보세요. 저렇게 해 보세요. 무엇이 일어나는지 보세요."라고 정말 평범한 답변을 하는데, 그 이상의 방법은 잘 모르겠습니다.

제가 꿈꾸는 연구 중 하나는 다양한 영적 훈련을 받을 수십만 명의 사람들을 모두 심리적으로 검사한 후 30년 동안 2년에 한 번씩 추수 조사를 하는 것입니다. 이 연구와 관련된 적절한 이론이 개발되지 않았으므로 철저히 본질적이고 실험적인 과학적 수준에서 검사를 실시할 것입니다. 30년 후에 어떤 사람이 후배들에게 와서 그와 같이 물으면, "이 검사를 받아 보세요."라고 말할 것입니다. 실험적으로 개발된 테스트의 결과는 점수로 나오고 우리는 다음과 같이 특별한 사람에게 조언할 것입니다. "당신이 무엇을 하든지 선 수련은 하지 마세요. 당신과 같은 유형은 선 수련을 하면 정신병을 앓을 확률이 30%입니다. 10%는 깨달음을 얻지만 정신병에 걸릴 확률이 1/3이라면 위험이 크지요? 잘은 모르겠지만, 당신에게는 수피Sufi, 이슬람의 신비주의 전통-역주가 맞아요. 70%는 만족할 것이고 정신병에 걸릴 확률도 단지 2%뿐이거든요." 혹은 다른 유형의 사람에게는 완전히 반대의 조언을 할지도 모릅니다.

저는 그렇게 다른 조언을 할 수 있기를 바랍니다. 한 사람에게 거의 완벽한 성장이나 계발 기법은 다른 사람에게는 시간 낭비일 수 있고, 또 다른 사람에게는 미친 짓일 수 있습니다. 대체로 우리는 그러한 문제에 대해서는 그 사람에게 맞게 어떻게 조언해야 할지를 모릅니다. 유감스럽게도 여러 전통적인 영적 지도자들도 마찬가지입니다. 그러한 전통의 지도자들은 배운 대로 가르치는 경향이 있습니다. 그러나 그 방법은 누군가에게는 매우 효과가 있지만, 아닐 수도 있습니다.

이미 말했듯이, 저는 신젠 영Shinzen Young이 가르치는 방식이 매우 인상 깊었습니다. 그는 명상을 서양인들이 이해할 수 있게 설명하였을 뿐만 아니라 새로운 교육법을 개발 중인데, 제가 알기로는 전통적인 동양적 형식보다 훨씬 더 숙련된 명상가가 되는 과정을 만들 것입니다. 저는 그의 작업을 무척이나 흥미롭게 지켜보고 있습니다. 저는 일 년에 한 번 그가 일주일 동안 지도하는 집중 수련에 참석하는데, 지난 몇 년간 참석하지 못했습니다. 정말 그 집중 수련과 학습 경험이 그립습니다. 그는 지금 혁신적인 것들을 작업 중인데, 그중 하나는 컴퓨터를 기반으로 한 전문적인 시스템 형태의 명상 코치coach입니다. 신젠은 그것이 대단한 것이 아니고 미완성 상태이며, 마크 IMark I 버전이라고 말합니다만, 그것은 환상적이라고 생각합니다. 제가 받아 본 최고의 명상 교육과 견줄 만했습니다.

이 시스템은 그의 많은 명상 기법과 결과들에 대한 풍부한 개인적인 경험과 그를 가르쳤던 스승에게서 받았던 피드백에 대한 경험을 바탕으로 하였습니다. 이 컴퓨터 프로그램은 다양한 명상 수련에서 무엇을 경험하였는지 묻고, 신젠과 그 참가자들의 경험을 바탕으로 어떻게 해야 할지를 조언해 줍니다. 그리고 그들의 반응을 점검합니다. 신젠은 이것이 명상을 가르치는 내재적인 논리컴퓨터 로직-프로그램의 논리적 흐름의 첫 번째 접근일 뿐이라고 생각합니다. 하지만 저는 처음 그것을 해 보고 얼마나 효과적인지 깜짝 놀랐습니다. 그것이 개발되면, "이것은 제 스승에게서 배운 방식입니다. 이것은 또한 제 스승의 스승이 가르친 방식입니다. 수세기를 걸쳐 내려온 것이니 이대로 하십시오."라고 배우는 대신에, 명상 지도를 위한 개인적인 훈련 모델을 구축하게 될 것입니다.

그러나 그것은 미래의 일이고, 우리는 오늘 지금-여기에 더욱 가깝게 머무는 것을 배우기 위해 노력하고 있습니다. 여러분이 명상에 능숙해지기를 바란다면 여러분의 마음이 편안하게 느껴질 것이고 여러분에게 영감을 주고 효과적으로 조언하는 지도자들이 가르치는 명상 지도 과정이나 집중 수련에 참여할 계획을 세우세요. 집중 수련 모임이나 명상센터는 주변에 매우 많습니다. '부록'에 안내해 드렸습니다. 신젠 영의 연락처도 있습니다. 제가 개인적으로 배웠던 제임스 바라즈James Baraz, 잭 콘필드Jack Kornfield, 소걀 린포체Sogyal Rinpoche 등 훌륭한 명상 지도자들이 많습니다. 오늘은 신젠에 대해서 많은 이야기를 했는데, 신젠이 훌륭한 지도자이고 그의 스타일이 특히 우리같이 과학적인 성향이 있는 사람들에게 적합하다고 생각했기 때문입니다.

현대인들은 빨리 명상을 배워야 하고 효과적인 방법으로 명상하는 것을 알아야 한다고 생각합니다. 세상을 돌아보면 많은 사람들이 삼사라, 즉 환영, 깨어 있는 꿈속에 살고 있으며 마음챙김 없음과 현혹된 행동의 결과로 무의미한 고통은 점점 증가하고 있습니다. 수피의 가르침 중 다음과 같은 물음이 있습니다. '정신병원을 위해 어떠한 형태의 정부가 가장 좋은가? 공화국? 공산주의? 민주주의? 군주주의? 사회주의?' 답은 '어떠한 형태의 정부든지 중요하지 않다.' 입니다. '그 정부를 운영하는 사람들이 모두 미칠 것이다. 그래서 어떠한 정부 형태를 하고 있든지 그들은 망가질 것이다. 가장 좋은 정부 형태는 사람들을 정신 차리게 하는 것에서 시작한다. 그러면 어떠한 정부 형태를 갖추든지 간에 훨씬 더 상식적이고 친절한 태도로 운영될 것이다.'

방금 간결하게 제 정치적인 철학을 요약해 보았습니다. 저는 삼사라를 믿습니다. 많은 개인적인 경험에 비추어 볼 때, 저는 제가 실재와 접촉이 단절된 채 여러 가지 어리석고 잔인한 일을 할 수 있지만, 스스로가 지성적이며 실제적이고 현실에 잘 접촉하는 사람이기를 원합니다. 그것이 저에게 별로 유용하지 않다면 그러한 것에 대해 크게 고려하지 않을 것입니다.

참가자: 그것에 대해 좀 더 정의해 주세요.

좀 더 정의해 달라고요?

참가자: 하나만 더요. 영혼에 대해 어떻게 정의하십니까?

영혼에 대해 어떻게 정의하느냐고요? 이 학술대회에 있는 철학자들에 의해 토론될 만큼 어려운 문제인데요?

참가자 : 아, 신경 쓰지 마세요.

좋네요, 좋아요. 여러분 들었습니까? 영혼을 정의하라고 묻는 말의 답은 '신경 쓰지 마세요!' 입니다. 네, 저는 그 답을 좋아합니다.

저에게 있어서 영혼이라는 단어는 우리가 조금 더 배워야 하는, 어떠한 방향에 뭔가가 있다고 말하는 단어입니다. 그 단어는 가리키는 손가락입니다. 하지만 약간은 이렇게 타트는 90도가 넘는 각도로 불규칙적으로 손을 흔든다 가리키는 경향이 있습니다. 하지만 최소한 거기에는 일반적인 방향은 있습니다. 저는 지금 영혼을 정의할 수 없습니다.

참가자 : 휴식하는 동안 저는 일어나서 걸어 다녔습니다. 저는 제 모든 감각이 매우 예민하게 작동하는 것을 알아차렸습니다. 색깔은 더 밝고 선은 더 예리하며 베란다의 바람은 부드럽게 스치고 아주 미세하게 흥미로운 냄새가 났습니다. 매우 훌륭했습니다.

당신의 모든 감각이 마음챙김으로 향상될 수 있습니다. 당신이 여기에 있다면 이 주변은 정말 미술관이 됩니다. 그것은 우리에게 달렸습니다. 직장에서 집으로 돌아올 때 카풀car pool 하는 차에서 내려 걸어오곤 하는데, 그런 날에는 자기기억을 되새기곤 합니다. 그러면 항상 이웃들이 뭔가 새로운 것을 해 두었다는 것을 알아차립니다. 그들이 저를 위해 해 둔 것들은 정말 놀랍습니다. 그들이 언제 집 위에 그렇게 훌륭한 굴뚝을 세워 두었을까요? 또한 차고 벽의 재질은 얼마나 흥미로운지요. 보도의 콘크리트에 있는 훌륭한 디자인들을 보세요! 언제 저 작은 꽃들이 피어나기 시작했을까요?

참가자: 영적인 기법을 가르치는 법을 향상시키려고 노력하는 다른 지도자들이 있습니까? 아, 이미 한 분 이야기하셨지요.

네, 신젠 영이 기법적인 면에서 노력하고 있다고 말씀 드렸습니다. 그의 아이디어는 정말 흥미진진해서 지금까지 누군가 그렇게 하리라고는 상상도 못했고 제가 생각할 수 있었던 모든 것들을 뛰어넘었습니다. 이것은 그저 제 좁은 식견으로 말씀 드리는 것입니다. 다른 지도자들이 실험적이지 않다거나 기법을 향상시킬 수 없다고 말하는 것은 아닙니다.

참가자: 가상현실, 가상현실 기법이 명상을 가르치는 것을 향상시킬 수 있을까요?

모르겠습니다. 시도된 적은 없지만, 가상현실이 심리학적으로나 영적인 성장과 탐험을 위해서 어떻게 사용될 수 있는지에 대한 많은 아이디어는 가지고 있습니다(Tart, 1991, 1993). 신젠이 만들고 있는 기법을 하나 설명해 드리지요.

참가자 : 신젠은 일본 사람입니까?

아니요, 미국 사람이고 로스앤젤레스Los Angeles에서 태어났습니다. 신젠은 불교 수도승이 되었을 때 받은 이름인데, 몇 년 전부터 상좌 불교나 선불교 승복을 입지는 않지만 가르칠 때는 그 이름을 사용합니다. 그는 승복이 미국인들을 가르칠 때 효과를 떨어뜨린다는 것을 알았습니다. 당신이 수도승처럼 머리를 깎고 승복을 입는다면 그것은 당신이 우리와 매우 다르기 때문에 당신을 지나치게 심각하게 받아들일 필요가 없음을 의미합니다. 영은 그의 실제 성입니다.

몇 년 전 신젠은 미국 불교 연구에서 가장 저명한 대학원 과정인 위스콘신 대학교의 대학원생이었는데 명상 수련에 대한 졸업 논문을 쓰려던 중이었습니다. 그런데 그는 명상에 대한 책만 읽을 것이 아니라 사람들이 실제로 명상을 하는 문화에서 그것을 배워야 한다고 생각했습니다. 그래서 일본에 있는 동안 출가를 해야겠다고 생각했습니다. 잠시라는 것은 우리 서양인들에게 우스워 보이지만 불교 국가에서는 남자들이 잠시 출가했다가 일상으로 돌아가는 것은 흔한 일입니다. 그는 십 대 때 이미 일본어와 중국어를 배워서 유창히 말할 수 있었고, UCLA에서 동양어를 전공했습니다. 저는 그의 언어적 기술을 보고 무척 놀랐습니다. 그는 사람들에게 질투를 느끼게 할 정도로 정말 지적이고 똑똑합니다. 그래서 신젠은 일본으로 갔고 티베트 불교처럼 명상 수련에 상당히 공을 들이는 일본 불교의 진언종Shingon sect으로 알려진 종파에서 승

려의 계를 받았습니다. 그 후에도 그는 불교의 다른 전통에서도 계속 훈련을 받았습니다. 여러 해 동안 아시아 불교 전통의 수도승이자 참가자로 살았습니다. 그렇게 사는 동안 결국 그는 대학원으로 돌아오지 못했습니다. 그가 발견한 실재는 너무도 흥미로워서 실재라는 그 정교한 단어 이상이었습니다.

신젠이 명상을 소개하는 집중 수련The Retreat이라는 매력적인 비디오가 있는데 그것은 그가 초기에 훈련했던 일본의 고야산에서 진언종 수도원의 역사적인 영상도 담고 있습니다그 비디오는 부록에 있는 VSI(Vipassana Support Institute)에서 주문할 수 있습니다

마침내 그는 서양에서 명상을 가르치기로 하고 돌아왔습니다. 그는 동양에서 배운 것을 서양인들에게 어떻게 적용할 것인지를 오랫동안 생각했습니다. 처음에는 자신이 배운 대로 전통적인 방식으로 가르쳤습니다. 그 후에 불교의 역사에 대해 생각하고 연구했습니다. 불교는 인도에서 시작되어 아시아의 다양한 문화권으로 전파되었습니다. 어떤 문화권에서는 급속도로 전파되었습니다. 예를 들면, 불교가 티베트로 전파되었을 때는 기본적으로 초기의 샤머니즘 종교에 의해 접수되었고 또 한편으로는 티베트 불교에서 초기 본Bon 전통의 요소들을 발견할 수 있습니다. 그것은 기본적으로 인도에서 온 금강승Vajrayana 불교입니다. 그러나 불교가 중국으로 전파되었을 때는 매우 복잡하고 오래된 문명으로 대대적으로 들어갈 수가 없었습니다. 복잡하고도 미묘한 중국인들이 불교를 이해될 수 있는 형태로 의도적인 변형을 했습니다. 일본에서도 마찬가지입니다.

신젠은 불교가 중국으로 전파되는 것과 현대의 서양으로 전파되는 것 모두 복잡하면서도 미묘한 문화권으로 들어가는 것으로 보고 이를 비슷한 경우로 보았습니다. 그는 서양인을 티베트인이나 인도인으로 만들 수는 없다고 생각했습니다. 그래서 오늘날의 서양 문화에서 이해할 수 있는 방법으로 불교적 언어와 지도법을 어떻게 적용할 것인지를 고민했습니다. 예를 들면, 다음의 등식을 기억해 보십시오.

$$S = P \times R$$

고통 = 통증 × 저항, 즉 심리학적 저항과 통증 그리고 고통의 관계를 이미 말씀 드렸지요? 그것이 신젠이 많은 서양인들을 위해 불교 개념을 적용시킨 것입니다. 보세요. '아, 말이 되네.' 라고 할 만하지요? 왜냐하면, 우리들은 수학적으로 생각하는 경향이 크기 때문입니다.

또 다른 예로, 명상적으로 집중하는 기법을 설명할 때 집중의 대상으로서 현상을 그 자체로 보지 말고, 현상 안의 변화를 관찰하라고 합니다. 수학적으로 말해서 그 현상의 첫 번째 도함수를 보고 있는 것입니다. 그 말은 제가 오랫동안 혼란스러워했던 부분을 명확히 해 주었습니다.

물론 어떤 사람들에게는 그와 같은 설명이 이해가 안 갑니다. 현상의 도함수derivative of phenomena? 그러나 수학적 배경을 가진 이들에게는 매우 분명하게 소통하는 방법입니다. 신젠의 또 다른 적용 예는 사람들이 명상 스승을 모시는 대신에 개인 코치 혹은 개인 트레이너를 갖도록 하는 발상과 수련에 대해 많은 작업을 해 오고 있는 것입니다. 여러분이 수련자들의 문화에 맞게 가르친다면 무척이나 도움이 될 것입니다. 설사 우리가 모두 문화의 한계를 초월해야 한다고 할지라도 말입니다. 명상 코치를 갖는 것은 우리의 문화적 기준에는 조금 이상한 장벽을 만들지도 모르지만 개인 코치나 개인 트레이너를 갖는 것은 고급문화입니다.

저는 이러한 것들에 대단히 많은 기대를 걸고 있습니다. 언젠가는 기본적인 명상 훈련을 많이 받기 위해서 정기적으로 컴퓨터 기반의 인공 지능 명상 코치를 불러낼 수 있게 되기를 기대합니다. 그것은 복잡하고도 미묘한 것들을 처리하면서 숙련된 지도자들의 시간을 절약해 줄 것입니다.

마지막 예는 서양인들의 기준에는 단순하게 들리겠지만, 저는 그것이 명상 훈련의 효과성을 증가시키는 데 가히 혁명적일 것으로 생각합니다. 명상이 보편적인 동양 문화에서는 환생과 업을 믿는데, 업이란 한 생에서 작용하는 것은 물론 이생에서 다음 생으로까지 이어지는 원인과 결과의 법칙을 말합니다. 또한 업은 마침내는 선한 행동과 악한 행동에 대한 보상과 고통을 받을 것을 의미합니다. 마침내라는 단어가 많은 생을 포함하기는 하지만 말입니다. 그래서 동양에서는 주변을 서성이면서 명상 지도를 받기 원하면 그것은 스스로 향상하고자 열망을 가지는 선한 업을 쌓는 것으로 생각하는 경향이 있습니다. 그러나 오랫동안 가까이 있지 않고 명상을 배우지 않으면, 그것은 오랫동안 고수하지 않은 악한 업이 됩니다. 그러면 아마도 여러분은 여덟이나 열 생애 후에 돌아올지도 모릅니다. 신젠은 이것을 서양 문화적 태도로 보았습니다.

신젠이 경험했고, 지금은 서양의 많은 명상 지도자들이 경험하고 있습니다. 여러분이 서양 문화에서 명상을 가르칠 때 대부분이 매우 초보적인 명상 훈련조차도 매우 가치 있다는 사실을 경험할 것입니다. 뿐만 아니라 그들은 계속해서 명상하기를 원한다고 말할 것입니다. 그들은 명상이 삶의 규칙적인 부분이 되기를 원합니다. 하지만 일 년 후에 점검해 보면, 그들 중 5% 정도가 규칙적으로 어떠한 명상 수련을 하고 있다면 운이 좋은 경우에 해당합니다. 서양에는 명상 수련을 지속할 만한 문화적인 뒷받침이 없습니다.

따라서 동양적 태도에서 보면 그러한 멀어짐은 여러분의 업의 결과이고, 전통적인 동양의 스승들은 그것에 대해 별로 걱정하지 않습니다. 나머지 95%의 사람들은 적당한 때에, 즉 많은 생의 축적된 결과이자 성향적 요소인 업이 무르익을 때 돌아올 것입니다. 그러나 서양적 관점으로 생각해 보면 상당히 다릅니다. 대학에 입학했고 95%가 낙제를 받았다고 상상해 본다면요? 우리는 교육기관에 뭔가를 더 기대하지요. 그래서 신젠은 많은 사람들에게 큰 차이를 만드는 간단한 것 중에 하나를 해 오고 있습니다. 그것은 초기의 명상 훈련을 하는 동안 나이 든 명상 참가자들이나 잠깐 경험했던 사람들에게 명상 친구를 짝지어 주는 것입니다. 명상 친구는 지도자도 아니고, 진보되지도 않았지만, 가끔 불러내서 질문하거나 가끔 연락해서 "잘되고 있어?"라고 묻는 친구입니다. 그러면 명상을 유지하는 사람들의 비율은 증가하고, 여러분은 작지만 약간의 사회적인 지원을 받게 됩니다. 제임스 바라즈와 같은 위빠사나 지도자들은 비슷한 것들을 하고 있습니다.

여러분이 오늘 밤 워크숍을 떠날 때나 제3차 투손 학술대회의 나머지 기간에 오늘 배운 것들을 멈출지도 모른다고 충고한 이유가 바로 우리 문화에는 명상이나 마음챙김에 대한 사회적 지원이 부족하기 때문입니다. 메인 홀에 건너가면 전체적으로 침묵의 순간이 있거나 마음챙김에 대한 강조가 있을 것으로 생각하지 않습니다. 많은 지적인 것들이 있을 것이고, 그것들은 우리를 생각 중독에 빠지게 할 것입니다. 그것은 좋은 것이지만 명상에 도움이 되지는 않습니다. 그래서 지금 당장 우리는 많은 실패 경험을 가지게 되겠지요? 그러나 그 후에, 학술대회가 끝난 후에 해 보시면 어떨까요?

자, 이제 시간이 다 되었습니다. 정말 흥미로운 날이었습니다. 아시다시피, 생각 중독에 빠진 여러분, 저는 지적인 심취자입니다. 저는 말하기를 좋아하고 사람들이 흥분하며 지적인 생각을 되받아치는 것을 보기를 좋아합니다. 하지만 저 또한 사람들이 더욱더 주의 깊어지는 것을 보고 싶습니다. 그런데 오늘 그것을 자주 보았습니다. 그것은 매우 다른 방식으로 그리고 근본적인 방식으로 유익했습니다.

오늘 이곳에 와 주셔서 감사합니다. 굉장한 하루였고, 오늘 여러분이 배운 것들이 개인적으로 정말 중요하고 유용한 어떠한 것을 발전시키기를 바라며 의식과학의 발전에 이바지하기를 진심으로 바랍니다.

참석해 주셔서 감사합니다.

부록 1

추가 정보와 수련에 대한 자료

위빠사나 명상을 배우고 수련할 수 있는 곳

Inquiring Mind, PO Box 9999, North Berkeley Station, Berkeley CA 94709에 정기 구독을 신청하면 미국과 캐나다에서 열리는 위빠사나 집중 수련과 세미나에 대한 목록을 정규적으로 제공해 준다. 구독료는 무료이지만 비용을 부담하기 위한 비정기적인 기부는 감사히 받으며, 반드시 필요한 부분이기도 하다. 현재 미국에는 훌륭한 위빠사나 지도자들이 많다.

통찰명상회(The Insight Meditation Society)

1230 Pleasant St., Barre, MA 01005, (978) 355-4378, www.dharma.org
- 위빠사나 명상을 위한 동부 해안의 센터로 미국 전역의 집중 수련에 대한 정보를 제공한다.

스피릿 록 명상센터(Sprit Rock Meditation Center)

PO Box 169, Woodacre, CA 94973, (415) 488−0170, www.spiritrock.org/index.html

– 위빠사나 명상을 위한 서부 해안의 센터로 미국 전역의 집중 수련에 대한 정보를 제공한다.

배레 불교학 연구소(The Barre Center for Buddhist Studies)

149 Lockwood Road, Barre, MA 01005, (978) 355-2347, http://dharma.org/bcbs.htm

– 불교 명상에 대한 학구적인 교육을 제공한다.

위빠사나 지원센터(The Vipassna Support Institute)

4070 Albright, Los Angeles, CA 90066 (310) 915-1943, vsi@gte.net, www.shinzen.org.

– 신젠 영의 워크숍과 집중 수련을 지원하며, 신젠 영의 테이프를 판매한다.

위빠사나에 대한 책

여기서 소개하는 책들은 명상 수련에 대한 방법적 측면에서 우수한 책들이다.

Dhirivamsa (1984). *The Way of Non-Attachment: The Practice of Insight Meditation*. Wellingborough, Northamptonshire, England: Turnstone Press.

Goldstein, J. (1987). *The Experience of Insight: A Simple and Direct Guide to Buddhist Meditation*. Boston: Shambhala.

Goldstein. J. (1994). *Insight Meditation: The Practice of Freedom.* Boston: Shambhala.

Goldstein, J., & Kornfield, J. (1987). *Seeking the Heart of Wisdom: The Path of Insight Meditation.* Boston: Shambhala.

Gunaratana, V. H. (1993). *Mindfulness in Plain English.* Boston: Wisdom.

Kabat-Zinn, J. (1990). *Full Catastrophe Living: Using the Wisdom of Your Body and Mind to Face Stress, Pain and Illness.* New York: Dell.

Kabat-Zinn, J. (1994). *Wherever You Go There You Are: Mindfulness Meditation in Everyday Life.* New York: Hyperion.

Kornfield, J. (1993). *A Path With Heart: A Guide Through the Perils and Promises of Spiritual Life.* New York: Bantam.

LeShan, L. (1975). *How to Meditate: A Guide to Self-Discovery.* New York: Bantam.

Salzberg, S. (1995). *Loving-Kindness: The Revolutionary Art of Happiness.* Boston: Shambhala.

Sogyal Rinpoche. (1992). *The Tibetan Book of Living and Dying.* San Francisco: HarperCollins.

Sole-Leris, A. (1986). *Tranquility and Insight: An Introduction to the Oldest Form of Buddhist Meditation.* Boston: Shambhala.

명상 연구에 대한 책

명상 수련에 대한 과학적인 연구를 살펴보기를 원하는 분들은 다음의 요약된 책들이 문헌 참고의 시작이 될 것이다.

Murphy, M., Donovan, S., & Taylor, E. (1997). *The Physical and Psychological Effects of Meditation: A Review of Contemporary Research with a*

Comprehensive Bibliography, 1931-1996. Sausalito, CA, Institute of Noetic Sciences.

Naranjo, C., & Ornstein, R. E. (1971). *On the Psychology of Meditation.* New York: Viking Press.

Shapiro, D., & Walsh, R. (1984). *Meditation: Classic and Contemporary Perspectives.* New York: Aldine.

West, M. A. (1987). *The Psychology of Meditation.* Oxford: Clarendon Press.

부록 2

과학자들의 초월적 경험에 대한 보고

이 책의 독자들은 과학자로서 전문적인 활동을 하든지 아니든지 간에 흥미 있는 과학자들의 초월적 경험이 기록된 웹사이트http://psychology.ucdavis.edu/tart/taste/, http://www.issc-taste.org를 찾을 수 있을 것입니다.

오늘날 과학자들은 무엇이 실제이고 아닌지, 결과적으로 무엇이 중요하고 아닌지를 우리에게 말하면서 고귀한 성직자들과 같은 사회적 역할을 합니다. 그 누구도 실제가 아닌 환영에 그들의 에너지를 소비하고 싶어 하지는 않습니다. 불행하게도 현대 과학앞에서 언급했던 과학주의의 지배적인 물질주의/환원주의적 심리사회적 분위기는 어떠한 본질적인 경험, 초월적 · 자아초월적 · 영적 · 초자연적 경험으로 묘사되는 경험을 가지고, 나누는 것을 억압하고 적극적으로 거부합니다. 심리학자로서 볼 때, 저에게는 인간 본성의 일부를 그렇게 거부하는 것은 과학자들과 일반인들의 영적 잠재력을 손상하고 왜곡시키는 것이 분명해 보입니다. 이러한 거부는 과학이 목적에 있어서는 이상주의적이지만, 그것이 실제로 사회학자들이 '과학주의'라고 부르는 독단적인 물질주의적 신념체계에서 다방면에 걸쳐 퇴보해 왔습니다. 이것이 구르지예프Gurdjieff의 비수면 시간의 잠자는 상태에 대한 증거이거나 우리가 '삼사라' 나 '마야' 라고 이야기했던 것입니다. 영적인 경험과 지혜는 그것이 얼마나 중요하든지 간에 타고난 물질상의 단지 망상적인 뇌의 활동으로 극히 쓸데없는 것으로 치부되었습니다.

저의 강의와 워크숍에 참석한 학생들에게 우리 모두는 현대 문화의 구성원으로서 얼마나 의식적으로 또는 무의식적으로 많은 과학주의의 신념의 상당 부분을 자동적으로 받아들이고 있는지를 더욱 자각하도록 도와줄 신념 훈련을 제시함으로써 이 슬픈 상황을 잘 묘사할 수 있습니다. 집단으로 하는 신념 실험 훈련 상황에서 저는 다음의 서양의 신조 문장에 포함된 대시 부호는 잠깐 읽기를 멈추라는 것을 가리킨다 – 함축된 의미가 새겨지도록 하려는 것이다. 독자들이 크게 소리 내어 읽으면 그 효과를 얻게 될 것이다 라고 할 수 있는 다음의 것들을 크게 암송하게 합니다. 이 훈련을 하는 거의 모든 사람들, 강하게 영적인 사람이라고 믿는 사람들조차도 자신들이 얼마나 은연중에 다음의 신조에 의해 영향을 받고 있는지를 알고는 소름 끼쳐 합니다.

서양의 신조

찰스 타트의 신념 훈련

- 나는 믿는다 – 물질세계에서 – 유일하고 궁극적인 실재로서 – 우주는 고정된 물리적 법칙과 – 알 수 없는 우연에 의해 지배된다.
- 나는 단언한다 – 우주는 창조주가 없다 – 객관적인 목적도 –객관적인 의미나 운명도 없다.
- 나는 주장한다 – 하느님이나 신들 – 깨달은 존재들 – 예언자나 구제자들 – 혹은 다른 비물질적인 존재나 힘에 대한 생각들은 – 미신이고 망상이다 – 삶과 의식은 완전히 물질적인 과정과 일치하고 – 알 수 없는 물리적인 힘의 상호작용에 의해 일어난다 – 대부분

의 삶처럼 – 내 삶 – 그리고 내 의식은 – 아무런 객관적인 목적도 – 의미도 – 운명도 없다.

- 나는 믿는다 – 모든 판단, 가치, 도덕은 – 내 것이거나 다른 사람의 것이거나 간에 – 오로지 생물학적 결정인자와 – 개인적 역사 – 그리고 우연에 의해 – 주관적으로 일어난다 – 자유의지는 환상이다 – 그러므로 내가 개인적으로 생활의 지침으로 삼고 있는 대부분의 합리적인 가치들은 – 나의 경우, 나를 기쁘게 하는 것은 좋은 것 – 나를 괴롭히는 것은 나쁜 것이라는 – 사실에 기반을 둬야 한다 – 나를 기쁘게 하거나 고통을 피하게 하는 것들은 – 내 친구이고 – 나를 고통스럽게 하거나 내 기쁨을 막는 것은 – 내 적이다 – 합리성은 친구와 적들이 – 내 즐거움을 최대화하고 – 내 고통은 최소화하는 방식으로 사용되기를 요구한다.
- 나는 단언한다 – 교회는 사회적 지지 외에 실제적인 다른 용도가 없다 – 거기에는 저지르거나 용서받아야 할 객관적인 죄가 없다 – 거기에는 죄에 대한 신성의 대가나 – 선에 대한 보상도 없다 – 나에게 선이란 – 다른 이들에 의해 붙잡히거나 벌받지 않고 – 내가 원하는 것을 얻는 것이다.
- 나는 주장한다 – 육체의 죽음은 – 마음의 죽음이다 – 사후 세계는 없고 – 그러한 모든 희망은 터무니없는 것이다.

저는 여기서 과학자들을 악마로 만들려고 하는 것이 아닙니다. 여러분도 알다시피 저는 과학자가 되는 것을 자랑스러워하고 대부분의 제 동료를 좋아하고 존경합니다. 과학자들은 충만한 영적인 본성과 잠재력을 가진 사람이라고 저는 믿습니다. 그러나 과학자로서 과학적 공동체의 과학주의의 만연과 힘 때문에 우리는 의식적으로 우리 자신의 영성을 인식하면서도 훨씬 덜 발달시키는 강한 장애물에 직면합니다. 만약 과학자들이 자신의 영적인 믿음과 경험을 공식적으로 말하면, 사람들에게 조롱당하고 거부당하며 자신들의 이력에 족쇄를 채우는 것은 물론 심지어 무너질 가능성이 있다는 것을 확실히 압니다. 그래서 대부분의 과학자들은 자신의 삶의 이러한 측면에 대해 다른 이들에게 말하지 않고 억압합니다.

이상하게도 과학자들이 영적인 것들을 말하지 않기 때문에 그들은 그러한 것들을 말해서는 안 된다는 내적인 전형을 더욱더 강화하고, 영적인 경험은 진짜 과학자나 합리적인 사람들에게는 일어나지 않는다는 믿음을 강화합니다. 그러므로 우리는 악순환에 빠지게 됩니다.

하지만 좋거나 싫거나 과학자들은 우리 사회에서 무엇이 실제[그래서 가치 있고]이고, 무엇이 비실제적[그래서 가치 없고, '정신 나간']인지에 대해 말하는 고귀한 성직자의 기능을 합니다. 대부분의 과학자들이 진심으로 마음을 열고 전형적인 과학과 과학주의를 본질적인 과학과 혼돈하지 않는다면, 이러한 상황은 그다지 나쁜 것이 아닐 수도 있습니다. 그러나 너무 많은 과학자들이 부주의하게 과학주의의 협소한 이해에 조건화되어 있고, 이러한 고귀한 성직자적 기능은 사회적 재앙이 됩니다. 저의 연구와 다른 연구들은 이것이 인간의 영성의 어떠한 실제적인 측면을 부정하는, 심리학적으로나 영적으로 병리라고 확신시켜 줍니다. 과학자들에 의한 영성 부인의 만연은 현대 문화에서 일반적으로 과학자 자신뿐만 아니라 영적인 경험을 하는 사람들에게는 상당히 불필요한 고통을 가져옵니다.

과학자들의 초월적인 경험에 대한 보고[TASTE] 프로젝트는 주요한 네 가지의 과학적이고 인도주의적인 목표가 있습니다. 저의 목적은 과학자들이 자신의 개인적이고 초월적인 경험을 대중뿐만 아니라 과학자들이 접근할 수 있는 안전하면서도 익명으로 하지만, 질적으로 통제하는 공간에서 나눌 수 있는 웹을 통해 이러한 제한적이고 병리학적인 분위기를 바꾸는 것입니다. 명확하게 TASTE는 다음의 특성을 갖습니다.

- 중요한 경험을 표현할 수 있는 안전한 도구를 제공함으로써 과학자들이 개인적으로 심리적이고 영적인 성장에 이바지하게 한다.

- 주로 우리 문화에 유익함을 주는 과학적 전문 분야에서 보다 자아 초월적, 영적으로 수용적인 분위기를 이끈다.
- 매우 명확하고 양심적인 표본으로 초월적 경험에 대한 연구 자료를 제공한다. 그 결과에 대한 책과 기사들을 선도하고, 그럼으로써 초월적인 경험에 친숙해지고 좀 더 상식적이 될 수 있는 사회적 분위기로 변화시키는 데 도움이 될 수 있도록 한다.
- 초월적인 경험에 대한 연구를 지원하고 자료를 제공함으로써 의식 과학의 전 범위의 발전을 촉진한다.

TASTE 웹사이트는 기본적으로 온라인 저널이고, 심리학적으로 안전하며, 과학자들에게 친숙한 형식으로 되어 있습니다. 독자들은 최근 경험이 올라와 있는 수십 개의 Current Edition 페이지로 가거나 지금까지 게시된 모든 경험이 정리되어 있는 Archives로 갈 수도 있습니다. TASTE 사이트에 글을 올리는 것은 선의를 가진 과학자로 제한되지만, 누구나 그 자료를 읽고 사용할 수 있습니다.

TASTE에서 글을 읽는 동안 보고, 듣고, 느끼는 수련을 하면 특히 흥미로울 것입니다. 과학자들의 초월적인 경험에 대한 보고의 웹사이트는 http://psychology.ucdavis.edu/tart/taste/ 또는 http://www.issc-taste.org입니다.

참고문헌

Aserinsky, E. K. N. (1953). Regularly occurring periods of eye motility and concomitant phenomena during sleep. *Science, 118,* 273-274.

Bannister, R. (1987). *Sociology and Scientism: The American Quest for Objectivity*. Chapel Hill: University of North Carolina Press.

Blofeld, J. (1977). *Mantras: Sacred Words of Power.* London, Allan & Unwin.

Broughton, R. (1991). *Parapsychology: The Controversial Science*. New York: Ballantine.

Castaneda, C. (1968). *The Teachings of don Juan: A Yaqui Way of Knowledge*. Berkeley, California: University of California Press.

Chalmers, D. (1996). Facing up to the problems of consciousness. In S. Hameroff, A. Kaszniak & A. Scott (Eds.), *Toward a Science of Consciousness: The First Tucson Discussions and Debates*. Cambridge, MA, MIT Press.

Deikman, A. (1990). *The Wrong Way Home: Uncovering the Patterns of Cult Behavior in American Society*. Boston: Beacon.

de Ropp, R. (1968). *The Master Game: Beyond the Drug Experience.* New York: Dell.

Dhirivamsa (1984). *The Way of Non-Attachment: The Practice of Insight Meditation.* Wellingborough, Northamptonshire, England: Turnstone Press.

Fromm, E., Brown, D., Hurt, S., Oberlander, J., Boxer, A., & Pfeifer, G. (1981). The phenomena and characteristics of self-hypnosis. *International Journal of Clinical and Experimental Hypnosis, 29,* 189-246.

Gates, B. (1989). Reflections on the suttas. *Inquiring Mind, 6*(summer), 4.

Goldstein, J. (1987). *The Experience of Insight: A Simple and Direct Guide to Buddhist Meditation.* Boston: Shambhala.

Goldstein. J. (1994). *Insight Meditation: The Practice of Freedom.* Boston: Shambhala.

Goldstein, J., & Kornfield, J. (1987). *Seeking the Heart of Wisdom: The Path of Insight Meditation.* Boston: Shambhala.

Gunaratana, V. H. (1993). *Mindfulness in Plain English.* Boston: Wisdom.

Harner, M. (1980). *The Way of the Shaman: A Guide to Power and Healing.* San Francisco: Harper & Row.

Hess, D. (1992). Disciplining heterodoxy, circumventing discipline: Parapsychology, Anthropologically. *Knowledge and Society: The Anthropology of Science and Technology, 9,* 223-252.

Hess, D. (1993). *Science in the New Age: The Paranormal, Its Defenders and Debunkers, and the American Culture.* Madison, WI, University of Wisconsin Press.

Irwin, H. (1994). *An Introduction to Parapsychology.* Jefferson, North Carolina, MaFarland.

Kabat-Zinn, J. (1990). *Full Catastrophe Living: Using the Wisdom of Your Body and Mind to Face Stress, Pain and Illness*. New York: Dell.

Kabat-Zinn, J. (1994). *Wherever You Go There You Are: Mindfulness Meditation in Everyday Life*. New York: Hyperion.

Kornfield, J. (1993). *A Path With Heart: A Guide Through the Perils and Promises of Spiritual Life*. New York: Bantam.

Kuhn, T. (1962). *The Structure of Scientific Revolutions*. Chicago: University of Chicago Press.

LeShan, L. (1975). *How to Meditate: A Guide to Self-Discovery*. New York: Bantam.

Malcolm, N. (1959). *Dreaming*. London: Routledge & Kegan Paul.

Martin, B. (1998). Strategies for dissenting scientists. *Journal of Scientific Exploration, 12*(4), 605-616.

Murphy, M., Donovan, S., & Taylor, E. (1997). *The Physical and Psychological Effects of Meditation: A Review of Contemporary Research With a Comprehensive Bibliography, 1931-1996*. Sausalito, CA: Institute of Noetic Sciences.

Naranjo, C., & Ornstein, R. E. (1971). *On the Psychology of Meditation*. New York: Viking Press.

Orage, A. R. (1965). *Psychological Exercises and Essays*. London: Janus.

Orne, M. S., & Scheibe, K. (1964). The contribution of nondeprivation factors in the production of sensory deprivation effects: the psychology of the "panic button." *Journal of Abnormal Psychology*, 68, 3-12.

Radin, D. (1997). *The Conscious Universe: The Scientific Truth of Psychic Phenomena*. New York: HarperEdge.

Salzberg, S. (1995). *Loving-Kindness: The Revolutionary Art of Happiness*. Boston: Shambhala.

Schoek, H., & Wiggins, J. (1960). *Scientism and Values*. Princeton, New Jersey:

Van Nostrand.

Shapiro, F. (1995). *Eye movement desensitization and reprocessing: Basic principles, protocols, and procedures*. New York: Guilford Press.

Sheldrake, R. (1988). *The Presence of the Past: Morphic Resonance and the Habits of Nature*. New York: Vintage Books.

Sogyal Rinpoche (1992). *The Tibetan Book of Living and Dying*. San Francisco: HarperCollins.

Sole-Leris, A. (1986). *Tranquility and Insight: An Introduction to the Oldest Form of Buddhist Meditation*. Boston: Shambhala.

Tart, C. (1972). A psychologist's experience with transcendental meditation. *Journal of Transpersonal Psychology, 3,* 135-140.

Tart, C. (1972). States of consciousness and state-specific sciences. *Science, 176,* 1203-1210.

Tart, C. (1975). *States of Consciousness*. New York: E. P. Dutton.

Tart, C. (1986). *Waking Up: Overcoming the Obstacles to Human Potential*. Boston: New Science Library.

Tart, C. (1987). The world simulation process in waking and dreaming: A systems analysis of structure. *Journal of Mental Imagery, 11*, 145-158.

Tart, C. (1991). Influence of previous psychedelic drug experiences on students of Tibetan Buddhism: A preliminary exploration. *Journal of Transpersonal Psychology, 23*(2), 139-173.

Tart, C. (1991). Multiple personality, altered states and virtual reality: The world simulation process approach. *Dissociation, 3*, 222-233.

Tart, C. (1994). *Living the Mindful Life*. Boston: Shambhala.

Tart. C. (1995). Yes, we are Zombies, but we can become conscious. *Journal of Consciousness Studies*, *2*(4).

Tart. C. (1998). Investigating altered states of consciousness on their own terms:

A proposal for the creation of state-specific sciences. *Ciencia e Cultura, Journal of the Brazilian Association for the Advancement of Science, 50*(2/3), 103-116.

Tart, C. T. (1993). Mind embodied: Computer-generated virtual reality as a new, dualistic-interactive model for transpersonal psychology. In K. Rao (Ed.), *Cultivating Consciousness: Enhancing Human Potential, Wellness and Healing*. Westport, Connecticut: Praeger.

Terkel, S. (1984). *The Good War: An Oral History of World War Two*. New York: Pantheon.

Wallace, R. K. (1970). Physiological effects of Transcendental meditation. *Science, 167*, 751-754.

Walsh, R., Goleman D., Kornfield J., Pensa C., & Shapiro, D. (1978). Meditation: Aspects of research and practice. *Journal of Transpersonal Psychology, 10*, 113-134.

Wellmuth, J. (1944). *The Nature and Origins of Scientism*. Milwaukee: Marquette University Press.

West, M. A. (1987). *The Psychology of Meditation*. Oxford: Clarendon Press.

저자 소개

찰스 타트(Charles Tart) 박사는 명상수련의 생리적 · 심리학적 효과 연구를 널리 알린 제1세대 서구 과학자 중 한 사람으로서 의식 연구 분야의 선구자이자 최고 권위자다. 고전이 된 그의 저서 『변성 의식(*Altered States of Consciousness*)』은 '변성 상태'라는 학술 용어를 일상용어로 만드는 데 기여했다. 기타 저서로는 『자아초월 심리학(*Transpersonal Psychologies*)』 『깨어나기(*Waking Up*)』 『개방된 마음, 분별하는 마음(*Open Mind, Discriminating Mind*)』 그리고 『마음챙기는 삶 살기(*Living the Mindful Life*)』 등이 있다. 현재 캘리포니아 대학교(데이비스 캠퍼스)에서 심리학과 교수로 재직 중이며, 자아초월 심리학 대학원(Institute of Transpersonal Psychology)의 교수다. 과학자이자 실험 연구자로 진지한 영적 훈련 추구자이자 교육자로서 전념하고 있는 저자는 『과학과 자연(*Science and Nature*)』 지를 포함한 주요 학회 저널에 250여 편의 논문을 발표하였다.

역자 소개

안희영

미국 컬럼비아 대학교 교육대학원 성인교육학 박사

CFM(미국 MBSR 본부) MBSR 지도자 인증(한국인 최초 취득)

미국 뉴욕 대학교 Fulbright 교환교수 역임

현) 서울불교대학원대학교 심신치유교육 전공교수

한국 MBSR 연구소장

대한통합의학교육협의회 부회장

한국불교심리치료학회 운영위원

한국정신과학학회 편집위원장

주요 역서

『마음챙김에 근거한 심리치료』(공역, 학지사, 2009), 『현재, 이 순간을 알기』(공역, 보리수 선원, 2009), 『마음챙김과 정신건강』(역, 학지사, 2010)

주요 논문

「A Phenomenological Case Study of the Practicum in Mindfulness-Based Stress Reduction: Insights into Mindfulness and Its Connection to Adult Learning」(2006)

「Mindfulness and Its Mechanism for Transformative Education」(2008)

「마음챙김과 자기기억의 연관성」(2010)

「MBSR 프로그램의 불교명상적 기반」(2010) 외 다수

백양숙

아주대학교 컴퓨터공학 학사

서울불교대학원 대학교 심신치유교육 석사, 박사과정

삼성 SDS ERP컨설팅팀

켈로그코리아 IT팀

요가원 운영

대한통합의학교육협의회 이사 역임

현) MBSR 지도자

(주)모티브비즈 IBO

연구소 소개

한국 MBSR 연구소

– 깨어 있는 삶의 기술, 건강하고 행복한 삶으로의 초대 –

MBSR(Mindfulness-Based Stress Reduction) 프로그램은 미국 매사추세츠 의과대학병원에서 개발되어 30년 이상의 임상 결과로 인정된 세계적인 심신의학 프로그램으로 *Time, Newsweek* 등 세계 유수 언론매체에 많은 보도가 되어 왔습니다. 임상적 효과에 대한 연구가 가장 많이 이루어지고 있으며, 의사의 지지가 매우 높은 프로그램으로서 만성통증, 불안, 우울, 범불안장애 및 공황장애, 수면장애, 유방암 및 전립선암, 건선, 외상, 섭식장애, 중독, 면역 강화 등의 다양한 정신적 증상의 완화, 치료 그리고 스트레스에 기인한 고혈압, 심혈관질환 등 많은 만성 신체질환의 증상 완화, 예방 및 치료에 효과가 있는 것으로 보고되어 있습니다. MBSR은 임상치료 이외에도 기업체 교육, CEO 리더십, 학생 및 일반인들의 집중력, 기억력, 학습능력, 인간관계, 스트레스 향상에도 적극 활용되고 있는 추세입니다.

한국 MBSR 연구소에서는 마음챙김을 통한 전인교육 및 심신통합치유를 지향하며 참여자의 내적인 자기 돌봄과 자원 함양을 강조하고 있습니다. 교육과정은 MBSR 일반 과정(주 1회 3시간, 8주 프로그램)과 MBSR 지도자 과정(심신의학 과정부터 개인 슈퍼비전까지 4단계 프로그램)이 있습니다. MBSR 일반 과정은 하버드, 듀크, 제퍼슨 의대를 포함한 미국의 유명한 통합의학센터 등 약 250여 개의 병원에서 운영되고 있습니다.

안희영 박사는 한국인 최초로 미국 MBSR 본부인 Center for Mindfulness에서 MBSR 지도자 인증을 취득하였고, MBSR 본부의 정신과 교육과정에 입각하여 MBSR을 보급하고 있습니다. MBSR 및 마음챙김을 통한 교육과 치유, 성장에 관심이 있는 분들의 많은 성원을 기원합니다. 보다 자세한 문의는 아래 정보를 이용해 주시기 바랍니다.

전화: 02) 525-1588

이메일: mbsr1@hanmail.net

홈페이지: www.mbsrkorea.com

한국MBSR연구소

깨어있는 삶의 기술·건강하고 행복한 삶으로의 초대

자유로운 삶으로 이끄는

일상생활 명상

2011년 6월 1일 1판 1쇄 인쇄
2011년 6월 10일 1판 1쇄 발행

지은이 • Charles T. Tart
옮긴이 • 안희영 · 백양숙
펴낸이 • 김진환
펴낸곳 • (주) 학지사
121-837 서울특별시 마포구 서교동 352-29 마인드월드빌딩 5층
대표전화 • 02)330-5114 팩스 • 02)324-2345
등록번호 • 제313-2006-000265호

홈페이지 • http://www.hakjisa.co.kr
커뮤니티 • http://cafe.naver.com/hakjisa

ISBN 978-89-6330-685-8 03180

정가 14,000원

역자와의 협약으로 인지는 생략합니다.
파본은 구입처에서 교환해 드립니다.